企业财务管理与资本运营研究

于广敏 / 著

NORTHEAST NORMAL UNIVERSITY PRESS
WWW.NENUP.COM
东北师范大学出版社

图书在版编目（CIP）数据

企业财务管理与资本运营研究／于广敏著．--长春：
东北师范大学出版社，2016.12
ISBN 978-7-5681-2683-0

Ⅰ.①企… Ⅱ.①于… Ⅲ.①企业管理－财务管
理－研究 ②企业管理－资本经营－研究 Ⅳ.①F275

中国版本图书馆 CIP 数据核字（2017）第 010690 号

□责任编辑：于天娇　　□封面设计：优盛文化
□责任校对：何　云　　□责任印制：张允豪

东北师范大学出版社出版发行
长春市净月经济开发区金宝街 118 号（邮政编码：130117）
销售热线：0431-84568089
网址：http://www.nenup.com
电子函件：sdcbs@mail.jl.cn
北京一鑫印务有限责任公司印装
2017 年 9 月第 1 版　2017 年 9 月第 1 次印刷
幅画尺寸：170mm×240mm　印张：17　字数：310 千

定价：60.00 元

$\mathscr{P}$reface
前言

随着我国加入 WTO 以及经济全球化进程的加快，跨国公司加紧了对我国企业的兼并重组，这对我国本土企业的发展来说是一个巨大的冲击。我国企业面临产业竞争的局面将会更加激烈。企业要想在如此激烈的竞争环境中获得生存及发展壮大的机会，必须加强对企业的管理。而企业管理中的核心内容就是企业的财务管理。财务管理是组织企业财务活动和处理企业财务关系的一项经济管理工作。财务管理除了和一般管理的相同点外，还有一个特殊性，即财务管理是一种价值管理。价值管理指的是企业的财务工作人员通过财务决策的形式来提高企业的价值。其中，企业的资本运营是以企业的价值形态经营为特征的，通过对企业各种生产要素的优化配置或者是企业中产业结构的相关调整，科学、合理地对企业价值化、证券化的资本进行运作的一种经营方式。通过优化企业资源配置等内容，提高企业资产的运作效率，最终在确保企业资产保值增值的前提下，实现企业利润的最大化。可见，企业的财务管理与资本运营是企业管理中的重要组成部分，对企业的发展有着十分明显的促进作用。近年来，经济学界、会计学界等有关专家、学者往往将企业的财务管理与资本运营相提并论，这说明企业的财务管理与企业的资本运营存在着相辅相成的关系。企业的财务管理与企业的资本运营既相互制约又相互促进，在企业财务管理状况良好的条件下，企业的资本运营就有了实现的保障，而企业的资本运营也为企业进行财务管理拓宽了领域。

本书在介绍企业的财务管理和资本运营基本理论的基础上，分析了企业在进行筹资管理中的多种渠道和方式，并介绍了企业筹资数量的预测方法。同时介绍了企业项目投资的评价指标及应用范围，分析了企业的证券投资风险及收益率的计算方式。此外，分别阐述了企业营运资本和利润资本的管理办法，并概括介绍了企业的财务预算与分析方式，为企业如何进行财务控制及如何实现企业的并购与重组提出了一些具体方法。

编　者

Contents
目录

理论篇

战略篇

案例篇

第一篇　理论篇

第一章　关于财务管理的基本理论

2008 年的金融危机，使得有着一百多年历史的美国金融界的巨头——雷曼兄弟公司（*Lehman Brothers*）申请破产。这种现象的出现，一方面和当时过度的金融创新和金融监管的不健全等外部环境相关；另一方面，这在一定程度上也暴露出了雷曼兄弟公司的缺陷，即雷曼兄弟公司本身的财务管理与资本运营方面存在着不足之处。通过分析雷曼兄弟公司破产的原因，可以了解到：股东财富最大化是导致雷曼兄弟公司破产的内在原因。因为在股东财富最大化这个财务管理的目标下，雷曼兄弟公司开始过度追求利润，如大宗商品期货交易、股票承销、金融投资等，这样的情况下，公司就忽视了对经营风险的有效控制，并最终导致雷曼兄弟公司的破产。因此，无论是在理论层面还是实践层面上，对企业的财务管理与资本运营进行研究都是非常有必要的，这样才能最终有利于企业提高经济效益，促进企业的长期发展。

第一节　财务管理的目标及特点

一、财务管理的内涵

企业的生产经营活动必然会涉及人力资源、资金等多种生产要素，因此企业中也就存在着两种管理活动：生产经营管理和财务管理。财务管理在企业管理中占据着重要的位置，因此有必要对企业的财务管理这一概念进行深入了解。

财务管理是企业管理的重要组成部分，是对企业资金的筹措、使用及分配的管理工作。通俗一点来讲，企业财务管理是组织企业的财务活动，处理企业与各方面财务关系的一项经济管理工作。

（一）财务活动

财务活动是指企业的筹资活动、投资活动、营运活动及分配活动等的各种经济活动。

1. 筹资活动

筹资活动是指企业为了企业自身的发展，通过投资、借入或企业自身的留存收益等手段筹集到的资金。通过筹资活动，来筹集生产经营活动所需要的资金，以保障企业生产经营活动的正常运行和扩大再生产。

2.投资活动

投资活动有广义和狭义之分。广义上的投资是指企业资金对内、对外的使用；狭义上的投资是指企业资金的对外投放。

3.营运活动

营运活动是指企业资金的收入和支出。其中，财务收入是指企业通过销售本公司的产品或者其他的业务所获得的收入；财务支出是指企业支付员工的工资、采购费用及其他费用的总和。

4.分配活动

分配活动是指对企业所获得的收益进行分配的过程，有广义和狭义之分。广义上的分配活动包括纳税、公积金和公益金及利润分配等；狭义上的分配活动仅仅是指利润的分配。

（二）财务关系

企业的财务关系是指企业与企业内外部有关各方面利益相关者所发生的经济利益关系。

1.企业与政府行政管理部门之间的财务关系

企业与国家行政管理部门之间的财务关系主要为强制性、无偿性的财务关系。这种财务关系主要表现为：政府行政管理部门为企业的生产经营提供公平竞争的生产经营环境，保障企业的正常运营；企业则接受政府行政管理部门的管理，按照国家规定缴纳所得税、流转税等税收。

2.企业内部的财务关系

企业内部的财务关系主要包括两方面的内容：企业内部各单位之间的财务关系和企业与员工之间的财务关系。其中，企业内部各单位之间的财务关系是指企业内部各单位之间相互提供产品和劳务，再用内部转移价格进行核算的内部的资金结算关系；企业与员工之间的财务关系是指企业根据员工为企业所创造的价值，用企业的收入来向其支付工资、奖金等报酬的关系。

3.企业与出资者之间的财务关系

企业与出资者之间的财务关系主要是指出资者向企业进行资本的投资，通过企业的生产经营与扩大再生产，获得收入。企业要向出资者分配企业所得的利润。

4.企业与其他企业之间的财务关系

企业与其他企业之间的财务关系是指企业可以将企业的资金向其他单位投

资，通过这种投资，从其他企业那里取得收益。

5.企业与债权人之间的财务关系

企业与债权人之间的财务关系是指企业向金融机构、企业或个人借入一定数量的资金，从而促进本企业正常的生产经营活动和扩大再生产的可能性。同时，企业要根据与债权人所签订的合同，按照规定向债权人在规定时间内归还本金、支付债权人利息等。

6.企业与债务人之间的财务关系

企业与债务人之间的财务关系主要是指企业将自身的资金用于购买债券或通过商业信用等形式借给其他单位，在这种关系下，企业有权要求债务人根据约定支付利息和归还本金。

二、财务管理的目标

（一）利润最大化

利润最大化是指企业通过对其公司的财务活动和资本运营的管理，从而增加企业的利润。作为企业的财务管理的目标之一，企业追求利润最大化一方面是因为企业需要资本的进一步积累来保障企业的正常运营和进一步扩大再生产；另一方面，企业需要将这些获得的利润用来增加企业工作人员的工资水平和福利待遇。但企业将利润最大化作为企业财务管理的目标，也存在着一些不足之处，如企业过分地追求利润最大化，可能在一定程度上会使得企业在做出某些决策时，只是看重企业当前的利益，从而忽略了企业的长远发展、健康发展。

（二）股东财富最大化

将股东财富最大化作为企业的财务管理的目标，是企业通过对财务的管理、资本的经营等行为，为企业的股东带来最大的财富。在这种目标的指导下，企业会更多地将财务管理放在提高股东财富的目的上，以便吸引更多的投资者。但在这种情况下，有可能为了股东的利益而忽视其他相关者的利益，如政府、债权人或者职工的利益等，导致企业内外部各利益主体之间的矛盾升级，最终爆发。

（三）企业价值最大化

企业价值最大化是指企业通过财务活动和财务关系的管理，将企业的发展作为企业财务管理的目标，从而使企业总价值最大化。但在这种企业价值最大化目标的追求下，企业对其自身价值的评估存在着很大的主观性，可能会影响企业价值的合理性和科学性的评估，最终影响企业的发展。

三、财务管理的特点

作为企业管理中的一个重要内容，熟悉财务管理的特点对组织企业的财务活动和处理企业的财务关系有着十分重要的意义。财务管理主要有以下三方面的特点：

（一）综合性高

财务管理是用价值的形式将企业的资源和相关内容进行科学、合理的计划和组织，因此财务管理工作会涉及与企业内外部方方面面的关系，如政府行政管理部门、投资者与受益者、债权人与债务人、企业内部各单位之间及其企业内部职工等。可见，企业的财务管理工作不仅仅是人力资源管理、设备管理、生产管理等内容，而且涉及了和企业经营相关的各种内容的综合体，因此，企业的财务管理工作具有较高的综合性。

（二）联系性广

财务管理在企业生产经营活动中占据着重要位置。一方面是因为企业中涉及到资金活动的各项内容都离不开财务管理，企业的财务管理工作指导着企业的所有相关的经济活动；另一方面是因为企业的财务管理工作也要和企业外部的经济活动相联系，如银行、工商或者税务等部门，通过与之建立相应的工作联系，从而促进企业的生产经营，维护企业的正常运行和发展。

（三）反应灵敏

企业的财务管理工作能迅速地反映出企业的生产经营状况，如产品的畅销与否、决策的内容是否正确、企业的经营是否合理等内容。通过财务管理的相关内容，可以更好地改善企业的经营管理，促进企业进一步发展。

第二节　财务管理的三种环境分析及其实际应用

财务管理的环境是指对企业的财务活动和财务关系产生影响的各种内外部条件的统称。研究财务管理工作的环境有着十分重要的意义，主要表现在以下三个方面：首先，加强对财务管理环境的深入研究，可以加深对财务管理历史发展的规律性的研究，同时也可以在一定层面上预测财务管理未来发展的一些基本的趋势，从而对财务管理工作会有更加深刻地理解和感知。通过对财务管理工作历史发展脉络的梳理，可以了解到，财务管理工作的开展是受到多种环境影响的综合体，它会受到内外部各种环境的影响，但也可以看到，这些影响财务管理工作的环境中，有一些因素会起到主要的作用，有些因素起到辅助的作用。因此，我们有必要对影响财务管理工作的环境进行深入地分析和阐述，以便更加深刻地认识到财务管理工作。其次，通过对财务管理环境的系统性的研究，可以正确地了解到财务管理工作中的一些环境上的特征，这样有利于企业在进行财务管理工作时更好地去适应财务管理的环境，促进财务管理工作的进一步优化，并最终促进企业财务管理工作的发展。最后，通过对财务管理工作环境的分析和研究，可以推动财务管理工作理论层面上的再发展。因为理论源于实践，但是理论最重要的作用在于理论可以用来指导实践，并最终促进实践的再发展。马克思辩证唯物主义认识论认为，实践决定认识，是认识的基础。具体是指，实践是认识的来源，是认识发展的动力，同时实践也是检验认识的真理性的唯一标准，并且认识的目的和最终的归宿也要回到实践的层面上，所以认识对实践也有着十分凸显的反作用。理论在某种层面上就是指人们关于事物的一种合乎逻辑的理解和进行的一定程度上的论述，是一种关于事物的规律性内容的总结。从这个角度上来讲，理论是狭义上的认识。在研究财务管理工作的环境过程中，我们可以验证之前财务管理理论上的正确性与否，同时我们在某种程度上也可以进一步发展财务管理方面的理论。因为财务管理只有适应了环境，才会有生命力，才能进一步促进财务管理工作的开展。总之，通过研究财务管理工作的环境，我们就可以对财务管理环境进行相应的变化，使得企业的财务管理工作尽可能地适应新环境，促进企业财务管理工作的完善，并最终促进企业的发展。当财务管理的内外部环境发生变化后，财务管理工作就要相应地发生一定的变化，尤其是要根据财务管理工作内外部环境的可能变化的发展趋势做出客观角度的分析和预测，从而提高企业财务管理工作中财务决策的正确性和成功性，使得企业财务管理工作可以为企业的经营者提供正确的财政决策。

财务管理环境的分类有以下几个主要内容：

分　类	内　容	解　释	举　例
按照环境的层次性的不同	宏观环境	对所有企业财务管理工作都有影响的环境因素	国家政治、经济发展水平和经济体制等
	中观环境	对部分企业财务管理工作有影响的环境因素	行业环境、地方环境等
	微观环境	对某个企业财务管理工作有影响的环境因素	企业的生产状况、企业的组织形式、企业的技术状况等

分 类	内 容	解 释	举 例
按照环境因素的可控性的不同	可控环境因素	为企业可以控制的环境因素	企业的生产状况、技术状况及人员状况等
	不可控环境因素	企业不可控制的环境因素	企业外部的因素
按照环境因素的内外的不同	内部环境	企业内部的资本实力、生产技术条件、经营管理水平和决策者的素质等	
	外部环境	法律环境、金融环境和经济环境	

本文主要讲述企业财务管理的三种主要的外部环境。

一、法律环境

企业在生产经营活动的过程中，要与国家的政府行政管理部门、投资者和受益者、企业职工及国内外的其他组织发生各种各样的经济关系，因此企业有必要按照一定的法律、法规等内容来合理组织企业的财务活动。一方面，这些法律、法规可以为企业的正常生产经营提供一个良好的环境，为企业的生产经营活动提供法律上的保护；另一方面，通过这些法律法规等具体的规章制度，可以对企业提供一定的约束，从而使企业的财务管理活动在法律的许可范围内运行，保障企业生产经营活动有法可依、有法必依。

（一）法律环境之一：国家的税法

税法是根据国家的根本大法——宪法制定的，是国家的税收制度在法律层面的表现形式。具体来说，税法是由国家制定的，由国家强制力保障实施的，来调整国家与纳税人在收税方面之间的权利和义务关系的法律规范的一种统称。其中，税法的主要要素包括：纳税人（自然人、法人）、征税对象、税目、税率（比例税率、累计税率、定额税率）、纳税环节、纳税期限、减免税、违章处理等。

分 类	内 容	解 释	举 例
按照主权国家行使税收管辖权的不同	国内税法		
	国际税法		
	外国税法		

续　表

分　类	内　容	解　释	举　例
按照法律功能的不同	税收实体法	税收实体法主要是指确定税收的种类的各种法律，具体规定了各个税种的征收对象、征收范围、税率等	《中华人民共和国企业所得税法》《中华人民共和国个人所得税法》
	税收程序法	税务管理方面的法律法规：税收管理法、税务机关组织法及发票管理法等	《中华人民共和国税收征收管理法》
按照税收立法权限的不同	税收法律	由全国人民代表大会及其常务委员会制定的关于税收的法律	《中华人民共和国税收征收管理法》《中华人民共和国个人所得税法》
	税收行政法规	由国务院制定的关于税收方面法律规范上的一种统称	《营业税暂行条例》《个人所得税法实施条例》
	税收行政规章	由国务院中有关税收的相关主管部门制定的关于税收方面的具体的实施办法，税收行政规章又可以分为税收部门规章和税收地方规章	《发票管理办法》《税务稽查规程》《增值税暂行条例实施细则》《房产税实施细则》
	税收规范性文件	由省级单位以下（含）各个级别的税务机关依法制定的关于本辖区内的税收的规范。	
按照税收征税对象的不同	流转税类	增值税、消费税、营业税、关税	
	所得税类	企业所得税、个人所得税	
	财产税类	房产税、契税、车船税、车辆购置税	
	资源税类	资源税、城镇土地使用税	
	行为税类	印花税、城市维护建设税	
按照征收管理的分工体系的不同	工商税类	增值税、消费税、营业税、资源税、企业所得税等（不包括关税、船舶吨税）	
	关税类	进出口关税、海关代征的进口环节增值税、消费税	

分　类	内　容	解　释	举　例
按照税收征收权限和收入支配的不同	中央税	关税、消费税	
	地方税	营业税、个人所得税、城镇土地使用税、土地增值税、房产税	
	中央和地方共享税	增值税、资源税、证券交易税	
按照计税标准的不同	从价税	增值税、营业税、关税和各种所得税	
	从量税	资源税、车船税、城镇土地使用税、消费税中的啤酒和黄酒	
	复合税	消费税中卷烟和白酒等	

　　税法一方面是国家取得财政收入的重要保证和实施监督管理的主要手段，另一方面税法也是国家依法实施宏观调控的重要的一种经济手段。每个企业都应该具有依法纳税的自觉性，这是企业必须履行的义务，不以任何条件为转移。因此，企业在进行财务管理活动中必然要熟悉国家的税收制度方面的法律法规，从而合理安排企业的理财活动，促进企业的长远发展。

（二）法律环境之二：证券法规和财务法规

1.证券法规

　　证券法规分为基本法律法规和证券行业的规范性文件。其中，有关证券的基本法律法规主要包括：《证券法》《证券公司设立子公司试行规定》《证券公司风险处置条例》等。证券行业的规范性文件主要是指由我国证监会正式对外颁布的一些部门制定的规章制度及规范性文件等。简单来说，证券法规的主要作用为规定证券公司的市场准入条件和有关证券公司的业务许可。如《证券法》《证券公司监督管理条例》《证券公司业务范围审批暂行规定》《外资参股证券公司设立规则》等。同时，监管证券公司的业务运作，规定证券公司从事各种业务的程序、责任等内容，规范了证券公司的业务。如《中国证监会关于进一步推进新股发行体制改革的意见》《首次公开发行股票承销业务规范》《首次公开发行股票并上市管理办法》《上市公司证券发行管理办法》《非上市公众公司监督管理办法》《关于证券公司证券自营业务投资范围及有关事项的规定》《证券投资基金运作管理办法》等。此外，证券法规对证券公司的日常运营、风险管理和信息披露等日常管理方面提供必要的监管和规范。如《证券公司治理准则》《证券公司分类监管规定》《证券公司风险处置条例》《证券公司风险管理能力评价指标与标准》《关于首次公开发行股票预先披露等问题的通知》《关于首次公开发行股票并上市公司招股说明书中与盈利能力相关的信息披露指引》等。

2.财务法规

财务法规是指国家及其行政管理机关制定的用来规范企业财务活动和财务关系的法律法规等规范性文件的统称。企业的财务法规主要分为三种类型：企业财务通则、行业财务制度及企业内部财务制度。《企业财务通则》中加强了对企业财务活动和财务关系的管理的一种行政规章，规范了企业的财务行为，以便更好地保护企业及其相关利益者的合法权益，保障企业的正常运营和发展。我国2006年财政部颁发了新的《企业财务通则》（财政部令第41号），进一步对企业财务的管理方式、职工的薪资福利待遇、企业与政府行政管理部门之间的关系等方面进行了具体的规定。2006年新颁布的《企业财务通则》共分为十章内容，对企业的财务管理提供了一定程度的指引，明确了国家与投资者、经营者之间的财务管理责任和职权，同时建立健全了企业财务运行机制，也进一步规范了企业财务管理体制，对维护企业各方的权益具有十分重要的意义。

行业财务制度是以《企业财务通则》为依据，根据具体行业的特点来制定的、用来规范企业与企业相关的利益主体之间的财务关系的法律法规等的总称。如《商品流通企业财务制度》《铁路运输企业财务制度》《邮电通信企业财务制度》《对外经济合作企业财务制度》《旅游、饮食服务企业财务制度》《房地产开发企业财务制度》等。

企业内部财务制度是指企业内部的决策层和管理者根据企业的特点和要求，在遵循国家和政府行政管理部门相关的法律法规条件的基础上，制定的一些用来规范企业内部的财务关系和财务行为的具体性的规范性文件。企业内部财务制度一般应该包括资金管理制度（资金使用的审批权限、信用制度、收账制度、进货制度等）、成本管理制度（费用审批权限、成本降级指标以及分解）和利润管理制度（利润分配程序、利润分配原则及股利政策）等。

（三）法律环境之三：企业组织法规

企业组织法规是指国家及政府相关的行政管理部门用法律法规的形式具体规定了各种类型的企业组织成立的条件、成立的程序及设立的组织机构等。我国有关企业的组织法规主要有《中华人民共和国公司法》《中华人民共和国个人独资企业法》《中华人民共和国合伙企业法》《中华人民共和国外资企业法》及《中华人民共和国中外合资经营企业法》等。

二、金融环境

金融环境（*Financial Environment*）是指在某些金融体制和制度的影响下，各种经济主体的活动受到影响的一种外在的因素。其主要包括三种类型：金融机构、金融市场和利率。通过对金融环境的构建，可以更好地加强对企业的金融监管，维护企业的稳定和整个金融市场的平衡，对促进我国经济社会的持续发展有着十分重要的作用和意义。

（一）金融机构

通俗来说，金融机构（*Financial Institution*）是指金融中介结构，是金融体系的重要组成部分。它们一般从事的是与金融服务行业有关的中介工作，其中金融服务行业主要是指银行、债权、保险等行业，因此金融机构相应地就为银行公司、证券公司、保险公司等，有时候金融机构也指的是发放贷款给客户的一些公司和机构。金融机构的主要功能是帮助企业从资本市场上筹措到资金，促进企业自身的发展。

2010 年，中国人民银行发布了《金融机构编码规范》，对我国的金融机构进行了分类，明确了我国金融机构的涵盖的范围及金融机构的组成内容。

分类依据	分类内容	举 例
按照金融机构管理地位的不同	金融监管机构	中国人民银行、中国银行业监督管理委员会、中国保险监督管理委员会、中国证券监督管理委员会
	接受监管的金融企业	其他银行、证券公司、保险公司等
按照能否接受公众存款的差异	存款性金融机构	商业银行、储蓄贷款协会、合作储蓄银行、信用合作社
	非存款性金融机构	保险公司（财产保险公司、人身保险公司、再保险公司、保险资产管理公司、保险经纪公司、保险代理公司、保险公估公司、企业年金）、信托金融机构、政策性银行（中国工商银行、中国银行、中国建设银行、中国农业银行、城市商业银行、股份制银行——交通、中信、招商、浦东、外资银行、国家开发银行、中国农业发展银行、中国进出口银行）、各类证券公司、财务公司等（银行、城市信用合作社、农村信用合作社、农村资金互助社、财务公司）

金融机构从事的是与金融行业相关的金融服务，因此面临着市场风险、信用风险和其他风险。其中，市场风险主要是指由于金融环境中股票、利率或者汇率等的不稳定，使得企业不能按照预期的财务目标获得收益的风险。如宝洁公司（Procter & Gamble）在参与了一种利率衍生工具的交易，当美国与德国的利率上升超过当时签订合约时所规定的跨栏利率时，使得宝洁公司不得不支付当时高于商业票据利率的1 412个基点，导致保洁公司最终亏损了1.57亿美元。信用风险是指签订合约的双方由于种种原因，可能会在贷款、期权及结算过程中出现的不履行义务的一种可能性，从而给另一方企业所带来的风险。这种信用风险可以通过企业财务管理中的风险控制管理或者是要求签订合约的对方提供一定的抵押品或者保证金等行为来最大限度地降低。操作风险则是指在金融机构的交易过程中由于操作者的操作行为不当所带来损失的可能性，也包括因为企业内部财务管理工作操作不当所带来的风险，如越权交易。巴林银行的倒闭就是操作风险的一个典型的案例。当时新加坡巴林期货公司的一名工作人员通过越权交易，给巴林银行带来巨额的亏损，并最终导致巴林银行倒闭。当然，巴林银行的倒闭也不仅仅是由于银行员工的越权交易，其实当时巴林银行内部也缺乏基本的内部会计控制，没有对该名工作人员进行监督，以上种种的因素的综合最终导致了巴林银行的消失。如果当时巴林银行的管理者对操作风险有着正确的认知，并且建立了正确的操作风险管理程序，如基本的内部会计程序、完善的监督机制及独立的风险管理控制机制和政策等，巴林银行的巨大的损失可能就不会发生，或者说损失的数额可以大幅度地减少。因此，企业在进行财务管理工作的过程中，建立适当的风险管理机制和政策是十分必要的，也是十分迫切的需要。

（二）金融市场

金融市场（Financial Market）也可以称之为资金市场，其实质就是进行金融资产（资金、票据及有价证券）交易的市场，在交易过程中，需要借助一定的信用工具进行投资者与受资者之间的资本交易，并且在此过程中进一步确定金融资产的价格。金融市场可以分为货币市场和资本市场，其中，货币市场是指融通期限在一年以内资金的市场，主要包括银行承兑汇票市场、回购协议市场、金融同业拆借市场、商业票据银行及短期政府债券市场等；资本市场主要是指融通时间在一年以上的资金的市场，主要包括把金融机构作为金融市场的主体，使之与工商企业之间建立相应的贷款市场。证券市场是指通过证券的发行与交易，从而进行融资的一种资金市场，如股票市场、债权市场及基金市场等。金融市场不仅仅是有形的市场，也可以是无形的市场。金融市场按照不同的分类标准，可以分为以下几类：

分类依据	具体内容	分　析
按照交易性质的划分	发行市场	一级市场
	流通市场	二级市场
按照交易期限的划分	资本市场	长期资本市场
	货币市场	短期资本市场
按照交易对象的划分	资本市场	交易的主要是货币资本
	外汇市场	交易的主要是外汇信用工具
	黄金市场	交易的主要是黄金
按照交割期限的划分	现货市场	交易成功后很快进行交割的金融市场
	期货市场	交易成功后，在未来某个时间内交割的金融市场
按照交易的场所划分	有形金融市场	有固定场所的金融市场
	无形金融市场	没有固定场所的金融市场
按照地理范围的划分	国内金融市场	国内的一些金融机构组成的金融市场
	国际金融市场	由经营国际金融业务的机构组成

　　金融市场作为金融环境的重要组成部分，有着十分突出的作用。首先，金融市场在很大程度上为资金的供应者和资金的需求者提供了进行相关金融交易的市场环境，这样有利于促进资金的合理流动，提高资金的使用效率，为促进双方的发展提供了一个广阔的平台。其次，金融市场也可以在一定层面上反映出金融市场的价格变化。因为金融资产都是有票面金额的，因此金融市场中价格的变化与波动可以反映出经济活动的变化情况，这样就可以根据金融市场中金融资产的变化情况来合理地进行市场资源的配置，从而促进社会经济的发展。最后，金融市场的存在和进一步发展，一方面可以使资金的供应者实现风险分散和风险转移，实现金融资产的多样化和金融风险的分散化；另一方面，金融市场可以降低资金需求者在寻求资金交易时对方所产生的搜寻成本和信息成本。

（三）利　率

　　利率（Interest Rate）又称为利息率，一般情况下是指在一定期限内利息与本金的百分比率。利率的计算公式为：利率＝利息量/（本金×时间）。我国的利率是由中国人民银行来控制的。利率是一个重要的经济变量，也是一个国家进行宏观经济调控的重要工具之一。利率可以作为调节货币政策的一种重要手段，通过调节通货膨胀及投资等内容，影响经济发展的趋势及进程。一般情况下，利率根据其期限的长短，可以分为日利率、月利率及年利率三种。利率的理论之一——可贷资金利率理论（*Loanable-Funds Theory of Interest*），是由罗伯逊和俄林在储蓄投资理论和凯恩斯的流动性偏好利率理论的基础上提出的。他们认为，利率是由借贷资金的供给与需求的均衡价格来决定的，并不是由储蓄和投资来决定的。在这种理论的指导下，一国可以根据本国的利率来调节投资和资本的供给等，从而最大可能地满足企业社会的总需求。同时，利率也可以在微观上，如企业层面，督促企业加强对本企业的经济核算，从而提高企业的经济效益。在个人层面，因为利率可以在一定层面上起到调控社会资本的功能，因此，利率对个人的消费和储蓄也有着十分明显的作用。利率按照不同的标准，可以分为以下几大类：

分　类	具体内容	解　释
按照货币资金借贷关系期间利率水平是否变动来划分	固定利率	借贷期限内利率不作改变
	浮动利率	借贷期限内利率随着市场利率的变动而变化
按照形成机制划分	基准利率	法定利率，由央行制定的有关存款、贷款的利率
	商业银行利率	由商业银行依据基准利率和市场环境制定的利率
	市场利率	金融市场的利率
按照计算方法划分	单利	对本金进行利率的计算
	复利	既计算本金的利率，也计算本金所产生利息的利率
按照银行业务划分	存款利率	金融机构存款所获得的利息与本金的比率
	贷款利率	金融机构贷款所支付的利息与本金的比率

三、经济环境

财务管理的经济环境也称之为理财环境，是指对企业财务活动和财务关系产生影响的宏观的经济现状。其中主要包括以下四个方面：

（一）国家的经济政策

国家的经济政策（*National Economic Policy*）具体是指一个国家通过履行其经济管理方面的职能，来调控国家的宏观经济发展水平、结构等内容，所实施的一些国家层面上的有关经济发展战略的指导方针。在不同的时期，国家都会制定不同的经济发展政策，这些政策会对一个地区的经济发展格局起到十分明显的作用，在某种程度上也是影响一个国家或者地区经济发展水平的重要的环境因素。其中，国家的经济政策中对企业的财务管理工作产生较大影响的因素主要有：财政政策、产业政策、对外开放政策及财税体制改革等内容，如国家的财政政策。财政政策（*Fiscal Policy*）是指一个国家通过调节财政支出和变动税收政策来影响一国的总需求的有关财政工作方面的经济政策。当一个国家采取紧缩性的财政政策时，从事企业财务管理工作的决策者要及时认识到这个经济信号，积极寻找相应的资金来源，并且通过控制投资的规模，从而适当地增加企业获得的利润；当一个国家采取扩张性的财政政策时，企业应该加紧寻找新的投资机会，扩大企业的投资规模，增加从国家获得投资和补贴的机会，促进企业的加速发展，如国家的产业政策。国家的产业政策（*Industrial Policy*）是一种经济政策，是用来制定有关规划、干预一国产业形成和发展的宏观层面的经济发展战略。产业政策的出台为企业提供了未来的投资方向和发展领域。如果企业按照国家的经济方针政策确定企业的投资方向，那么企业比较容易获得有关信贷、土地等政府层面上的支持；反之，企业的发展可能就会遭遇难题，不利于企业的发展。

（二）通货膨胀和通货紧缩

通货膨胀（*Inflation*）是指在一定的时期内，流通中的货币的数量超过实际经济的需要，从而引起货币的持续贬值，造成物价水平持续、普遍上涨的一种经济现象。通货膨胀的实质就是社会总需求大于社会总供给，货币的发行的数量远远超过了实际需要的数量，造成货币的贬值，降低人民的生活水平，造成国家经济秩序的混乱，影响一国经济的健康发展。对于企业来说，当发生通货膨胀的时候，企业所需要支付的员工的福利待遇、购买的原材料及相应的费用等都要增加，这种局面的出现会给企业的财务管理工作带来一定的难度。企业的财务管理工作者要能够及时辨明这种经济现象，通过增加企业的成本管理工作，解决企业的资金短缺问题，扩大企业的生产规模，来满足社会的总需求。

通货紧缩（*Deflation*）是指在一定时期内，纸币的发行量低于实际需要的数量，从而引起货币持续升值，物价水平不断下降的经济现象，其实质就是社会总供给大于社会总需求。长期的通货紧缩会抑制企业的生产和投资，造成失业人员的增加，出现经济增长缓慢的局面，并最终影响企业的长远发展。当出现通货紧缩的时候，企业要调整其自身的贷款、投资的比例，减少企业的生产规模和生产速度，使得社会总供给和社会总需求可以保持一定水平的平衡。

（三）经济发展状况

经济发展状况在财务管理工作的经济环境中占据着重要的位置，主要包括两个方面：经济周期和经济发展水平。经济周期（*Business Cycle*）也称商业周期，一般是指经济扩张和经济收缩的周期性变化，主要表现为四个阶段：繁荣、衰退、萧条和复苏。企业的发展会受到内部环境和外部环境的影响，企业通过掌握经济周期的变化，实时制定相应的对策来适应经济周期的变化，以便在经济发展的繁荣期和衰退期保持企业处于有利地位。在经济发展的繁荣期，社会总需求会增加，企业就要扩大生产规模，筹集更多资金，促进企业的发展；在经济发展的衰退期，社会总需求就会减少，企业就要降低生产速度，减少企业的存货，降低企业存货资金的占用额，提升企业资金的使用效率，最终增强企业的经济效益。

经济发展水平是指一个国家的经济发展的规模、速度等所达到的水平。现在常用的评价经济发展水平的指标有国民生产总值、经济发展速度、国民收入等内容。随着经济发展水平的加快，企业也必须加快自身的发展，通过增加投资或者筹集资金的形式，使得企业可以跟上国家的经济发展水平，促进企业的发展和繁荣。

但是在现代经济条件下，财务管理环境也发生了相应的变化。首先，在经济全球化的影响下，金融全球化对财务管理工作有着十分重要的影响。现在国外的金融机构随着经济全球化的浪潮，逐渐进入我国的金融市场，在这样的情况下，我国的金融市场也必将发生深刻的变化。比如随着金融工具的不断创新，可以为我国企业财务管理工作中的投资、筹资等多方面提供多种多样的新的组合的方式，以便企业的决策层可以多重选择，最大限度地规避风险。同时，随着国外的金融市场环境竞争的进一步加剧，我国的金融市场也必然面临更多的挑战和困难，这将在某种层面上促使我国的金融市场环境的公平性得以进一步完善，加强金融机构的自律性，规范国家对金融市场的监管，从而提升我国金融市场的竞争力，最终为企业的财务管理和资本运营工作提供合理的、科学的指导。其次，随着第三次科技革命的发展，全球进入了一个新的时代——网络经济时代。在网络经济时代的环境中，信息产业得到了飞速发展，已经成为全球第一产业，地球也已经变为了"地球村"。在这种条件的影响下，使得企业的产品销售工作、企业之间的合作等已经成为一场全球性的交易，因此企业的财务管理工作不再仅限于企业内部，也不再仅限于一个国家，而是跨越了国界，形成了一种虚拟的企业之间的联盟。企业的财务管理工作可以通过网络这个大的环境，实现网络与财务管理工作的结合，形成财务网络，即用网络的形式来办理财务管理工作。同时，企业也可以开发一定的关于网络财务方面的办公软件，通过运用此软件来对企业实施动态的、实时的财务管理，实现财务管理工作的远程办公。此外，随着电子货币的出现及网上银行的建立，企业财务管理的金融环境和社会环境也发生了很大的变化，如改变了企业的投资、筹资等工作的货币形态，这样一来企业的财务管理工作形式也要进行一定的更新，以便适应财务管理大的工作环境。综上，财务管理环境对财务管理工作有着十分重要的影响，通过把握财务管理环境的有利条件和不利条件，合理地利用财务管理环境，利用财务管理环境的积极因素，可以提高企业财务管理工作对环境的利用能力、适应能力和应变能力，从而保证财务决策的正确性、及时性，以便更好地实现企业的财务管理目标。

第三节 资金的时间价值和风险价值

资金的时间价值就是资金周转后的增加的那部分价值。而任何资金在投资的过程中都会有风险，这就是资金的风险价值。因此，企业的财务管理工作就要最大限度地帮助企业选择资金的投资方案，以便实现企业利润的最大化。

一、资金时间价值的计算及应用

（一）资金时间价值的内涵

资金时间价值又称为货币时间价值（*Time Value of Money*），是指资金在投资和收回的这段时间差的过程中所增加的价值。其实质是资金拥有者把资金的使用权"借给"其他人，从而获得的利息额或者利息率的过程。资金时间价值通常是用利息率来表示的，如贷款利率、债券利率等。研究资金的时间价值，可以帮助企业在进行项目投资决策的过程中考虑到项目最终收入与现在支出之间的数值，最终做出有利于企业发展的决策。如果这个项目最终收入的数值大于现在支出的数值，那么企业就可以进行该项目的具体实施阶段；如果这个项目最终收入的数值小于现在支出的数值，那么这个项目就没有实际操作的可能性，企业就可以再重新考察其他的项目，减少企业投资失利的可能性。

（二）资金时间价值在企业投资决策中的具体应用

假如某企业计划投资一座冷库，马上投资当年可获得 150 万元，如果两年后投资，当年可获利 180 万元。

如果社会平均资金利润率是10%，那么应选择马上投资还是2年后再投资呢？

这个问题可以分为两个角度来进行解析。第一个角度是：当该企业不注重资金的时间价值时，该企业财务管理部门可以直接用获利金额比较，很显然，应该选择两年后投资可获得180万元。第二个角度是：当该企业考虑到资金的时间价值的时候，企业的财务管理部门可以这样进行分析：150万元与180万元就不能简单地直接进行比较了，而应该把他们换算到同一时点后再进行比较。假如换算到决策当年，那么180万元获利额在决策当年的价值应该为：$180(P/F, 10\%, 2) = 148.68$万元，小于150万元，应该选择马上投资；从另外一个角度看，如果把马上投资获得的150万元又用于再投资，按照10%的利润率换算，2年后的价值应该为：$150(F/P, 10\%, 2) = 181.5$万元，比2年后投资多获利1.5万元，也应选择马上投资。

通过上述计算可知，使用旧设备的平均年成本较低，不宜进行设备更新。

通过以上的例子分析，我们可以得知：资金的时间价值是客观存在的事实，因此在企业的生产经营、投资管理活动过程中，就应该充分地考虑到资金的时间价值，因为闲置的资金是不会产生任何的时间价值的，甚至还可能会随着国家大的经济环境的变化出现通货膨胀而出现资金的贬值，导致企业利益的受损。在这种情况下，企业的财务管理工作人员就必须充分掌握住资金时间价值的相关理论，使企业的资金利用率达到最大，最终实现资金的增值。同时，企业的投资决策者也要充分认识到，资金虽然具有时间价值，但是在具体进行投资项目的决策过程中，企业也要考虑到投资的风险，综合评定该项目的收益与风险之间的关系，做出最能促进企业发展的相关投资决策。其中，企业在进行投资决策的过程中，一般有着两类的决策方法：贴现法、非贴现法。贴现法是指企业在进行投资的过程中，考虑到资金时间价值的因素，主要包括四大方法：现值法、净现值法、获利指数法、内含报酬率法。非贴现法是指企业在进行决策时，不把资金的时间价值纳入考虑的内容之中，主要分为回收期法和会计收益率法。

分 类	内 容	解 释	优势分析
贴现法	现值法	总现值—投资总额	考虑到资金的时间价值
	内含报酬率法	内含报酬率—资本成本	考虑到资金的时间价值
	获利指数法	获利指数的大小（>1）	考虑到资金的时间价值，可以对独立方案的投资效率进行排序

分 类	内 容	解 释	优势分析
贴现法	净现值法	总现值—投资总额（正、负）	考虑到资金的时间价值；不能在几个独立的方案之间评价优劣
非贴现法	会计收益率法	会计收益率—资本成本	较容易进行计算；忽视了资金的时间价值，没有采用现金流量观
	回收期法	计算回收期—预定回收期	计算简便，通俗易懂；急功近利，夸大了企业投资的回收速度；忽视了资金的时间价值

通过上面的论述，我们可以看到，货币时间价值有着不同的计算方法，但是通过贴现法和非贴现法的对比，发现贴现法充分考虑到了资金的时间价值，并且采用了现金流量观，因此我们在进行资金时间价值的计算方法的时候可以以非贴现法为主、贴现法为辅，帮助企业做出科学的投资决策。

（三）一次性收付款项终值和现值的计算方法及应用

一次性收付款项终值指的是在一定的时间点上一次性支付或者收取，经过一段时间之后再一次性收取或者支付的款项。如李某在 2016 年年初把 100 元存入银行，当时银行的年利率为 10%，李某于 2016 年年末从银行中把钱取出，共计 110 元。在这个例子中，李某的 100 元和 110 元就是典型的一次性收付款项。

1.单利终值和现值的计算方法及应用

单利是指利息不再生利息，只是对存入的本金进行利息的计算。单利利息的计算公式为：

$$I=PV \times i \times n$$

其中，I 为利息，PV 为现值，i 为利率，n 为计息期数。

例如：胡先生于 2014 年在银行存入了 1 500 元，存款的年限为 5 年，当时银行的利率为 6%。在这种情形下，按照单利利息的计算公式，胡先生 5 年后应该得到的利息是多少？

解析： 这道题我们可以这样进行分析：

单利利息的计算公式为：$I=PV \times i \times n$，在这个例子中，我们可以把数值进行代入，得到：$I=1\ 500 \times 6\% \times 5=450$（元）。

通过上面的分析，我们可以得出，胡先生按照单利计息的计算方法，5年后可以获得利息为450元。

2.单利终值的计算方法及应用

单利终值的定义为：把一定数量的资金按照单利的计算方法计算这些资金在未来某一个时间的价值。单利终值的计算公式可以如下表示：

$$FVn = PV + I = PV + PV \times i \times n = PV \times (1 + i \times n)$$

其中，FVn 为终值，I 为利息，PV 为现值，i 为利率，n 为计息期数。

例如：张女士在某个银行存入1 000元，储存方式为定期，存款期限为2年，当时银行的定期存款的利率为3%，如果按照单利计息的计算方式进行计算，那么两年到期之后张女士可以收到的最终的金钱数额为多少？

解析：这道题我们可以首先把单利终值的计算公式写上：

$$FVn = PV + I = PV + PV \times i \times n = PV \times (1 + i \times n)$$

再把案例中的数值代入公式，可以得到：

$$FV_2 = 1\ 000(1 + 3\% \times 2) = 1\ 060 (\text{元})$$

通过上述的计算方式，我们得知两年到期之后张女士可以收到的本利和为1060元。

3.单利现值的计算方法及应用

单利现值一般指的是在未来某一个时间所收到或者支出的资金按照单利计算的形式计算出的其在现在的价值。单利现值的计算公式可以表示为：

$$PV = FV_n \times \frac{1}{1 + i \times n}$$

其中，FVn 为终值，PV 为现值，i 为利率，n 为计息期数。

例如：假如你是一名银行的工作人员，一位白先生现在咨询你，他想要在两年后获得1 000元，当时银行的年利率为3%，按照单利计息的计算方式进行计算的话，白先生现在要存入多少钱才可以在两年后获得1 000元？

解析：首先，我们可以分析白先生的这种理财行为要用单利现值的计算方式进行计算，而单利现值的计算公式为：

$$PV = FV_n \times \frac{1}{1 + i \times n}$$

其次，我们可以把上述的数值代入到这个计算公式中，得到：

$$PV = 1\ 000 \times \frac{1}{1 + 3\% \times 2} = 943.40 (\text{元})$$

所以白先生如果想在两年后获得 1 000 元，按照单利计息的形式进行计算的话，白先生现在需要存入银行 943.40 元。

（二）复利终值和现值的计算方法及应用

复利俗称为"利滚利"，是指把本金所产生的利息在下一次计算资金的时间价值时作为本金计算进去，简单地说，就是把账户上所显示的本金和利息作为新的计算单位计算新一轮资金时间价值的计息基础。

1.复利终值的计算及应用

复利终值指的是将一定量本金按照复利计算若干期后的本利和。复利终值的计算公式为：

$$FV_n = PV \times (1+i)^n$$

其中，$(1+i)^n$ 为复利终值系数，它简略的表示形式为 $FVIF_{i,n}$。

在实际工作过程中，复利终值系数可以通过查阅按不同利率和时期编制的复利终值系数表获得（见附录）。

例如：李先生 1 万元存入银行，当时银行的复利年利率为 3%，那么 5 年后李先生获得的复利终值的最终数额为多少？

解析： 这个例子是属于一次性收付款项终值和现值计算的一种，具体是指复利终值的计算方式。

首先复利终值的计算公式为：$FV_n = PV \times (1+i)^n$。

再通过查阅按照不同利率和不同时期编制的复利终值系数表，我们可以得知：

$FV_5 = 10000 \times (1+3\%)^5 = 10\ 000 \times 1.159\ 3 = 11\ 593$（元）

这个案例说明李先生通过放弃其这 5 年时间使用闲置的 10 000 元的机会，最终会获得 1 593 元的利息。

2.复利现值的计算方法及应用

复利现值的定义为在未来某一个时间点收到或者付出一定量的资金，按照复利计算的形式计算其在现在的价值。复利现值的计算方法为：

$$PV = FV_n \times \frac{1}{(1+i)^n}$$

其中，$\dfrac{1}{(1+i)^n}$ 为复利现值系数，其简略表示形式为 $FVIF_{i,n}$。

在实际的工作过程中，复利现值系数的数值可以通过查阅复利现值系数表获得（见附录）。

例如：邓女士为了 5 年后能从银行里面取出 1 万元，在当时复利年利率为 3% 的情况下，邓女士需要存入多少钱才能在 5 年后从银行中取出 1 万元？

解析： 这个案例是非常明显的复利现值的计算方法的应用。首先，复利现值的计算公式可以表示为：

$$PV = FV_n \times \frac{1}{(1+i)^n}$$

再通过查阅按照不同利率和不同时期编制的复利终值系数表，我们可以得知：

$$PV = 10\,000 \times \frac{1}{(1+3\%)^5} = 8\,626\,(元)$$

上述计算结果说明，邓女士如果想在 5 年后从银行取出 10 000 元，那么现在需要存入的金钱数额为 8 626 元，也就是这五年的时间里面，8 626 元产生了 1 374 元的利息。

（二）年金终值和现值的计算方法及其应用

年金的含义为定期、等额的一系列的收付的款项，如租金、保险费、等额分期的收付款及利息等。但是，年金按照收付时间的不同，可以分为四大类：后付年金、现付年金、延期年金和永续年金。在这里，我们主要说明后付年金的终值和现值的计算方法及应用。

1.后付年金终值的计算方法及应用

后付年金的内涵是：每期期末收付的等额款项的年金。后付年金终值指的是一定阶段内每期期末所收付款项的复利终值的和，其计算公式为：

$$FV_n = A \frac{(1+i)^n - 1}{i}$$

其中，A 为年金，$\frac{(1+i)^2 - 1}{i}$ 为年金终值系数，可以省略表示为 $FVIFA_{i,n}$。

例如：章先生每年年末的时候会把 1 000 元存入银行，当时的年利率为 3%，并且章先生想连存 3 年。那么 3 年之后，章先生可以从银行获取的钱数总额为多少？

解析： 这个案例中的章先生 3 年之后从银行获取的钱数的总额为后付年金终值计算的结果。

首先，后付年金终值的计算公式为：

$$FV_n = A \frac{(1+i)^2 - 1}{i}$$

其次，将上述案例中的数据代入，得到：

$$FV_3 = 1\,000 \frac{(1+3\%)^3 - 1}{3\%} = 1\,000 \times 3.090\,9 = 3\,090.9\,(元)$$

所以，章先生 3 年期满后可以得到的本利和为 3 090.9 元。

2. 后付年金现值的计算方法及应用

后付年金现值的含义是指一定时期内每期期末收付款项的复利现值之和，其实质是为了每期期末能够取得相等金额的款项，现在所需要投入的金额。后付年金现值的计算公式为：

$$PV = A\frac{1-(1+i)^{-n}}{i}$$

其中，$\frac{1-(1+i)^{-n}}{i}$ 成为年金现值系数，可以简略表示为 $PVIFA_{i,n}$。

例如：胡女士在银行开了一个账户，该账户只能每年年末支出 2 000 元，期限为 3 年，当时银行的年利率为 3%，那么胡女士需要在年初给这个账户存入多少钱？

解析： 首先，后付年金现值的计算公式为：

$$PV = A\frac{1-(1+i)^{-n}}{i}$$

其次，把上述数据代入公式，可以得到：

$$PV = 2\,000 \times \frac{1-(1+3\%)^{-3}}{3\%} = 2\,000 \times 2.828\,6 = 5\,657.2（元）$$

所以，胡女士需要在年初给该银行账户存入 5 657.2 元，以便她可以在 3 年中每年年末提取 2 000 元。

二、资金风险价值的计算及应用

企业在进行决策的过程中往往会面临着很多的风险，因此企业在进行决策的时候要充分考虑到企业的收益与风险之间的关系，这就是资金风险价值。资金风险价值在企业进行财务管理的工作中有着十分重要的作用。

（一）资金风险价值的内涵

资金风险价值又称为投资风险收益或者投资风险价值，其定义为：投资者在进行投资的时候往往是冒着一定的风险的，而在投资之后其获得的那部分超过资金时间价值的收益。一般来讲，我们习惯用风险收益额或者是风险收益率来表示资金风险价值。风险收益额指的是超过资金时间价值的那部分额外收益，风险收益率可以用风险收益额与投资额的比率表示，这样一来，风险收益率的比率表示就要比风险收益额的表现形式更加通俗、直观，所以在实际工作过程中，我们通常用风险收益率来表示资金的风险价值。

（二）资金风险价值的计算及应用

风险是不可估量的，因此计算资金风险价值的时候，我们就必须要采用一种概率论的方法，即把资金的风险价值按照未来年度预期收益的平均的偏离程度进行一定的估计的方法。我们必须承认，这种方法可能存在一定程度的偏差，但是风险收益本身就有着不易计量的特点，所以现在这种概率论的方法可以帮助企业做出相对正确的财务决策。

1. 风险收益率的计算方法及应用

风险收益率就是风险收益额与企业投资额的比率。风险收益率主要有两种表现形式：一种为应得的风险收益率，其计算公式可以表示为：

$$R_R = bV$$

其中，R_R 为风险收益率，b 为风险价值系数，V 为标准离差率。

另一种为预测的风险收益率，其计算公式可以表示为：

$$预测风险收益率 = 预测投资收益率 - 无风险收益率 = \frac{收益期望值}{投资额} \times 100\%$$

例如：某企业现在有两个投资项目处于考察阶段，企业预定的投资总额都为 100 万元，该企业投资收益的概率分布如下：

经济状况	概率（P_i）	收益额（随机变量 X_i）	
		甲项目	乙项目
繁荣	$P_1 = 0.30$	$X_1 = 30$	$X_1 = 50$
一般	$P_2 = 0.50$	$X_2 = 20$	$X_2 = 20$
较差	$P_3 = 0.20$	$X_3 = 10$	$X_3 = 5$

在这种情况下，该公司投资方案是否可取呢？

解析：首先，我们得知该题目是要我们对资金的风险价值进行计算，因此我们就需要分析该项目的风险收益率，其计算公式为：

$$R_R = bV = b \times \frac{\delta}{E} \times 100\% = b \times \sqrt{\sum_{i=1}^{n}(X_i - \bar{E}) \times P_i / \bar{E}} \times 100\%$$

其中，R_R 为风险收益率，$\bar{E}$ 为预期收益，X_i 为第 i 种可能结果的收益，P_i 为第 i 种可能结果的概率，n 为可能结果的个数，δ 为标准离差，V 为标准离差率。

第一步，计算预期收益。

$$\bar{E} = \sum_{i=1}^{n} X_i P_i$$

$$\bar{E}_{甲} = 30 \times 0.3 + 20 \times 0.5 + 10 \times 0.2 = 21(万元)$$

$$\bar{E}_{乙} = 50 \times 0.3 + 20 \times 0.5 + 5 \times 0.2 = 26(万元)$$

预期收益是该企业各种收益乘以相应的概率之后而求得的平均值，这种收益是在没有考虑到其他因素的影响下计算得出的。可是在实际情况中，企业的投资会面临着很多的风险，因此企业实际获得的收益可能会偏离预期收益，所以就需要计算收益标准离差。

第二步，计算收益标准离差。假如市场繁荣的条件下，甲项目的实际可能收益偏离了期望收益的数值为 9 万元；在市场情况处于一般条件下，甲项目的实际可能收益偏离了期望收益的数值为 −1 万元；在市场情况比较差的情况下，甲项目的实际可能收益偏离了期望收益的数值为 −11 万元。

标准离差的计算公式为：

$$\delta = \sqrt{\sum_{i=1}^{n}(X_i - \bar{E}) \times P_i}$$

$$\delta_{甲} = \sqrt{(30-21)^2 \times 0.3 + (20-21)^2 \times 0.5 + (10-21)^2 \times 0.2} = 7(万元)$$

$$\delta_{乙} = \sqrt{(50-26)^2 \times 0.3 + (20-26)^2 \times 0.5 + (5-26)^2 \times 0.2} = 16.7(万元)$$

我们知道，收益标准离差的大小是由实际可能收益值与期望值之间的差值所决定的，差值越大，则企业获取收益的可能值偏离企业期望值的可能性就越大，那么企业投资的风险也就越大；反之，差值越小，说明企业获取收益的可能值偏离企业期望值的可能性就越小，那么企业投资的风险也就越小。但是，企业的收益标准离差反映的是企业实际可能收益值与期望值之间的绝对差异，因此，该计算方法也就只能作为期望值相同的不同方案之间决策时的参考指标，而对于那些期望值本来就不同的决策方案来说，收益标准离差就不再适用。在这种情况下，我们就需要引入一个新的评价指标，即收益标准离差率。

第三步，计算收益标准离差率，其计算公式为：

$$V = \frac{\delta}{\bar{E}} \times 100\%$$

将此案例中的数据代入，得出甲项目与乙项目的收益标准离差率分别为：

$$V_{甲} = \frac{7}{21} \times 100\% = 33.33\%$$

$$V_{乙} = \frac{16.7}{26} \times 100\% = 64.23\%$$

通过计算甲项目与乙项目的收益标准离差率，我们可以清楚地看到，甲项目的标准离差率要远远小于乙方案的标准离差率，因此甲项目的投资风险要小于乙项目的投资风险。收益标准离差率计算的结果表明的只是投资风险程度的大小，其并不能表示风险收益的高低，因此企业在进行投资决策的过程中，财务管理者需要对应得风险收益率进行计算，从而揭示出方案的风险收益的高低。

第四步，计算应得风险收益率。其计算公式为：

$$R_R = bV$$

在上述案例中，我们假设当时企业投资者所确定的风险价值系数为 8%，那么甲项目、乙项目对应的应得风险收益率分别为：

$$R_{R甲} = 8\% \times 33.33\% = 2.67\%$$

$$R_{R乙} = 8\% \times 64.23\% = 5.14\%$$

从计算应得风险收益率的结果可以看出，乙项目的应得风险收益率要高于甲项目的应得风险收益率，可是应得风险收益率反映的只是与一定层面上的风险程度相当的风险收益率，并不能反映出投资决策或者投资方案的真正的风险收益水平。如果企业的投资决策者想要获得企业投资方案或者投资决策的真正风险收益水平，企业的财务管理工作者还需要对方案进行预测风险收益率的计算，以便判断出投资方案或者投资决策的优劣。

第五步，计算预测风险收益率，其计算公式可以如下表示：

$$预测风险收益率 = 预测投资收益率 - 无风险收益率\frac{收益期望值}{投资额} \times 100\%$$

在上述案例中，假设无风险收益率为 7% 的话，那么甲项目、乙项目的预测风险收益率分别为：

$$预测风险收益率_甲 = \frac{21}{100} \times 100\% - 7\% = 14\%$$

$$预测风险收益率_乙 = \frac{26}{100} \times 100\% - 7\% = 19\%$$

通过预测风险收益率的结果计算，并结合上一步应得风险收益率的计算结果，我们可以得知：甲项目的预测风险收益率要大于其应得的风险收益率，乙项目的预测风险收益率要大于其应得的风险收益率。这种差值的结果说明企业关于甲项目和乙项目的投资决策最终所获取的超过资金时间价值的额外收益是能够弥补其所冒的投资风险的，是企业可以进行投资的项目。

第二章　关于资本运营的基本理论

资本运营实质上就是市场所进行的关于资本的投资活动。谈到资本运营，我们有必要对资本的形式、内涵、特点及运行方式进行深入阐述，以便我们正确地认识和对待资本。通过了解资本运营的基本理论，可以指导企业的财务管理部门做出相应的财务活动和财务关系上的决策，保障企业开展正常的生产经营活动。

第一节　认识资本运营的特点与目标

一、资本的内涵及特点

现在学界对资本的内涵的认识并不统一，比较通用的就是马克思在《资本论》中对资本的内涵所进行的解释。马克思是从资本的两个属性——社会属性和自然属性给资本下定义的。马克思认为，资本首先是一种生产关系，体现的是资本家和雇佣工人之间剥削和被剥削的关系；其次，资本所反映的是一种价值，这种价值把资本当作用来剥削劳动者、榨取剩余价值的一种价值形式。马克思在《资本论》中对资本的定义更多的是以其劳动价值论和剩余价值论为基础的，这样就较为深刻地揭露出了资本的剥削实质。

在马克思看来，资本是一种有价物，资本可以通过运动来实现价值的增值，其中资本的运动又主要分为资本积累、资本积聚和资本集中。企业的资本可以通过企业的投资、生产及销售等形式来实现企业资本的运动，并最终实现资本的增值，进一步扩大企业的生产规模，促进社会经济的高效、良性运转。

但是随着社会的发展，资本包括的范畴不再仅仅局限于前人的认识，而是得到了更深层次的拓展，如虚拟资本、人力资本和知识资本。虚拟资本一般是以股票、债权及金融衍生品等形式存在。虚拟资本的出现和发展，可以给企业带来更大的经济效益。因为虚拟资本的存在，使得企业不仅可以利用自身拥有的资本，也可以利用虚拟资本，这样就可以在很大程度上提升企业的竞争力，并最终提高企业的利润。知识资本对经济增长的作用比物质层面的资本更为明显。我国这几年通过大力实施科教兴国战略和人才强国战略，培养了大批高素质的人才，这些人才的出现对促进我国的经济发展起到了十分重要的作用。因为它突破了人力资本理论层面的局限性，并且知识资本也可以通过转化为创意、技术及资料等，促进企业的发展。

二、资本运营的特点及分类

通过资本运营，资本可以实现增值。因此，无论是企业还是其他单位，都需要熟练掌握资本运营的内涵和特点，帮助企业的决策者做出正确的财务决策。

（一）资本运营的内涵

资本运营的内涵是通过对资本的运作，实现资本的增值，其存在于社会经济生活的各个领域之中。对企业来说，资本可以在生产过程、流通过程等多个环节进行运作，实现资本盈利的最大化。但是资本运营有一个前提，就是要保障资本的安全，所以企业的决策者在进行决策之前，有必要对资本运营的运营环境、运营方式等内容做一个深入而细致地了解。只有这样，才能在保证企业资本安全的前提下，提升企业资本的利用率，并最终提高企业的利润。

（二）资本运营的特点

1.开放性

资本在进行运营的过程中，不仅需要企业的管理者或者经营者面对国内的市场，也要求他们去面对国外的市场，并且运营过程中也要不断地去打破地域限制、行业限制等。因此，企业的经营者在进行资本运营的过程中要充分认识到资本运营的这一特性，坚持资本运营的开放性，以提升企业资本运营的成效。

2.市场性

资本运营是企业在市场中对企业资本进行运作的一种行为。因此，企业在进行资本运营的过程中，必须认清资本运营的市场性，牢记市场经济发展的要求，使企业的资本运营适应市场经济发展规律，加速企业资本在市场中的流通率，提升企业的资本在市场中的运营效率，最终提升企业的收益。

3.流动性

企业资本的运营体现的就是企业中的资本在流通中所实现的价值增值，因此资本运营有着流动性的特点。在这种特点的要求下，企业在进行资本运营的过程中，就必须高效地利用和盘活企业的存量资产，使企业的资本可以进行充分流动，提升企业资本的利用效率，实现企业资本最大增值的目的。

4.收益的不确定性

企业在进行有关资本的运作时，由于资本的增值性与风险性是同时存在的，所以企业的资本运营的收益就有着不确定性。当企业的经营者做出资本运营决策的时候，必须要考虑资本在运作过程中可能带来的增值或者是存在的风险，如何最大限度地避免企业资本运营过程中的风险问题，是每一个企业的经营者在进行资本运作的过程中所必须考虑的问题。

5.资本运营的价值性及其增值性

资本运营就是对价值形态的各种生产要素的管理，因此企业进行资本运作的目的就是利用这部分生产要素的价值来带来价值的增值，这是企业进行资本运营的本质要求，同时这也是资本的内在特征。企业的经营者通过将企业的资本进行运作，把企业的资本投入到企业的再生产过程中，就是为了实现资本的增值，获得收益。

三、资本运营的分类

分类	内容	解释	例子
按照资本运营对企业规模的影响差异来划分	扩张型资本运营	扩大企业规模	收购、兼并、合并等
	收缩型资本运营	缩小企业规模	资产出售、公司分立、企业清算及不良资产的剥离等
	内变型资本运营	企业内部的治理结构、产权结果发生变化，实质是重新配置企业资源	股份制改造、企业分立、分拆上市、资产及债务重组等
按照资本运营与企业功能相结合的差异来划分	管理增量投入型	将企业有优势的组织资本输入到资本运营的对象之中	人事、融资等
	技术增量投入型	将企业有优势的技术资本输入到资本运营的对象之中	专利技术、专有技术等
	资本增量投入型	将企业的资本输入到资本运营的对象之中	投资

续表

分类	内容	解释	例子
按照使用的资本市场的差异来划分	基金交易型	通过设立共同投资基金来进行资本运营	基金
	产权交易型	通过产权市场对企业的全部或者是部分产权进行交易	转让、承包、租赁等
	金融证券交易型	通过股票和债券来进行资本的运动	股票、债券等
	国际资本交易型	国内的资本运营扩展到国外	金融证券、基金等
从资本运作的形式或者资本投入的领域来划分	实业资本	以实业资本为资本运营的对象	工业、农业、商业等
	金融资本	以金融资本或者货币资本为资本运营的对象	如股票投资、债券投资等
	产权资本	以产权资本为资本运营的对象	
	无形资本	以无形资本为资本运营的对象	
从资本运动的全过程来划分	筹资决策和资本筹集		
	投资决策和资本投入		
	资本周转和资本增值		
	资本运营增值的分配投资		
从资本运用的状态来划分	存量资本	对企业现有资本所进行的经营活动，为了盘活企业存量资源，提高企业资源利用率	
	增量资本运作	对企业新增的那部分投资所进行的经营活动，主要表现为选择投资方向、资金筹措和投资管理等	

通过资本的运营，首先可以检验企业资本结构的合理性。因为如果企业的资本结构过多地偏向于借入资本的时候，企业就会负债过重，这样会造成企业的自有资本严重不足。企业可以通过资本运营，如采取股份制的形式，把借入的资本转化为永久性资本，或者可以将一些分散的、小额的社会资本转化为集中起来的生产资本，这样就可以促使企业的长期债务资本和权益资本的比例趋于合理，优化企业的资本结构，并提高企业自身的发展潜力。其次，企业通过资本运营也可以帮助企业筹集更多的资本，充分利用企业的内外部资源，如收购、参股控股、兼并等形式，实现企业资本的扩张和集中，获取规模经济效益，壮大企业发展实力。最后，资本运营本来就是企业按照市场大的经济环境来实时进行的企业资本运作，这样企业才可以不断调整其自身的产业结构和产品结构，优化企业的生产经营方向，降低企业的市场风险。

第二节　扩张型资本运营模式的三种类型及其应用

扩张型资本运营模式是指企业通过兼并、收购、合并及联营等方式，实现的企业规模上的扩张。

分类	内容	解释	利弊分析
横向型资本扩张	紧密型	交易双方组成一个整体组织，其可以进行独立核算，独立承担经济责任，原有交易双方消失	横向型资本扩张一方面可以减少本行业企业的数量，另一方面可以使得某些企业谋取垄断利润
横向型资本扩张	半紧密型	以交易一方为主，另一方受到一方在经营决策和管理等方面的控制	横向型资本扩张一方面可以减少本行业企业的数量，另一方面可以使得某些企业谋取垄断利润
横向型资本扩张	松散型	交易双方都具有法人资格，一方可以间接影响另一交易方	横向型资本扩张一方面可以减少本行业企业的数量，另一方面可以使得某些企业谋取垄断利润
纵向型资本扩张	向前纵向		纵向资本扩张一方面可以增强企业自身实力，另一方面也可以有力地控制竞争对手的活动
纵向型资本扩张	向后纵向		纵向资本扩张一方面可以增强企业自身实力，另一方面也可以有力地控制竞争对手的活动
纵向型资本扩张	双向纵向		纵向资本扩张一方面可以增强企业自身实力，另一方面也可以有力地控制竞争对手的活动

续表

分类	内容	解释	利弊分析
混合型资本扩张	产品扩张型	拓宽了企业的生产领域	混合资本扩张一方面有利于分散企业的风险，另一方面有利于提高企业的经营环境适应能力
	地域扩张型	在不重叠的地理区域上从事经营的两家企业	
	纯粹混合型	不相关的经营活动	

第三节 收缩型资本运营模式的四种实现形式及其分析

收缩型资本运营模式的内涵是指对公司的股本或者是资产进行重组，以便减少企业主营业务范围或者是缩小企业规模的各种有关资本运作的技巧或者是方法。一般来说，收缩型资本运营技巧主要包括四种：自愿清算、资产剥离、公司分立、分拆上市等。

（一）自愿清算

清算指的是企业没有办法继续存在下去或者是由于资不抵债等原因而结束其经营的一种结果。当清算结束的时候，公司也就正式解散了。清算在不同的评价标准的条件下，可以分为不同的类别。其中，按照有无遵照法律规定的程序进行清算，清算可以划分为自由清算和法定清算。自由清算指的是公司不走正式的破产程序，而是债权人与债务人经过私下协商，以股东的意志和公司章程的规定作为清算的标准。法定清算是指企业必须遵照法律规定的程序进行企业的清算程序。现行《公司法》中规定的企业清算的形式均是法定清算的形式。

按照有无法院的介入，清算可以划分为自愿清算和强制清算。强制清算也可以称之为破产清算，是债权人要求法院对某一公司强制实施清算程序。在这里，我们主要讲述的是自愿清算。自愿清算作为一种收缩型资本运营模式，指的是债务人与债权人在私下达成一定的协议，对公司进行清算的一种企业破产的处理程序。一个企业采取自愿清算的形式对企业进行破产的处理，可以使企业避免很多破产成本，并且债权人也相对地能够获得更高水平的偿还债务。一个公司自愿清算的原因可以分为主观原因和客观原因。其中，主观原因是当一个公司发行的所有债务、证券等的市场价值要低于其进行分拆出售的价值的时候，该公司实施清算对证券持有人是最有利的；或者是公司的股东对该公司未来如何经营的意见也不一致的情况下，也可能会出现公司进行自愿清算的情况；

又或者是当公司长时间内处于亏损状态但是还具有一定的偿债能力的时候，此时进行清算对债权人比较有利等。客观原因与主观原因是相对应的一个概念，客观原因主要是把主观原因排除在外之后的原因。一般情况下，公司实施清算的客观原因是该公司面临长期难以解决问题的时候所采取的一种解散公司的做法。

按照清算程序的不同，清算可以划分为公司清算和破产清算。公司清算也可以称之为正常清算，其含义是公司被某些原因而实施的清算程序，这部分原因中不包括企业的合并、分立或者破产等因素。正常清算适用《公司法》，也适用于一般的清算程序。其实，公司清算也可以分为自愿解散和强制性解散。当公司清算的形式为自愿解散的时候，清算组的成员就由部分股东或者是全部股东组成；当公司清算的形式为强制性解散的时候，清算组的成员就由做出强制解散的主管机关任命。破产清算指的是公司被依法宣告破产时所适用的一种清算程序。破产清算适用《破产法》，是由破产清算程序进行破产清算的。此外，破产清算的原因主要是破产解散，且必须由人民法院决定的破产清算人员依照破产清算程序依法进行清算。

（二）资产剥离

资产剥离是指企业为了实现利润的最大化或者是企业的整体战略目标，将企业现有的某些部门、固定资产、无形资产或者是子公司等出售给其他公司，并取得相应的现金或者是有价证券的一种收缩型的资本运营模式。其中，剥离按照不同的划分指标，可以分为不同的形式：

分类	内容	解释
按照剥离是否符合公司的意愿进行划分	自愿剥离	企业的管理者或者决策层自愿进行的剥离
	被迫剥离	政府主管部门或者是司法机构迫使企业进行剥离
按照剥离中出售资产的形式的差异进行划分	出售固定资产	出售企业的部分厂房、设备等
	出售无形资产	
	出售子公司	企业将企业的部分实体出售给其他公司

企业通过资产剥离，一是可以实现企业财富的转移。如一个企业将其一部分资源剥离出去。并且将其所得按照比例分配给企业的其他股东，则该企业就

会实现财富从债权人到股东的转移，并且这种交易也降低了债权得到偿还的可能性。这样的资产剥离的实质就是股东"拿走"了企业的一部分资产，降低了企业财产剥离后剩余财产的价值；二是可以向投资者传递某种信息。因为企业的管理者掌握着一些投资者所不知道的信息，而企业通过财产剥离可以向企业的投资者表明企业投资战略或者是经营战略的改变。如果传递的这种信息是积极的，可能会提高企业的股票价格。如果企业财产剥离传递出的信息为负面的，那么企业的股票价格可能会下降；三是企业通过财富剥离，是企业取得纳税利益的唯一办法。因为如果一个企业长期亏损，那么该企业就无法利用可税前弥补的亏损来取得纳税层面的利益。在这种情形下，企业只有进行财富剥离，提高企业的财务杠杆，利用产生的税盾利益才能解决企业的亏损；四是财富剥离可以帮助企业进行战略转变。当一项战略不再适合企业发展的时候，企业只有通过财富剥离的形式，才能再次提升企业的价值，纠正企业过去经营方面的错误，使得企业可以重新集中精力发挥其竞争优势，最终增加企业的价值。

（三）公司分立

公司分立指的是某一个原总公司将其在某子公司所拥有的股份，按照公司股东在原总公司中的持股比例分配给现有母公司的其他股东，这种情况下，这个子公司在法律上和组织上将从原来的原总公司的经营中分离出去，形成与原总公司有着相同股东和持股结构的新公司的资本运营形式称之为公司分立。作为收缩型的资本运营模式中的一种，采用公司分立的这种形式，可以取得一定的税收优惠，因为资产剥离等收缩型资本运营模式可能会给公司带来极大的税收负担，而公司分立则对原有公司或者是股东来说都是免税的，这种优势的客观存在是很多企业财务管理者在做出收缩型资本运营模式决策时常常需要考虑到的内容。此外，通过公司分立，也可以在很大程度上激发被分立公司经营者和管理者的积极性。因为子公司总是"附庸"着总公司，总公司也总会制定各种规章、规则来约束子公司，这可能会制约子公司经营者和管理者的经营积极性。通过公司分立，总公司会释放很多的权利给子公司的管理阶层，这样原子公司的管理人员能够更加积极主动地去参与公司的各种业务，促进子公司的发展、壮大，并最终有利于原总公司的繁荣。同时，企业也可以将公司分立作为一种反收购的手段。如某一个母公司的子公司被某收购方看中，收购方打算收购整个企业的时候，此时母公司就可以通过公司分立的形式把子公司分立出去，避免整个企业被收购的命运。但是，我们也必须承认，公司分立也存在着一些不足之处。一方面，如果把子公司从母公司中分立，那么其原有的一些由于规模而带来的成本节约可能也会随之消失。因为，被分立出去的子公司再也没有母公司在财务、经营上的指导，因此它需要设立相应的岗位，这在无形之中就会增加原有子公司很多成本上的支出；另一方面，社会上对公司分立的消极态度，即公司分立不过是某种形式的资产契约的转移，它不会使企业股东的价值得到明显增加，也不会从根本上提升公司的经营业绩，所以它只是公司转移资产契约的一种手段。

（四）分拆上市

分拆上市是指已经上市的公司将其部分业务或者是将其某个子公司独立出来，再进行公开招股上市的一种收缩型资本运营模式。随着时代的发展，现在分拆上市的含义也有了进一步地拓展，有人将还没有上市的公司的部分业务或者是将其子公司独立出来单独进行上市也称之为分拆上市。分拆上市和公司分立比较相似，但是两者有着十分明显的区别，如分拆上市可以使原有公司获得新的资金，而公司分立并不能使得子公司获得新的资金；分拆上市后，母公司对子公司仍旧具有控制权和经营权，而公司分立之后，原公司不再对被分立出去的子公司进行控制。

实施分拆上市这种收缩型的运营模式，首先可以作为上市公司一种新的融资渠道。上市公司实施分拆后可以将比较优质的资产逐步转移到分拆出来上市的子公司中去，再逐步进行改造，可以合法地规避管理层对配股提出的业绩和数量限制，形成上市公司一种新的融资渠道。其次，随着国家的有关法规和税收条件的变化、经济周期的变化和产业发展趋势的变化，母公司和子公司的结合也发生了相应地变化。通过分拆，母公司可以剥离掉不适合于公司长期发展战略、没有成长潜力或影响公司整体业务发展的部门或产品生产线，使它们更加集中于各自的优势业务，从而为公司的股东创造更大的价值，创造出一个简洁而有效率的公司，提高公司的价值。再次，通过分拆上市，公司的规模会相应地缩小，在这种情况下，公司原有工作人员的努力就会被注意到，有利于提升工作人员在企业中的存在感，留住更多的人才，激励工作人员的工作积极性，并最终促进企业的繁荣和发展。最后，分拆上市之后，子公司的信息相对母公司来说，更容易被大众接触到，这样就有利于降低企业的管理者与投资者之间的信息上的不对称，因此市场的投资者对于子公司的价值进行估算的时候结果可能就更为准确，有利于投资者做出投资决策，促进企业的兴盛。

第二篇　战略篇

第三章　企业的筹资管理

企业的筹资管理指的是企业根据其生产经营、对外投资和调整资金结构的需要，借由一定的筹资渠道，并且采用合理的筹资方式，为企业筹集资金的一种过程。企业在筹集资金的过程中，需要针对不同的筹资渠道，采用不同的筹资方式，以便经济、有效地筹集到企业所需要的资金，保障企业正常的生产经营，促进企业的发展。在这种情形下，我们就要正确认识企业筹资的动机和原则，熟练掌握企业筹资的渠道，了解企业关于权益资金、债务资金及混合性资金的筹集方式，合理地预测企业筹资数量的预测方法，最终能为企业筹资做决策分析，最大限度地维护企业的利益。

第一节　关于企业筹资的动机和原则

一、关于企业筹资的动机

企业进行筹集资金的活动，是为了企业正常的生产经营和促进企业的再发展，这是企业进行筹资的主要原因。但是，在企业具体的筹资活动中，每次都会有不同的动机，这种动机驱使着企业采用不同的筹资渠道、不同的筹资方式，为企业筹集到其所需要的资金。其中，企业筹资的动机主要分为四大类：新建筹资动机、调整筹资动机、扩张筹资动机及双重筹资动机。新建筹资动机指的是企业在新建立时，为了满足正常的生产经营活动中所需要的资金，产生的筹资的动机。新建筹资动机主要包括：购置厂房、购买原材料及机器设备等，这些都是企业在新建立的时候需要资金去购买的东西，所以称之为新建筹资动机。调整筹资动机是指企业在不增加或者减少企业资本总额的前提下，为了改变企业原有的资金结构而产生的筹资动机。这种主要是企业为了更好地促进自身发展，采取的改变企业原有的资金结构（如短期资金、长期资金）而形成的筹资动机。扩张筹资动机是指企业为了扩大其生产规模或者是增加企业的对外投资，产生的筹资动机。如企业增加对有开发前景的领域的投资，或者是企业为了增加产品的生产总量，购买更多的机器设备进行生产等。企业采取扩张筹资动机的一般情况是：当时企业处于快速生长时期，其具有良好的发展前景，在这种情况的趋势下，企业才会表现出扩张性的筹资动机。双重筹资动机主要是指企业一方面是为了扩大生产经营，另一方面是为了改变企业原有的资金结构，在这两种动机的趋势下，企业做出的有关筹资的决策。在双重筹资动机的驱使下，企业不仅能够增加其资本总额，而且也能够调整其自身的资金机构，促进企业进一步扩大再生产，提升企业的经营效益。

二、关于企业筹资的原则

企业筹资就是为了更好地促进企业的生产经营、扩大其生产规模及改变原有的资金结构。为了更好地经济有效地帮助企业筹集资金，企业的财务管理者在筹资过程中应该遵循企业筹资的基本原则。

（一）筹资成本节约的原则

筹资成本指的是企业在进行筹集资金的过程中所需要花费的代价。其中，资金占有费和资金筹集费是筹集资本的主要内容。资金占有费主要是指企业向资金的提供者所支付的关于使用这部分借贷资金的相应的报酬，如资金的时间价值和投资者的风险价值。资金筹集费主要是指企业在进行筹集资金的过程中所产生的各种费用，如注册费、企业股票及债券的发行费等。资金占有费和资金筹集费都是需要企业进行支付的，因此企业在筹集资金的过程中，如果一定程度上降低企业的筹集成本，可以使企业在花费最小代价的前提下取得最大的经济效益。需要注意的是，企业的筹资成本最低，不是要让企业的筹资成本额最小，而是要让企业筹资成本额与企业筹资总额相比的比率最小。要降低企业筹集资金的成本，并不是说只管降低企业的筹集资金的成本，不管企业的经营安全性。要想做到企业筹集资金的成本降低，就需要企业的财务管理工作者通过财务研究，确定企业的最佳筹集资金的结构，从而使企业的综合平均资金成本最低，最大限度地维护企业的经营安全性。

（二）筹资时机得当的原则

时机，具有时间性的客观条件。弗兰西斯·培根（Francis Bacon）曾经在《论时机》一书中指出：在一切大事业上，人在开始做事前要像千眼神那样察视时机，而在进行时要像千手神那样抓住时机。因为幸运之机就好比市场，如果我们错过机会的话，价格就将发生极大的变化，就像那位出卖预言书的西比拉，如果你在能买的时候不及时买，那么当你得知此书重要而想买的时候，书却已经没有了。这本书对企业的筹集资金也有着十分重要的启示，那就是我们要抓好时机，在合适的时机帮助企业做出正确的筹资决策。如在发行股票时，最好的发行时期就是在股份上升时期，这样一方面可以使企业股票的发行相对顺利，另一方面也可以使公司获得溢价收入。对公司来说，此时就是发行股票的最佳时机。同样，企业在进行筹集资金的过程中，如果筹集资金的时机不适当，即使企业筹集到了其发展所需要的资金，它也无法被投入使用，这种资金就成了闲置资金，企业不仅要支付给投资者相应的报酬，还要承担这部分资金的时间风险价值，不利于企业的正常生产经营和发展壮大。所以，企业在进行筹集资金的时候，必须考虑到企业自身的现实需要，随时根据国内外财税政策、金融政策、产业政策及其国内外政治经济环境的变化，在适当的时机进行筹集资金的活动。企业在进行筹集资金的过程中，必须要把企业获取资金的时间同企业投放资金的时间进行合理的安排，避免因为企业获取资金的滞后而失去其进行投资的最佳时机，同时也要避免因为企业过早地获取资金而造成的企业筹集资金的闲置，减少企业承担资金的时间价值和风险价值的压力。

（三）筹资结构合理原则

企业进行筹集资金的活动的基本目的是为了企业自身的生存和发展，所以企业在进行筹集资金的活动中，必须选择最佳的筹资组合。这样的话，企业一方面可以避免因为负债过多而导致企业偿债能力不足的现象的出现，另一方面企业也可以有效地利用负债经营，以便提升企业自身所有资金的收益水平，促进企业的发展。一般来说，企业筹集的资金主要是由权益资金和债务资金组成，所以企业在进行筹集资金活动的过程中，必须坚持筹资结构合理的原则，主要表现为合理地安排企业筹集资金的结构，科学地衡量企业筹集资金的风险，正确运用财务杠杆及确定企业的筹资规模等。坚持筹资结构合理的原则，企业需要在筹集资金的偿还方式上选择降低企业成本方案的原则；在确定企业筹集资金的期限时，选择中期和长期相结合的策略；在选择企业偿还期限的模式时，要采取分散化的策略等。通过上述的种种方式，促进企业坚持合理的筹资结构，最终促进企业的发展。

（四）筹资规模适度的原则

一个企业在进行筹集资金的活动之前，首先需要确定的就是企业所要筹集资金的需求量（流动资金的需求量和固定资金的需求量）。企业进行筹集资金的活动中，其筹资的数量并不是越多越好。企业最终的筹集资金的总量要和企业需要的资金总量相适应。这种情况下，就需要企业的财务管理工作者在筹集资金之前，根据其所掌握的资金时间价值和资金风险价值的原理及其计算方法，再根据企业资金需求的具体情况及企业的生产经营状况，预测企业最终需要筹集资金的总量，合理确定企业的筹资规模，以便满足企业生产经营的需要。坚持筹资规模适度的原则，一方面可以保障企业筹集到其发展所需要的资金，另一方面也可以避免因为筹集资金数量的过剩而造成企业筹集资金的闲置，加大企业承担资金的时间价值和资金的风险价值的负担，最终降低企业通过筹集资金给企业带来的效益。

第二节　企业筹资的多种渠道与方式

在市场经济条件下，资本是企业正常生产经营和扩大再生产的基本要素，是企业发展的血脉。但是，企业在发展过程中，或多或少地会遇到资金短缺的问题，或者是企业面临调整资金结构的需要，必然会涉及筹集资金的活动。其中，筹集资金的过程就涉及了筹集资金的渠道和筹集资金的方式问题。

一、企业筹集资金的渠道

企业筹集资金的渠道主要是指企业筹集资金的来源，不同的筹集资金的来源反映了不同筹集资金的性质。现在企业筹集资金的渠道主要表现为内部筹资渠道和外部筹资渠道。

分类	内容	解释	利弊
内部筹资渠道	企业应付税利和利息	企业自留资金	利：在资金成本上的负担较小，因为不需要承担借款利息成本
	企业自由资金		
	企业未使用或未分配的专项基金		
外部筹资渠道	国家财政资金	企业从外部筹集资金，如政府、银行、企业及个人	利：筹资范围相对广泛，筹资速度较快，筹集资金金额相对较大
	银行信贷资金		
	其他企业和单位资金		
	民间资金		弊：企业需要承担借贷的较高成本，承担较大的风险
	非银行金融机构		
	外商投资资金		

二、企业筹集资金的方式

企业筹集资金的方式是指企业在进行筹集资金时所采取的具体形式，现在通用的筹资方式主要分为债务资金的筹集方式和权益资金的筹集方式。

分类	内容	解释	利弊
债务资金的筹集方式	公司债券	企业通过发行债券，从而向投资者借入资本，属于企业的负债范畴	利：债券的风险相较股票更低，资本成本也较低；债券的发行费用较低；不会分散股东控制权
			弊：筹资财务风险较高；筹集的资金金额有限
	银行贷款	企业从银行处借入的资本	利：筹资所需时间短；借款筹资成本较低
			弊：财务风险较高；借款限制条件较多
	融资租赁	企业从出租者那里取得固定资产，并且要支付一定的租金，同时约定好使用的期限和权力	利：筹资相对便捷灵活；限制条件相对较少
			弊：融资租赁的资本成本较高；企业也不能拥有融资租入固定资产的残值
	商业信用	企业在与企业有着往来业务的企业之中，所产生的产品赊购和货款预付，主要包括：应付账款、应付票据、预收账款等	利：筹资方便，且无需提供任何抵押担保
			弊：筹资成本较高，所筹资金使用期限相对较短；受外界干扰影响较大
权益资金的筹集方式	发行股票	企业在证券发行市场发行股票，从而取得投资者的股本	利：筹资风险较低，有利于企业长期持续的稳定经营；筹资范围较广；可以规范企业自身的资本结构和内部控制
			弊：股票投资的风险较高，所以资本成本也较高；筹资费用较高；可能会分散原有股东的控制权；应急性较差

分类	内容	解释	利弊
权益资金的筹集方式	吸收直接投资	企业直接从投资者那里获得的有关资本投入的货币资金、实物资产或无形资产，主要为吸收国家投资、企业法人投资、外商投资、个人投资	利：操作比较简便，投资者一般是企业拥有者，享有企业经营权与管理权，企业的财务风险也较低
			弊：企业的控制管理权不集中、资本成本较高及筹集资金范围太小等
	留存收益	留存收益是指企业没有分配给股东的净收益	利：股东仍旧掌握对公司的控制权，不会改变公司原有的负债结构
			弊：没有产生实际的现金流入；筹资期限较长

三、筹资渠道与筹资方式的关系

筹资渠道 ＼ 筹资方式	吸收直接投资	发行股票	留存收益	银行贷款	公司债券	商业信用	融资租赁
国家财政资金	√	√					
银行信贷资金				√			
非银行金融机构资金	√	√		√	√		
其他企业和单位资金	√	√			√	√	√
民间资金	√	√			√		
企业自留资金			√				
外商投资资金	√	√			√		

　　企业的筹资渠道和筹资方式是多种多样的，影响企业选择筹资渠道和筹资方式的因素也是多方面的，主要可以分为资本结构、筹资风险、企业自身、筹资成本及资金要求。一般情况下，一定的筹资方式可能仅仅适用于某一种特定的筹资渠道，但是同一种筹资渠道的资金却可以采用不同的筹资方式进行筹措。

不同的筹资渠道和筹资方式对企业的影响是大不相同的，所以，企业需要在做出筹集资金的决策之前，考虑到选择何种的筹资渠道和筹资方式，形成最佳的筹资渠道和筹资方式的有效组合，使企业可以经济有效地筹措资金。

1. 资本结构

资本结构（*Capital Structure*）又称融资结构，它的含义是企业全部资本或者是单指企业筹集长期资金的各种组合、来源及其相互之间的构成及其比例关系，是企业在一定时期内筹资组合的结果，其实质为企业的所有者权益和债权人权益的比例关系。企业的资本结构反映了企业的债务与股权之间的比例关系，并且在很大程度上也决定着企业的偿债和再融资的能力及企业在未来一段时期内的盈利能力，是企业财务状况的一项重要的指标。研究企业的资本结构，可以分析出企业的资本与企业负债之间比例的关系，从而帮助企业选择一个最适合企业的资本结构，帮助企业在综合成本较低的前提下，实现企业价值的最大化。

2. 筹资风险

筹资风险指的是企业在进行筹集资金的活动过程中，由于种种内部和外部条件的变化所承担的风险。不同的筹资渠道和筹资方式有着不同的筹资风险，所以企业在做出筹资决策的时候，必须考虑到企业的承受力，寻找筹资风险相对较低的筹集资金的方式。其中，企业的筹资风险主要分为财务风险和经营风险。

财务风险主要是指由于公司财务结构不合理或者是融资不当等原因使得公司丧失其本身的偿债能力，最终降低投资者预期收益的风险。企业的财务风险主要可以分为筹资风险、投资风险、资金回收风险及收益分配风险等四种，其主要特征主要表现为不确定性、收益与损失共存性、全面性和客观性。财务风险是企业在财务管理过程中是客观存在的一个现实性的问题。对于它，企业只能采取一定的措施来降低风险，而不可能完全消除。因此，企业的财务管理人员需要建立企业的财务预警分析指标体系，在一定程度上可以防范企业的财务风险的发生。同时，企业也可以通过确立企业财务分析指标体系，建立企业的长期和短期的财务预警系统，实施监控企业的获利能力、偿债能力、经济效率和发展潜力指标等内容，使得企业可以及时控制，从而降低财务风险带来的损失。

经营风险主要是指企业在其生产经营活动中，由于管理者或者决策者的失误而造成公司盈利水平下降，从而降低投资者预期收益的一种风险。经营风险对公司的管理者和决策者来说，是一种不确定的财务损失。其中，经营风险可以分为纯粹风险和投机风险。纯粹风险是指只有损失、不可能有获利可能的经营风险。如职工安全风险、自然灾害、企业经营过程中的运输风险等。遇到纯粹风险，一般情况下有四种处理方法，即回避风险、自留风险、预防风险和转移风险等。投机风险是指既有可能获得利润又有可能损失机会的风险。如购买股票，当股票价格上涨的时候，投资者就可能获得收益；当股票价格下降的时候，投资者也可能遭受损失。在这种情形下，股票的价格是上升还是下降，上升或者下降的幅度到底是多少，都是不确定的，这一类的风险就属于投机风险。另如，当投资者在通货膨胀时购买大量商品进行囤积的时候。这批商品有可能因为通货膨胀期间商品价格上涨而给投资者带来利润；也有可能因为商品需求量的减少而导致商品价格的下降最终给投资者带来损失。这种情况下，商品价格的上升还是下降及幅度有多大，都是不确定的，这一类的风险也是属于投机风险。投机风险主要可以分为流动性风险、信用风险和市场风险。投机风险具有不可保性。针对投机风险的这个特征，在应对投机风险时，可以采用避免、预防、抑制或者是转嫁的方法进行处理，尽可能地降低投机风险给企业带来的损失。

3.企业自身发展状况

作为筹集资金的主体，企业自身的发展状况对其筹集资金的影响十分明显。企业发展目标、企业规模、企业偿付能力及企业信用记录等内容都可能会影响到企业能否实现筹集资金的目的与目标。第一，企业的发展目标。企业发展目标的不同，对筹集资金的要求也就不同，因此企业采取的筹资渠道与筹资方式就不会相同。如当企业的发展目标相对较小时，企业所需要的资金量就会少一点，因此企业在筹集资金的过程中，更多的筹集到的可能就是一些小机构的投资或者是个人的投资；当企业的发展目标为长期目标时，企业更多地需要筹集的则是长期的资金，因此微小型企业或者是小型金融机构就不会作为企业筹集资金的目标首选，企业需要更多地采取向一些大型金融机构、外商或者是通过发行股票、融资租赁等形式筹集资金，保障企业长远发展目标的实现。第二，企业规模。企业筹集资金的目的是为了企业自身的生存和发展，因此企业规模的不同，其在选择筹资数量和筹资渠道及其方式上也会表现出差异。一般来讲，企业的规模越大的话，其维护正常生产经营和进一步扩大再生产就需要更多的资金投入，因此其在筹集资金的总额上就会比中小型企业要大很多。同时，企业规模越大的话，其选择的筹资渠道和筹资方式相对中小型企业来说也会越多。因为企业规模大的话，其知名度就会越大，就能接触到更多的投资者，相对来讲它的筹资渠道和筹资方式就会多一些。此外，企业规模不同的话，税收政策也会影响到企业选择何种筹资渠道和筹资方式进行筹资的活动。比如我国从2008年1月1日起，对符合条件的小型企业，采取减按20%税率征收企业所得税的政策。第三，企业偿付能力。企业的偿付能力是评估企业财务情况的重要指标。当一个企业的偿付能力较高的时候，其往往更多采用的筹资渠道为银行信贷资金、非银行金融机构资金等；筹资方式为债务性筹资，如公司债券、融资租赁、商业信用及银行贷款等。当一个企业偿还负债的能力不高的时候，一个企业往往采用的筹资渠道为企业自留资金、外商投资资金等；筹资方式为权益性资金，如发行股票、留存收益和吸收直接投资等。第四，企业信用记录。一个企业想要进行筹集资金的活动，必须要向投资者或者借贷者表明企业有着良好的信用状况，企业可以及时向投资者发放利润分配和向借贷者返还利息。同时，企业要想向银行或者其他的金融机构借贷的时候，这些机构都会对企业进行相应的信用评级，并以此为标准确定企业的贷款额度及贷款的期限。此外，企业的信用记录更是会影响企业的债务性资金筹资成功与否的可能性。如当企业想向银行贷款的时候，银行会派出专业的人士对企业的财务状况及企业的信用状况做出评判，并以作为银行是否向企业发放贷款、贷款数额和贷款的期限的重要依据。如果一个企业的信用状况良好，银行则会认证通过该企业可以及时向银行返还利息，因此银行就会做出贷款给该企业的决策。相反，当一个企业的信用状况不佳的时候，银行可能就会质疑该企业能否及时向银行支付利息、返还本金的能力，在这种因素的考虑下，银行很可能就不会贷款给该企业，最终影响企业正常的生产经营和进一步扩大再生产的可能性的实现。

4.筹资成本

筹资成本（financing cost）是指企业为了筹集资金而产生的各项费用，主要包括筹资费用、资本成本及税前扣除。筹资费用是指企业在筹集资金的过程中而产生的费用需求，如租金、股息红利、股票或债券的发行费用等。资本成本是指企业在采用外部筹资渠道进行筹集资金的过程中，由于产生的借贷行为而要付出的借贷利息。税前扣除是指企业在所得税之前所能够扣除的那部分支出。如借款利息和债券利息，它们都能够计算进税前成本的费用之中，所以在企业实际支出过程中，可以把这部分支出予以扣除，一定程度上降低企业的支出。

5.资金要求

企业的资金要求是确定企业筹资渠道和筹资方式的一个重要的条件。其中，筹集资金的总数量及筹集资金的使用期限是影响企业资金要求的最重要的因素。第一，筹集资金的总数量。筹资数额应该根据企业的生产经营需要、对外投资需要等企业实际需要的资金数量来确定企业所需要筹集的资金，只有这样才能更好地促进企业的发展。如当企业所需要资金总量不多时，如果筹集到的资金总量超过企业所需要的现实需求量，那么企业就会闲置一部分筹集资金，这样企业就要额外承担一部分资金的时间风险和价值风险，加重企业的资金压力。当企业所需要资金总量较大时，如果企业筹集到的资金总量不能满足企业发展所需要的现实需求量，那么企业筹集到的资金就不能满足企业正常生产经营和扩大再生产的要求，这样就不能实现企业自身的生存和发展的目标。当企业所需要的资金量和企业筹集到的资金量相适宜的时候，一方面可以充分利用筹集到的资金，不会使筹集到的资金闲置；另一方面也可以满足企业的生产经营和再发展的需求，提升企业的经济效益。第二，筹集资金的使用期限。资金使用期限是指企业筹集到的资金使用期限。企业在做出筹资决策的时候，财务管理工作者需要考虑企业筹集这部分资金的使用期限，只有这样企业的筹资决策才能最大限度地满足企业发展的需求。当一个企业使用的资金时限较短的时候，企业就可以筹集一些短期资金，这样一方面企业不会承担额外的资金的时间价值，另一方面也可以满足企业短期资金的需要；当一个企业使用的资金时限较长的时候，企业就可以筹集一些长期资金，避免因为筹集资金使用期限较短而给企业造成的被迫生产中断或者投资暂停等不利于企业长期发展目标的实现。

第三节　企业筹资数量的预测方法及应用

企业管理者或决策者在做出筹资决策之前，企业财务管理工作者需要根据企业实际的发展状况和企业筹资的动机和筹资原则，通过一些具体的方法来对企业的资金筹集的数量进行科学预测，这样才可以帮助企业的管理者和决策者做出最后的筹资决策。只有科学、合理地预测企业筹集资金的数量，才可以一方面使企业所筹集资金保证企业正常生产经营的需要，另一方面也不会使企业产生剩余资金的闲置，承担额外的资金的时间价值风险。现在一般常用的企业筹集资金的预测方法主要包括三种：销售百分比法、线性回归分析法和因素分析法。

一、销售百分比法

销售百分比法是指，根据企业上年度的资产负债表和利润表中的相关项目同销售额之间的比率关系，同时按照其在预测期内销售额的增长情况，对相关项目在预测期内的资金占用量进行预测的方法。通过预计利润表和预计资产负债表的计算和编制，我们可以运用销售百分比的方法来预测筹集资金的数量。

例1：某企业在2015年实际利润表如表一所示，并且假设其税后利润留存比例为20%，那么该企业在2016年的留存收益是？（假定所得税税率为40%）

表一　　　　　　　　　　某企业在 2014 年的实际利润表

分类	内容	金额（万元）
营业收入	营业收入	10 000
	减：管理费用	570
	财务费用	300
	销售费用	90
	营业成本	6 000
利润总额	利润总额	3 040
	减：所得税	1 216
净利润	净利润	1 824

解析：计算企业的留存收益，需要我们编制预计利润表。在编制企业的预计利润表的过程中，需要企业的财务管理工作者根据其编制的该企业上一年度的实际利润表，从而确定出企业营业收入、利润总额与净利润与销售额之间的比例关系，再根据其预测的销售收入，乘以其税后利润的留存比例，计算出其在下一年度的留存收益。

在这个题目中，我们假设该企业在 2016 年度的预测的销售收入为 15000 万元，那么根据其在 2015 年的实际利润表，我们可以确定其营业收入、利润总额与净利润与销售额之间的比例关系，从而编制出其在 2016 年度的预计利润表，如表二所示：

表二　　　　　　　　　　某企业在 2016 年度的预计利润表

分类	内容	2015 年实际利润金额（万元）	2015 年实际利润占销售收入的比例（%）	2016 年预测的销售收入（万元）
营业收入	营业收入	10 000	100	15 000
	减：营业成本	570	5.7	855
	财务	300	3.0	450
	销售	90	0.9	135
	营业成本	6 000	60	9 000

续表

分类	内容	2015 年 实际利润金额 （万元）	2015 年 实际利润占销售 收入的比例（%）	2016 年预测 的销售收入 （万元）
利润总额	利润总额	3 040	30.4	4 560
	减：所得税	1 216		1 824
净利润	净利润	1 824		2 736

根据企业的留存收益等于企业的净利润乘以企业税后利润的留存比例，我们可以得出该企业在 2016 年度的留存收益为：2736×20%=547.2（万元）。

故经过计算，该企业在 2016 年度的留存收益为 547.2 万元。

例 2：某企业在 2015 年的实际资产负债表如表三，该企业在 2015 年的实际销售额为 10000 万元，2016 年度起预测销售总额为 15000 万元，企业在 2016 年预测的留存收益为 547.2 万元，在这种情况下，该企业在 2016 年的外部筹资额是多少？

表三   某企业在 2015 年的资产负债表

资产分类	2015 年实际 金额数量（万元）	负债与所有者 权益关系分类	2015 年金额数量 （万元）
应收账款	1 250	应付利息	150
预付费用	100	短期借款	200
货币资金	200	应付票据	500
存货	2 000	应付账款	1 100
固定资产净值	1 500	留存收益	400
		长期负债	900
		实收资本	1 800
资产总额	5 050	负债与所有者 权益总额（万元）	5 050

解析： 计算企业在 2016 年的外部筹资额，需要我们编制该企业在 2016 年的预计资产负债表。在编制企业的预计资产负债表的过程中，需要企业的财务管理工作者根据其编制的该企业 2015 年度的实际资产负债表，从而确定企业的

应付账款、预付费用、货币资金、存货、固定资产净值、应付账款、长期负债、短期借款等内容与销售额的比例关系，再计算以上内容的预测数量，最终预测出该企业在 2016 年度的外部筹资额。

在这个题目中，根据该企业在 2015 年的实际资产负债表，我们可以确定出企业的应付账款、预付费用、货币资金、存货、固定资产净值、应付账款、长期负债、短期借款等内容与销售额的比例关系，从而编制出其在 2016 年度的预计资产负债表，如表四所示：

表四　　　　　　　　某企业在 2016 年度的预计资产负债表

资产分类	2015 年实际销售的百分比（%）	2016 年该企业资产的预测数（万元）	负债与所有者权益关系分类	2016 年预测销售的百分比（%）	2016 年该企业负债与所有者权益的预测数（万元）
应收账款	12.5	1 875	应付利息	1.5	225
预付费用	1	150	短期借款		200
货币资金	2	300	应付票据	5	750
存货	20	3 000	应付账款	11	1 650
固定资产净值		1 500	留存收益		400
			长期负债		900
			实收资本		1 800
合计（%）	35.5		合计（%）	17.5	5 925
			追加资金		900
资产总额		6 825	负债与所有者权益总额		

通过编制该企业 2016 年的资产负债表，我们可知，该企业在 2016 年的预测资产总额为 6 825 万元，而预测负债与所有者权益的总额为 5 925 万元，2016 年资产的总拥有量大于负债与所有者权益的和，即 6 825－5 925＝900（万元），所以该企业在 2016 年需要追加的资金数量为 900 万元。题目中也指出该企业在 2016 年的预测留存收益为 547.2 万元，所以该企业在 2016 年的外部筹资额为 900－547.2＝352.8（万元）。

故通过计算得知，该企业在 2016 年的外部筹资额为 352.8 万元。

二、线性回归分析法

线性回归分析法是预测企业筹集资金需要量的方法之一。该方法主要运用的是回归线性方程的关系式，预测模型为：$y=a+b$。其中，y 为资金需求量，x 为销售量，a 为不变资金，b 为单位销售量所需要的变动资金。a 作为不变资金，只是指企业在一定营业时间和营业规模内，不随着销售量的变动而随意变动的资金。a 的计算公式为：$a=\dfrac{\sum y-b\sum x}{n}$。其中，$n$ 为历史数据中的年份数。

b 作为变动资金，指的是企业的资金会随着销售量的变化而发生变化的资金。b 的计算公式为：$b=\dfrac{n\sum xy-\sum x\sum y}{n\sum x^2-\left(\sum x\right)^2}$。其中，$n$ 为历史数据中的年份数。

三、因素分析法

因素分析法是指把上一年度的资金实际平均占有量中不合理的那部分平均占有量去掉，再根据预测年度的销售增减率和预测年度资本周转速度变动率来预测企业资金需求量的一种方法。其计算公式可以表示为：

资金需求量 =（上一年度资金实际平均占有量 – 不合理的平均占有量）×（1±预测年度销售增减率）×（1± 预测年度资本周转速度变动率）

第四章 企业的投资管理

企业进行投资是指企业将其闲置的资金通过投放在一定的领域或者是企业中，期望在未来获得一定收益的经济行为。投资管理（*Investment Management*）是企业的一项金融上的业务，主要针对的是企业的资产及其证券，有时候也包括一些加盟连锁、商业投资和项目投资等内容，目的是为投资者做出相应的金融分析、股票筛选和资产筛选等，达到投资者的投资目标。

第一节 企业投资的内涵及分类

一、投资的内涵

投资是指某一个特定的经济主体在一定期限内向一定领域投放资金或者实物的货币等价物，以期在未来的某个时间点获得收益的经济行为。这种收益的获得是补偿投资者的投资资金被占用的时间，即资金的时间价值的因素。因此，投资是带有财务风险的一种经济行为，企业经营者或者其他投资者在进行一定的投资决策时，需要结合自身的实际情况，充分考虑到投资的风险性、回收收益的不确定性、回收期限长等特点，合理安排投资行为。投资无论是对企业还是社会来说，都有着十分重要的作用。对企业来讲，投资是企业的管理者对企业闲置资金的再利用，若投资选择得当，则该企业不仅可以加速资金的使用率，而且可以提升企业盈利的水平。对社会来说，企业的经营者或者是其他投资者对某一项目进行投资，必然会投入一定的人力资源和物质成本，这样一方面可以给社会失业人员或者待就业人员提供一定的工作机会，另一方面可以提高社会总的生产水平，提高社会总的消费水平，最终促进社会经济的增长。

二、投资的分类

投资按照不同的标准可以划分为不同的种类。其中，按照投资期限的长短的不同，投资可以分为短期投资、长期投资。短期投资指的是投资者把其闲置的资金进行短期投资，谋取一定收益的投资行为。这个期限一般不大于一年，企业投资的领域一般选择的是一些易于变现的投资对象，如股票、债券等。长期投资一般是指投资者把资金进行长期投资的经济行为，这种投资不是为了谋取投资的收益，而是为了实现对受资企业直接或者间接的控制，提高其在受资企业的决策影响力。这个期限一般大于一年，投资的领域主要为长期的债券投资、长期的股票投资等内容。

按照投放内容的差异进行分类，投资可以分为实物投资、证券投资、货币投资。实物投资是投资者把某些固定资产等实物进行投资的一种经济行为。通常情况下，实物投资是把这部分实物或者是材料等按照一定的计算标准折算为资产的价值，以资本的形式计入受资企业的投资额。证券投资是指投资者通过购买某个企业的股票、债券或者是基金券等有价证券，从而为投资者谋求利息或者差价的一种投资行为。通过证券投资，投资者可以直接或者间接地控制受资企业的经营管理权，有利于改善受资企业的经营管理，提升其经济效益，最终提高投资者的收益。货币投资指的是投资者用货币资金直接进行投资，货币资金主要包括现金、银行存款或其他形式的货币资金。投资者用货币资金进行投资，相对其他投资形式来说更为直接，但是投资者在选择货币投资对象的过程中，需要对受资对象进行财务上的考察，确定其有偿还的能力，再进行投资，避免投资失误现象的出现。

按照投资性质的不同进行分类的话，投资可以划分为债权型投资、权益型投资和混合投资。债权型投资的含义是一个企业通过向另一个企业进行投资，从而获得该企业的债权的投资行为，这种债权型投资行为会使得投资者与受资企业之间形成相应的债权与债务关系。投资者选择债权型投资，就是为了可以从受资企业中获取高于银行存款利率的利息，提升企业的利润水平。债权型投资风险相对较低，但是投资者不能直接或者间接地参加受资企业的经营管理，因此其收益水平也较低。投资者在做出对某一个企业的债权型投资的决策时，必须考虑到受资企业的偿债和支付能力，以便投资者可以在约定时间内收回投入的资金和获取相应的利息，避免资金收不回来的现象的出现，给投资者带来经济损失。权益型投资指的是一个企业为了获得另一个企业的权益或者是其他净资产而对另一个企业所进行的投资行为，目的是获得对这一企业的控制权或者是绝对的影响力。如一个企业对其他企业的普通股股票或者优先股股票的投资，又或者是一个企业采用合同的方式向另一个企业进行资产的投资而取得该企业股权的一种投资行为等。企业进行权益型投资可以参与受资企业的财产分配，也可以参与其经营管理，会给投资企业带来较高的收益。但是企业在进行权益型投资的过程中，不能从受资企业中撤出投入的资金，只能依法进行投入资金的转让，这对企业的投资者来说，有着较大的投资风险，所以需要投资者在进行权益型投资的决策过程中，充分考虑到自身的能力和受资企业的经济情况及信用情况，科学、合理地选择该企业的投资方式。混合型投资是债权型投资和权益型投资的综合体，其具有债权型投资和权益型投资各自的优点，并且能有效地避免债权型投资和权益型投资的弊端，可以实现两者之间的自有转换。

第二节　企业的项目投资评价指标与应用

一、项目投资的分类

项目投资是企业直接性的、生产性的一种长期性的投资行为，通常有一个特定的投资项目，如新建的项目、市场开拓型的项目、市场扩充型的项目或者是更新改造项目。项目投资按照不同的分类标准，可以划分为不同的类型：

按照项目投资时间的长短，项目投资可以分为短期投资、长期投资。短期投资又称为流动资产投资，具体是指投资者在一年时间之内所能够收回原始投资数额的投资行为。长期投资也可以称为固定资产投资，指的是投资者需要在一年时间以上才能够收回原始投资数额的投资行为。

按照项目的规模及其重要性划分，项目投资可以分为更新改造型项目、市场开拓型项目、市场扩充型项目等。

按照项目现金流量形式划分，项目投资可以分为常规型现金流量项目和非常规型现金流量项目等。

按照项目之间的关系划分，项目投资可以分为独立项目和互斥项目。

按照投资项目涉及内容的不同进行划分，项目投资可以分为单纯固定资产投资、完整工业投资。单纯固定资产投资仅仅是指固定资产的投资，不涉及流动资产的投入。完整工业投资不仅包括固定资产投资，而且还涉及流动资金投资的投资。单纯从内涵上来看，完整工业投资所包含的范围要大于单纯固定资产投资。

二、投资项目的主要特征

（一）耗费资金数量大

一个企业在进行项目投资的时候，往往需要投入大量的资金，这些资金在企业的现金流量中占据着十分重要的地位，因此大量使用资金进行项目投资的话，将会对企业的财务状况产生长远的影响。

（二）项目投资风险大

企业在进行项目投资的过程中，如果前期准备工作做得不够，盲目进行投资，企业面临的风险就会特别大。即使做足了前期准备，在项目投资运作过程中，企业面临的政治经济环境的变化，也会对企业的项目投资产生很大的风险。

（三）项目投资影响大

企业进行项目投资是一种长期的投资行为，因此在相当长的一段时间内，项目投资都会影响企业的经营成果和财务状况。如企业进行的市场开拓型的投资项目，如果该投资项目进行顺利的话，不仅有利于促进企业当前的发展，而且也有利于企业开拓新的市场，提升企业在市场中的占有率，最终提高企业的利润收入。

（四）项目投资折现能力差

项目投资指的是企业将资金投入与土地、厂房、机器设备等固定资产或者是一些无形资产的投入，因此一旦企业决定对某个项目进行投资，就会将企业的资金投放在这个项目上，再加上项目投资本身所具有的长期性，因此企业短时间内不会获得利润的收入。如果在企业急需资金的情况下，想把企业现有项目进行折现，项目投资这一类的投资项目很难进行折现，项目投资就是以特定项目为投资对象的一种投资行为，因为投资对象的不确定性及资金的时间价值风险因素，项目投资折现能力差。

三、项目投资的意义

企业的管理者或者决策者做出项目投资的决策，一方面对企业来说有着十分重要的作用，主要表现在企业通过项目投资，不仅可以提高管理者或者投资者的创新能力，如企业的管理者或投资者可以通过自主研发及购买知识产权等行为，实施有关这一自主研发产品的项目投资，即市场开拓型的项目投资，使企业可以将科技成果进一步商品化和产业化，最终提升企业的创新能力。企业通过项目投资，还可以提升企业的市场竞争力。企业的管理者或投资者在做出项目投资决策的时候，必须参照市场的相关指标，这样才能使企业的投资项目实现盈利。在这种因素的影响下，企业的管理者或投资者对市场的敏感度会得到很大的提升，再要做出企业相关决策的时候，他们都能够按照市场规律进行思考及决定，这就可以不断提升该企业的市场竞争力。另一方面，企业实施项目投资对社会来说也有着十分凸显的意义，主要表现为：企业通过实施项目投资，可以为社会提供更多的就业机会，从而拓宽企业积累社会资本的途径。因为企业进行项目投资的过程中，需要人力资源、物质资源等的投入，这就会雇佣更多的劳动者进行工作，这样可以为社会失业人员和未就业人员提供更多的就业机会，不仅可以满足社会需求的不断增长，而且也可以拉动社会消费，最终实现社会资本的积累，促进社会经济的长期可持续发展。

四、项目投资的评价指标

项目投资的评价指标又可以称为项目的可行性分析指标。确定项目投资的评价指标，可以帮助企业的管理者和决策者在做出项目投资的决策时，评估投资项目的可行性，最大限度地维护企业的利益。

项目投资评价指标按照不同的标准可以划分为不同的种类。按照资金的时间价值是否考虑在内可以分为静态指标和动态指标。静态指标指的是企业在进行项目投资决策的过程中，不考虑资金的时间价值因素的一种项目投资的评价指标。静态指标的主要表现形式为平均报酬率和静态投资回收期等。静态投资回收期简称为回收期，指的是企业在不考虑资金的时间价值因素的条件下，收回其最初的投资数量所需要花费的时间，通常是以年作为计量单位。其计算方法为企业原始投资数量与企业现在每年的经营现金净流量之间的比例。这种计算方法是在假设企业每年的经营现金净流量是相等的，如果企业每年经营的现金净流量不相等的情况下，企业投资回收期的计算方法则要通过计算企业在每年年末尚未收回的投资数量来确定。企业通过计算静态投资回收期，可以做出相应的财务决策，因为只有基准投资回收期大于或者等于静态投资回收期的条件下，企业的投资项目才具有财务上的可能性。利用静态投资回收期，可以比较直观地反映出企业原始投资数量的回收期限，计算便捷，但是它没有考虑到资金的时间价值因素，同时也忽略了现金流量的变化，因此存在着一定的缺陷。

平均报酬率的内涵是投资项目结束之前每年的平均投资报酬率，其计算方式可以表示为：企业年平均现金净流量与企业原始投资数量之间的比例关系。当企业期望的平均报酬率小于或者等于平均报酬率的时候，企业的投资项目才具有实施的可能性，可以帮助企业实现盈利。平均报酬率理解起来比较简单，也考虑到了现金净流量，但是它也没有考虑到资金的时间价值因素，有时候对一些时间相对较长的投资项目来说，平均报酬率并不能为企业的经营者或投资者进行项目投资决策提供帮助。

动态指标的含义为企业在进行项目投资决策的过程中，计算资金的时间价值因素的一种项目投资的评价指标。动态指标的主要表现形式为获利指数、内部收益率、净现值及净现值率等内容。按照评价指标的数量特征进行划分的话，可以分为绝对量指标和相对量指标。绝对量指标主要指的是用价值量作为计量单位的净现值指标和用时间为计量单位的静态的投资回收期指标所表现出来的项目投资的评价指标形式。相对量指标是指用获利指数、内部收益率、净现值率和平均报酬率等内容所表现出来的一种项目投资的评价指标。按照评价指标的性质进行划分的话，项目投资的评价指标可以分为正指标和反指标。正指标主要表现形式为获利指数、内部收益率、净现值、净现值率和平均报酬率。反指标主要可以通过静态投资回收期的形式表现出来。按照评价指标在项目投资决策中所处地位不同进行分类的话，可以分为主要指标、次要指标及辅助指标三种。主要指标主要表现为内部收益率和净现值的形式。次要指标主要通过静态投资回收期反映出来。平均报酬率则作为辅助指标的主要表现形式。

净现值指的是在企业项目投资过程中，在企业设定的贴现率或者行业基准收益率基础上计算企业每年现金净流量现值的代数和的一种项目投资的评价指标。当净现值的计算指标大于或者等于零的时候，企业的项目投资才具有现实中实际操作的可能性，企业才能盈利。净现值这种评价指标充分考虑到了资金的时间价值因素，并且在计算过程中计算了全部现金净流量，体现着企业资金流动性和收益性的统一，但是其不能清楚地表达出企业各个投资方案本身可能达到的实际的报酬率，因此在多个投资项目进行优劣比较的时候，它无法发挥出作用，不能帮助企业的经营者或者投资者做出正确的投资决策。

净现值率的含义是企业的投资项目的净现值与企业原始投资现值总额之间的比例关系。企业在进行项目投资的决策时，只有当净现值率评价指标大于或者等于零的前提下，企业的投资项目才有实施的意义。它可以反映企业项目投资的资金投入与净产出之间的比例关系，所以可以用于企业多个投资方案之间的比较，但是它并不能直接反映出企业投资项目的实际收益率，表达上不够直观。

获利指数是指企业项目投产后每年净现金流量的现值总额与企业原始投资的现值总量之间的比例关系。获利指数也可以用净现值率的形式来表示，即获利指数 =1+ 净现值率。获利指数可以比较动态地反映出项目投资的资金投入与总产出之间的关系，所以可以帮助企业的财务管理工作者比较投资额不同的多个方案，选择最适合企业的经营者或者是投资者的项目投资方案。但是它不能够把投资项目的实际收益率直接反映出来，计算过程也比较复杂。

内部报酬率法也可以称为内部收益率，是投资者的项目投资在实际具体运行过程中，可能会达到的报酬率或者是收益率。其计算方法主要分为两种情形：在投资期间内每年现金净流量相等和每年的现金净流量不相等。计算出来的内部报酬率指标要在大于或者等于资金成本或是基准收益率的前提下，该投资项目才具有实际投资的可能性。运用内部报酬率的计算方法进行计算，能比较客观地反映出投资项目的实际收益率，但是它的计算过程比较复杂，对实际操作的计算人员的要求可能较高。

五、项目投资在具体投资中的应用

（一）现金流量的含义及分类

现金流量指的是某个企业在项目投资过程中，出现的现金支出或现金收入的数量。这个现金的内涵不仅仅只包括货币资金，也包括企业拥有者的非货币资源折现后的价值。现金流量按照时间进行分类，可以分为初始现金流量、营业现金流量和终结现金流量。现金流量按照流向分类，可以划分为现金流出量、现金流入量。现金流出量主要包括建设投资、营业成本、各项税款、垫支的流动资金及其他现金流出量。现金流入量主要是由固定资产的余值、回收流动资金、营业收入及其他现金流入量等内容组成。

现金净流量是某企业在一定时间段内，企业的现金流入量与企业现金流出量之间的差值，可以表示为：现金净流量 = 现金流入量 - 现金流出量。

（二）具体案例分析

得力电器为扩大生产能力，准备新建一条生产线，已知该企业的生产线的原始投资为650万元，其中固定资产投资600万元，分为2年投入。第一年投入500万元，第二年投入100万元，在两年之后其生产线可以正式投入生产。在生产线正式投产后，该企业每年可生产电器20 000件，每件销售价格为400元，每年销售收入为800万元。该生产线使用期限为5年，在5年之后这项投资可以获取残余价值为50万元。在投资项目经营期间要在第二年年末投入流动资金50万元，并且在项目结束后全部收回这些资金。并且，该项目生产的材料费用为200万元，人工费用为300万元，制造费用为100万元，其中折旧费为60万元。该公司的资本成本率为10%，企业所得税率为33%。

假如你是得力电器的一名财务工作者，那么该项目是否可行呢？

解析： 首先，需要对该项目进行营业现金流量和全部现金流量的计算，得出下表：

表一　　　　　　　　得力电器投资项目的营业现金流量

项目＼年份	3	4	5	6	7
销售收入	800	800	800	800	800
折旧收入	60	60	60	60	60

项目 \ 年份	3	4	5	6	7
付现成本	540	540	540	540	540
含：人工费用	300	300	300	300	300
制造费用	40	40	40	40	40
材料费用	200	200	200	200	200
税前利润	200	200	200	200	200
所得税（33%）	66	66	66	66	66
税后利润	134	134	134	134	134
营业现金流量	194	194	194	194	194

表二 得力电器投资项目全部现金流量

项目 \ 年份	0	1	2	3	4	5	6	7
初始投资	-500	-100						
流动资金投入			-50					
营业现金流量				194	194	194	194	194
设备残余价值								50
流动资金回收								50
现金流量合计	-500	-100	-50	194	194	194	194	294

其次，计算项目的净现值。

项目净现值的计算公式为：

$$项目净现值 = (-500) + (-100) \times PVIF_{10\%,1} + (-50) \times PVIF_{10\%,2} + 194 \times PVIFA_{10\%,4}$$
$$\times PVIF_{10\%,2} + 294 \times PVIF_{10\%,7}$$
$$= (-500) + (-100) \times 0.9091 + (-50) \times 0.8264 + 194 \times 3.1699 \times 0.8264$$
$$+ 294 \times 0.5132$$
$$= 26.85（万元）$$

最后，通过该项目的净现值的计算，我们得知，其为26.85万元，所以我认为该项目具有投资的可能性。

第三节　企业的证券投资风险与收益率计算

一、企业的证券投资的内涵及分类

（一）证券投资的内涵

企业证券投资是指企业通过购买资本证券而获取预期收益的一种经济活动。企业通过证券投资，可以有效地利用企业闲置资金，提高资金的使用率，取得额外的收益。同时，企业通过在证券市场上购买其他企业的证券，可以直接或者间接地控制企业的经营管理权，实现企业的不断扩张。证券投资作为一种金融资产的投资活动，其投资的收益较高。因为在一般情况下，证券的价格总是要高于同期的利率，同时证券投资也是一种直接性的投资行为，投资费用相对较低，所以证券投资的收益相对较高。收益高对应的就是风险高，企业进行证券投资就要承担证券市场的变化所带来的风险，如政府的经济政策、企业的经营者状况、利率及国内外军事形势的影响等。在某一种因素发生变化的时候，企业投资的证券都会面临一定的风险，这也是企业在选择某种证券进行投资的过程中需要充分考虑到的一种客观的情况。此外，由于证券折现能力强，证券的买卖交易非常容易，因此证券投资的流动性也较强。

（二）证券投资的分类

企业的证券投资按照不同的分类标准可以划分为不同的内容。按照证券投资对象选择的不同，证券投资可以分为股票投资、债券投资、混合投资。股票投资指的是企业通过购买另一个企业发行的股票，进行金融活动的一种投资行为。股票投资的收益相对较高，并且能够直接或者间接地控制受资企业的经营权或者管理权，对受资企业的决策有着一定的影响力。但是，投资者在购买股票时，要充分考虑到股票价格的不稳定性，因为股票价格会受到发行股票的公司、社会大的经济环境的影响，出现很大的不稳定性，因此投资者在选择某一只股票进行投资的时候，要对股票价格的波动性有着十分清晰的认识，避免由于股票价格的大幅波动而给投资者带来的心理影响。投资者一定要科学、合理地分析股票价格的波动，及时做出购入或者卖出的决定，减少股票价格下降给投资者带来的损失。

债券投资是企业通过购买政府债券、企业债券或金融证券，形成债权债务人之间的关系。债券投资是投资者对债券进行购买的一种投资行为，而债券票面一般都有着固定的利息率，投资者可以定期获取利息，因此债券投资可以使投资者获得相对稳定的收入，且投资风险较小。此外，由于债券的折现能力强，因此债券的买进卖出相对比较容易，市场流动性较好。但投资者在进行债券投资的过程中不可避免地遇到一种情况时，投资者无法直接或者是间接地控制企业的经营权或管理权，只能定期地从受资企业中获取利息，可能不利于投资者获取较高的投资收益。

混合投资指的是投资者结合股票投资和债券投资的特点，充分利用股票投资和债券投资的优点，尽量避免股票投资和债券投资的缺点而采取的一种投资组合形式。

二、企业证券投资的基本程序

企业的经营者或投资者做出证券投资的决策后，在具体实施过程中，有着基本的程序，可以分为证券投资准备阶段和证券交易所投资阶段。

证券投资准备阶段可以分为：首先，对该项证券投资的风险有着充分的认识，并且企业也需要准备足够的资金去应对证券投资风险所带来的损失。其次，企业的财务管理工作者需要做好该项证券的市场调查。通过市场调查，了解当前证券市场上国家有关证券交易的具体规定，以便企业可以在遵守国家证券交易规定的前提下进行证券的交易。同时，需要熟悉掌握证券市场上证券发行主体、证券经纪商及证券投资者等的有关情况。此外，还要对证券交易具体如何操作的技术性问题进行调研，如证券如何过户、如何结算、如何进行登记等，一旦企业决定进行证券交易，保障证券交易各个步骤的顺利进行。再次，企业的财务管理工作者还需要对证券投资的环境、证券投资的对象和证券投资的时机进行一定的调查和分析，这样才有利于企业的管理者或投资者选择适宜的证券进行投资。最后，企业做好了上述准备工作后，可以对企业将要进行的证券投资的资金数额、证券交易的场所、证券经纪公司等内容做出最终的决策。

证券交易所投资阶段又有一定的基本程序需要遵守，共有五个基本步骤。第一步，开户。企业要与证券经纪公司签订委托买卖契约，委托证券经纪公司代替企业进行证券的买卖工作，签订这种委托买卖契约的过程就是开户。开户主要包括两个内容，一个是实行名册登记，就是建立企业与证券经纪公司之间的业务关系，便于证券经纪公司代替企业实施证券的买进与卖出的工作；另一个是开设资金专户与证券专户。开设资金专户的目的是避免证券经纪公司在代替企业进行证券买卖过程中携带大量现金的不便之处，因为企业可以把用于证券投资的资金存进资金专户中，同时利息也会自动转入到企业开设的资金专户中。开设证券专户的目的是证券经纪公司可以代替企业保管企业的证券，证券经纪公司在代替企业进行证券买卖的活动时，可以直接在证券专户中加减即可，减少了证券交易的不便之处。第二步，企业向证券经纪公司发出委托指令。当企业在证券交易所开户之后，就可以通过当面委托或者是电话委托的形式向证券经纪公司发出委托指令，向证券经纪公司说明证券交易种类、证券交易价格、证券交易数额及证券向证券经纪公司委托的有效期。第三步，证券经纪公司执行企业的委托指令，代替企业从事证券的买进与卖出活动。第四步，企业与证券经纪公司的交割与清算。交割指的是当证券交易完成后，买方需要支付资金以便获得证券，卖方需要付出证券以便收到资金，这种收付活动统称为交割。其中，交割可以分为当日交割、次日交割、例行交割等。清算指的是当证券交易活动结束之后，企业的经营者或投资者从证券经纪公司那边获得销售利润的行为。实施清算是为了在一定程度上减少实际交割的证券和款项，节省人力资源和时间成本。清算是实施交割的一个重要前提。第五步，过户。当证券经纪公司代替企业把证券卖出之后，这部分证券的拥有人就发生一定的变化。在这种情况下，证券新的拥有者就必须向公司申请过户，即更换原证券户头，为证券新的所有人重新开户。

上述的两大阶段、九大步骤是一般企业的管理者或者投资者进行证券投资的基本程序。

三、企业的证券投资的风险

（一）企业的证券投资风险的分类及特征

企业的证券投资风险指的是企业的投资者在进行证券投资的过程中，由于大的经济环境或者是受资企业经营状况的影响，企业的投资者有可能遭受损失或者是出现现实收益率低于其预期收益率的情形。

（二）企业的证券投资风险的分类

企业的证券投资风险在不同的分类标准下，可以分为不同的种类。按照证券投资风险的性质差异进行划分，证券投资风险可以分为系统性风险、非系统性风险。系统性风险主要是指由于某种原因而导致股票市场上所有的股票出现价格变动的一种风险。系统性风险会给所有的投资者带来损失。系统性风险可以分为市场风险、利率风险和购买中风险。非系统风险指的是某些特殊原因对某些投资者的股票所造成损失的可能性。非系统风险可以分为企业风险和财务风险。如受资企业的经营状况不良情况的出现或者是整个行业发生变化而对该企业产生的不利影响，使得该企业的证券收益率发生大幅变动，在这种因素的影响下，投资者就会面临着非系统性的证券投资风险。

（三）企业的证券投资风险的特征

证券投资风险不仅具有一般风险的特征，而且也具有其自身的特点，这主要是由于股票证券所带有的特殊性决定的，因为股票证券是一种虚拟的资本或者是一种价值符号，它的价格的变动体现了投资者对该股票或者是证券未来可能收益的预期。

第一，证券投资风险的不确定性。

企业投资者在进行证券投资的过程中，必须要对证券的特性有着十分清楚地认识。证券作为一种有价的证券，其价格的变化很大程度上要受到证券市场的影响，因此证券市场的变化会对证券的价格产生一定程度的影响，这会对投资者的预期收益产生一定的影响。这种影响可以分为积极影响和消极影响，积极影响表现为企业投资者获得的实际收益高于其预期收益，消极影响则表现为企业投资者的预期收益低于其实际收益。因此，企业证券投资的风险具有不确定性的特征。

第二，证券投资风险的相对性。

证券投资的风险对不同的投资者来说是相对的。这是因为每位投资者对投资风险的理解是不同的，具体表现为不同的风险偏好，因此不同的投资者对同一风险可能会采取不同的态度。同时，投资者的承受能力也会影响投资者对风险的认识。风险承受能力相对较强的投资者与风险承受能力较低的投资者对待同一种投资风险可能也会采取不同的投资措施。因此，风险承受能力相对较高的投资者可能会为了获取高收益而冒证券投资的高风险；而风险承受能力较低的投资者可能会因为某一证券投资风险高而放弃投资，或者是直接选择一些在其承受能力范围内的证券进行投资，这样的话，其所能获得的收益也就只能是低收益。所以，同一种证券的投资风险在不同的投资者眼中会有不同的风险率，某些投资者可能会认为其很高，有些投资者可能会认为其很低，这就是证券投资风险的相对性。

第三，证券投资风险的可预测性。

尽管证券投资风险具有不确定性的特性，但是我们仍旧可以利用一定的计算方法来对其进行计算。如我们可以利用统计学的方法来对证券投资的偏离度来进行计算。因为证券投资的风险就是投资者进行投资之后的实际收益与其预期收益之间的偏离程度。偏离程度越高，企业投资者承担的投资风险就越大；偏离程度越低，投资者承担的投资风险就越小。所以，证券投资的风险可以通过计算其偏离程度来进行一定程度的预测，帮助投资者做出最终的证券投资的决策。

第四，证券投资风险的客观性及可防范性。

证券价格会受到证券市场的影响，而证券市场的风险是客观存在的。所以证券市场的变化就会导致证券的价格变动，这就会影响形成投资者实际收益与预期收益之间的偏差，故证券投资风险是客观存在的，是不以投资者的主观意志为转移的。此外，承认证券投资风险的客观性，是我们进一步防范其发生或者降低其危害性的前提条件。比如投资者可以利用分散化投资的形式来降低单纯投资证券的风险。同时，政府也可以通过对现行证券制度进行改革，以便加强对证券市场的监管力度，从而从根本上消除可能出现的证券投资风险。

第五，证券投资风险的危害性。

当证券市场价格波动幅度大于基准水平时，就特别容易引发投机者的投机行为，会给企业的投资者带来十分惨重的损失。当证券市场风险进一步扩大的情形下，甚至会引发金融风暴或者是经济危机，对整个国家的经济、社会的稳定和发展会带来相当大的危害。

（四）企业的证券投资风险的衡量指标

一般来讲，有三种指标可以预测或衡量证券投资的风险。第一，可以通过计算证券投资出现负收益的概率。这种计算方法只是计算了投资者亏损的概率，忽视了其亏损数量的计算。这种衡量证券投资风险的指标是十分模糊的，因为它在计算投资者的损失时仅仅对其本金的损失进行了衡量，也就是把投资风险变为了出现负收益的可能性。如当一种证券投资出现高额亏损的概率为40%，另一种证券投资出现小额亏损的概率为50%，这两种证券投资哪一种投资者在进行投资的时候要冒更大的风险呢？当我们采用通过计算证券投资出现负收益的概率这种方法的时候，证券投资出现小额亏损的概率为50%的这种证券在投资的过程中会面临更大的风险，另一种证券投资出现高额亏损的概率为40%的这种证券在投资过程中面临的风险会相对小一些。但是，在实际生活中，当投资者对证券进行投资的时候，大多数投资者可能会认为证券投资出现小额亏损的概率为50%的这种证券所冒的风险会更高。这说明这种方法在理论和具体实际操作中还是存在着一些不同之处的，在具体实际操作中，我们要针对具体的问题进行具体分析。第二，可以通过计算证券投资出现的各种实际收益值与其期望收益值之间的差离，是一种方差或者标准差的计算方法。这种衡量指标不仅包括了证券出现各种可能收益的概率，而且也把各种可能收益与期望收益之间的差额考虑在内。同时，这种衡量方法不仅计算了证券收益低于期望收益的概率，而且也把证券收益高于期望收益的概率计算在内。这种衡量方法是更适宜衡量证券投资风险的指标。第三，可以通过计算证券投资实际收益低于其预期收益出现的概率。这种衡量办法计算了投资者遭受损失的可能性大小，是遵照风险的定义进行计算的。如投资者在对某种证券进行投资时，通过调查发现，这种证券的预期收益为 10%，而投资者对这种证券进行投资取得 10% 或者 10% 以上收益的概率为 30%，那么这种证券的投资风险是多少呢？通过计算证券投资收益低于其预期收益出现的概率，我们可以得出，投资者投资该证券的投资风险为 70%。对投资者来说，是比较大的投资风险，不建议投资者对该项证券进行投资。但是这种衡量办法并不适用于所有收益率分布情况为对称的证券风险分析，因为在收益率对称的情况下，所有证券的投资风险均为 50%。可是在投资者实际对这些证券进行投资的时候，投资者遭受风险的多少可能会存在很大程度的差异。

（五）证券投资风险的防范

证券市场作为一种新兴的市场，本身就存在着政策不稳定、行为不规范、法制不健全等问题，因此投资者在进行证券投资的时候会面临巨大的风险。另外，证券投资本身就具有收益高的特性，这种特性也决定着它会有高风险。同时，投资者在进行证券投资的过程中，会遇到各种不确定的因素，也给投资者的证券投资带来各种风险。为了提高投资者的实际收益，一方面需要政府健全法律制度，加大执法力度，加强对证券市场的监管；另一方面需要财务管理人员帮助投资者尽量规避投资风险，这就需要他们选择合适的证券投资组合，有效地分散风险。

1. 政府对证券投资风险的防范

我国政府制定的法律法规等内容对证券市场有着十分明显的影响。任何投资者从事的任何证券投资行为都必须在我国有关证券的法律法规规定之下开展。因此，政府也必须采取一定的措施，加强对证券市场投资风险的防范。

第一，政府可以健全有关证券投资的法律制度，同时加强对违法行为的执法力度。证券市场作为一种新兴市场，存在着法制不健全、行为不规范等问题，因此政府有必要建立一整套完备的、严格的证券监管法律法规。这些法律法规一方面要保持相对的稳定性，另一方面也要根据证券市场的变化，而做出相应地调整。同时，这些法律法规的内容也必须健全，不仅要有严密的制度、有效的预警系统，还要有有关违法违规行为的处罚条例，而且也要对如何执法的细则进行详细说明，使执法人员可以有法可依、执法必严。如政府可以针对证券经纪公司做出一定的法律法规规定，约束证券经纪公司的行为，避免投机者对证券市场的投机行为，规范上市公司的行为，提高上市公司的自律，净化证券市场的投资环境，减少证券投资风险的发生。

第二，政府的证券监管部门可以加强对投资者的风险教育。政府的证券监管部门应该把证券投资风险作为一项长期的教育工作，通过创新风险教育的方式及丰富证券投资风险教育的内容，加强对投资者的风险教育，提高投资者的风险意识，从而提升投资者的风险防范意识。

2.企业对证券投资风险的防范

证券投资风险可以分为系统性风险（政策风险、利率风险、购买力风险等）、非系统性风险（经营风险、财务风险、信用风险等），不同的证券投资风险企业应该有不同的防范措施。其中，证券的系统性风险是不能通过证券投资组合进行分散的，而非系统性风险则可以通过证券投资组合进行分散。在这里，我们主要对非系统性风险的防范措施进行一定的说明。

证券投资组合策略就是投资者不是针对某一种证券进行投资，而是通过证券组合的形式。这种投资组合的策略可以降低投资于某一种证券的风险，或者是这种组合证券可以在某一种证券投资受损的情况下，由组合中的其他证券获得的收益来弥补这部分风险所带来的损失。在这种情况下，投资者就有可能获得一个较高的收益。证券投资组合并不是固定不变的组合，而是根据一定的经济环境和一定的市场条件而变化的，所以在实际情况操作中，财务管理工作者必须通过计算风险、收益水平和相关系数来实时调整证券投资组合，最大限度地为投资者谋得收益。证券投资组合有着不同的组合策略，其中比较常见的有三种。第一种是冒险型策略。冒险型策略在进行证券投资的组合时，往往选择的是和市场不一样的组合形式。在这种冒险型的组合中，低风险的证券一般不多，更多的是一些风险相对较大的股票。第二种是适中型策略。在这种策略的指导下，企业在选择投资组合的时候，认为证券市场上股票、证券价格的下降或者是上升依赖于企业的经营业绩，因此在选择证券的类别时，会选择一些风险既不高也不低的一些股票或证券进行投资。第三种是保守型策略。这种策略认为投资组合的收益要与市场证券的平均收益相一致，因此在选择股票证券的时候，会尽可能多选择一些股票或证券，以便可以分散证券投资风险中的非系统性风险。

四、企业的证券投资过程中必须遵循的原则

企业进行证券投资的目的是提高企业资金的使用效率，在一定程度上调节企业资金的流向，实现企业资源的优化配置。但是，企业在进行证券投资的过程中，难免会面临各种各样的风险，如利率风险、通货膨胀风险、流动性风险等，给企业带来极大的损失。因此，企业要想避免上述问题的出现，在进行证券投资的时候，就要始终坚持一些基本原则，尽可能地规避可能给企业带来损失的风险。

（一）安全度高

企业进行证券投资最终的目的是要通过优化企业资源配置从而提升企业的收益。因此，企业在进行证券投资的时候，必然要考虑这部分证券本金和利息的回收情况。这就要求企业在进行证券投资的时候，避免把资金全部投入在某一个特定的证券上，而是应该采取证券组合的形式，把资金分散在若干种证券组合上，以此来降低企业投资的风险，提高企业证券投资的安全度。

（二）收益稳定

企业将资金用于购买债券和股票，就是为了提升企业总体的收益。因此企业在进行证券投资时，需要对债券和股票的稳定性进行综合评估，确定企业证券投资的选择组合。证券投资的收益是投资者通过购买债券或者是股票等所获得的利息、股息等当前收入与资本增值之和。其中，债券的利息率一般是由专业机构进行确定的，所以债券的收益就可以按照利息率的高低来确定。股票可以分为普通股票和优先股票，普通股票的股息不能预先确定，因为其会受到国家经济政策、利率、企业经营状况的影响，所以普通股票的收益没法确定。优先股票相对于普通股票来说，变化的可能性就会更小一些。因此，投资者在做出证券投资的决策时，需要有关财务管理工作者对当前的财务环境及未来的发展趋势做出一定的科学分析，以便投资者选择收益相对稳定的证券投资组合进行投资，获取相对稳定的收益。

（三）流动性强

在证券投资中，流动性指的就是企业的管理者或投资者收回其投资证券的本金的时间的长短。一般情况下，由于证券是一种有价证券，因此证券的买进与卖出十分便捷，故证券的流动性也比较强。但是，我们也必须注意到，债券与股票的流动性是有差异的。其中，股票的流动性要远远高于债券，不同的债券的流动性也是不同的。如政府发行的公债的流动性一般要快于地方性的债券。流动性强的证券，就是指证券拥有者能够将证券较快地兑换成货币，在这种短时间内进行的证券交易，其货币价值并不受损失。流动性弱的证券，就是指证券拥有者将证券兑换为货币所需要的时间较长，这种长时间内进行的证券交易相对于短时间内进行的证券交易，支付的费用就会高一点，有时候甚至会承担价格下跌的风险。

五、企业证券投资的评价指标及计算

企业的管理者或投资者在做出证券投资的决策之前，必须对该证券投资进行一定程度的分析，以便企业做出正确的证券投资决策。现在通用的企业进行证券投资之前需要进行的分析主要分为基本分析和技术分析。

（一）基本分析

基本分析一般是用来帮助企业的管理者或投资者选择长期投资的证券，因为它更多分析的是宏观经济环境、微观经济环境的变化对证券的影响，如国家经济政策、国民生产总值、利率等。

1.宏观经济环境

宏观经济环境主要包括国家经济政策、国民生产总值、利率、通货膨胀等。

（1）国家经济政策。国家经济政策主要是国家制定的财政政策、货币政策、进出口政策等。积极或者是消极的财政政策、紧缩型或扩张型货币政策、汇率改革等的变化都会对证券市场起到推动或者是抑制的作用。所以，企业在做出投资决策的时候，需要把握国家宏观的经济政策，这样才有利于企业做出正确的证券投资决策，帮助企业获得收益。

（2）国民生产总值。国民生产总值（*Gross National Product*，简称*GNP*）是一个国家最重要的宏观经济指标，是一个国家或者是地区所有常驻机构或者是单位在一定期限内收入初次分配的成果。因此，若国民生产总值增长比较快，反映出来的就是当前社会的经济比较繁荣，在这种社会经济快速发展的条件下，证券价格上升的可能性会比较大，增幅也比较大；若一个国家或地区的国民生产总值增长十分缓慢或者是出现下降的情况，那么反映出来的就是整个社会经济的不景气，在这种大的经济环境的影响下，证券的价格下降的可能性会比较大，降幅也会表现得十分明显。所以，投资者在做出证券投资的决策时，需要对一个国家或者是地区的国民生产总值进行分析，得出该国家或者地区现在或者是未来一段时间内国民生产总值的发展趋势。

（3）利率。利率对证券价格有着两方面的作用。当利率提高的时候，一方面银行存款量就会增加，证券市场流通的资金就会减少，证券价格就会下降；另一方面，利率上升的情况下，企业经营成本的总额就会相应增加，而利润就会减少，在这种因素的影响下，企业就会抛售大量的证券，证券价格也会下降。当利率下降的话，一种倾向是银行贷款量会增加，证券市场上流通的资金就会增加，证券价格就会上升；另一种倾向是企业会在相对宽松的经济环境中进行生产经营，这样的话，企业的利润就会得到增加，股东所收到的资本回报率也会提升，就会吸引更多的投资者进行证券投资，从而在一定程度上提升证券的价格。

（4）通货膨胀。通货膨胀对证券市场既有积极作用又有消极作用。积极作用主要是当通货膨胀开始发生的时候，货币的供应量会得到增加，增加的这部分货币量可以刺激社会经济的发展，增加企业的利润，提升股东分配到的利润率，因此投资者就更容易进入证券市场，推动证券价格的上涨。当通货膨胀发展到一定程度的时候，国家会采取相应的经济政策来调整利率，促使利率上升，这就会压缩证券市场，降低证券的价格。所以企业的经营者或者是投资者在做出证券投资决策的时候，必须要对当前社会的经济环境进行分析，针对通货膨胀或是通货紧缩的经济现象，做出不同的投资决策。

2.微观经济环境

微观经济环境是相对于宏观经济环境来说的，主要是指企业自身经营状况。要对企业自身经营状况进行分析，我们就要分析企业的资本结构、企业的管理能力、企业的营运能力、企业的财务报表等，以便充分了解该企业的情况，做出适合该企业的证券投资决策。

第一，企业的资本结构。资本结构指的是企业自有资本与企业借入资本分别占有企业总资本的比例关系。负债比率与自有资本比率呈现反比的关系。企业的资本结构对企业的经营管理有着十分明显的影响。当企业的借款利息率低于企业的投资报酬率的时候，企业借入资本进行经营能够提升企业自有资本的报酬；当企业的借款利息率高于企业的投资报酬率的时候，企业借入资本进行经营会在一定程度上降低企业自有资本的报酬。在整个经济环境发展有利的条件下，企业运用借入的资本进行经营，风险较低；在整个经济环境发展不利的条件下，企业利用借入的资本进行经营，风险较高。所以企业在进行证券投资的决策时，需要考虑到企业的资本结构，并且根据当时的经济环境实时调整企业的资本构成，最终有利于提升企业证券投资的收益。

第二，企业的营运与管理能力。企业营运能力的强弱可以用企业营业额的多少来表示。营业额的多少在很大程度上反映出企业管理者或者是经营者的营运能力，营运能力的强弱对企业的销售成绩有着十分重要的作用。企业管理者营运能力强，则企业营业额就会高一些；企业管理者营运能力弱，企业营业额可能就会低一些。企业管理能力是对一个企业现状与未来发展潜力进行衡量的重要指标。企业管理能力强的话，往往能够取得超出行业平均水平的盈利，提升企业获取收益的能力。当一个企业的营运与管理能力强的话，这样的企业在未来有着十分光明的发展前景，因此就会吸引更多的投资者对该企业进行投资，这样这个企业就可以利用其闲置的资金进行证券的投资，为投资者谋取更多的利益，从而吸引更多的投资者进行投资或者是促使现有投资者加大对该企业的投资总额。

第三，企业的财务报表。企业财务报表是一种财务统计报告，它能够比较直观地反映出某企业在各个方面的经营活动及其发展状况。企业财务报表中比较常用的企业资产负债表和损益表，这两种表格可以大致体现企业的经营规模、盈利和实力等，这样企业就可以根据本企业自身的情况，选择适合的证券投资形式进行投资，避免出现因为投资失利而出现的企业破产的现象。

（二）技术分析

技术分析往往用来帮助投资者选择具体的证券进行投资，也可以在一定角度上帮助投资者选择适宜的投资时机进行证券的投资，因为它更多关注的是证券市场上的证券价格及证券交易模式的变动，并且根据其变动的趋势来预测证券价格上升或下降的幅度变化。技术分析主要包括证券市场价格预测分析和证券市场变化的预测指标。

1.证券市场价格预测分析

证券市场中股票的价格或者是证券的价格的变化是有着一定的模式的，通过这些模式的分析，可以帮助投资者更好地认识到证券市场价格变化的上升或者是下降，以便投资者可以抓住最好的投资时机进行投资，获取更高的收益。第一，股票价格的阻力与支撑。阻力指的是当某一只股票的股价上升到某一个价位的时候，此时股票拥有者会大量抛售股票，这种局面的出现，会造成股票价格没办法进一步上升甚至可能还会出现股票价格的下跌。支撑可以理解为当某一只股票的价格下跌到某一个价位的时候，投资者会大批量购买这只股票。在这种情况出现时，这只股票的价格可能不会继续下跌，可能还会出现股票价格的上涨。因此，投资者在做出证券投资的决策前，应该通过股票价格的阻力与支撑的分析，再做出投资与否的最终决定。当某一只股票的价格突破阻力线的时候，这只股票的价格有继续上升的可能性，投资者应该大量买进这只股票；而当股票的价格突破股价的支撑线时，则该只股票的价格有继续下降的可能，此时投资者就应该大量抛售这只股票，减少股价的下跌给自身带来的损失。第二，利用图形的模式分析股票价格的上涨还是下降。现在证券市场上通用的图形模式为反转形态和整理形态。反转形态指的是股票价格发生的由上涨转为下跌或者是由下跌转为上涨的一种逆转的信号；整理形态则是指经历了一段时间的快速变动后，股票的价格不再表现为大起大落，而是呈现出一种相对稳定的状态，这种状态并不是一成不变的，而是在一定区域内的小幅的变动。因此，投资者在做出证券投资决策之前，需要对股票市场的反转形态或者是整理形态做出一定的分析，做出证券购进或者是卖出的决断。

2.证券市场变化的预测指标

证券市场的变化可以运用一些技术指标来进行衡量，主要包括交易量指标、股票市场人数及股价指数。第一，交易量指标。交易量是指证券市场上股票或者是债券的交易完成后的数量，可以作为评判证券市场强弱的一种有效的指标。当证券市场中交易量伴随着股票价格或者是债券价值的增加而上升的时候，说明此时证券市场的需求是大于市场供给的，此时的证券市场是强势的。在这种倾向的影响下，很多股东就不再愿意出售自己手中的股票，这对投资者来说是一个好的市场信号；当证券市场中交易量会随着股票价格或者是债券价值的降低而下滑的时候，说明此时证券市场的需求是小于市场供给的，那么此时的证券市场是弱势的。在市场弱势的情形出现的时候，市场的购买能力就比较低，因此这是一种对投资者不利的市场信号。第二，股票市场交易人数。股票市场交易人数指的是活跃于各个证券经纪公司营业处进行交易的人数。通过对各个证券经纪公司营业处进行交易人数的增加或减少的情况进行分析，可以在某种程度上预测股票市场在未来某一段时间内的走势。在对股票市场交易人数进行分析的时候，一共有三种情况。当股票市场交易人数不断减少的情形出现的时候，表明股票市场正在日趋萎缩，股票行业行情不振；当股票市场交易人数不增加也不减少的情形出现的时候，表示股票的价格正处于疲软不振的盘局状态；当股票市场交易人数不断增加的情形出现的时候，表示股票市场日趋繁荣，股票行业的行情趋涨，正处于高峰期或者是接近于高峰状态。虽然用股票市场交易人数的多寡来判断股票市场的强弱并不是十分精准，但是股票市场的交易人数可以在一定限度内干预整个股票市场的行情。所以，投资者在决定对某一证券进行投资的时候，需要对其市场中现存的交易人数进行一定的统计和分析，以此来作为是否进行投资的重要参考指标。第三，股价指数。股价指数一般用来衡量整个股票市场价格水平的标准或者是衡量的尺度。财务工作人员通过将前后在不同时间交易的股价指数进行对比分析后，可以在一定程度上反映出各种股票价格的平均变动情况，这对于投资者做出是否投资有着十分重要的参考价值。世界各国的股票市场都编制了本国的股价指数，如道·琼斯股票价格平均指数、香港恒生指数、上证指数与深证指数、《金融时报》股票价格指数、日本股票价格指数等。

六、证券投资在企业具体投资中的应用

（一）债券投资计算方法

在进行债券投资的过程中，企业财务管理工作者首先需要对债券进行基本的估价，这种估价模型可以分为基本模型和一次还本付息的单利债券模型。其中，基本模型指的是按照复利的计算方法，计算债券在各期利息的现值和债券到期以后最终收回的面值的现值，来对企业将要投资的债券进行估价的一种方

法。其次，企业投资者进行证券投资的目的就在于获得收益，因此企业的财务工作人员还需要计算债券的投资收益率，主要包括短期持有的债券和长期持有的债券的投资收益率的计算。

1.债券估价模型

（1）基本模型

$$V = I \times PVIFA_{k,n} + F \times PVIF_{k,n}$$

其中，V 表示的是债券价值，F 表示的是债券面值，k 表示的是市场利率或者是投资人要求获得的投资收益率，I 表示的是每期的利息，n 表示的是付息的总期数。

（2）一次还本付息的单利债券估价模型

$$V = F(1 + i \times n) \times PVIF_{k,n}$$

其中，F 代表的是债券的面值，i 代表的是债券票面利息率，n 代表的是付息的总期数，V 代表的是债券价值，I 代表的是每期的利息，k 为市场利率或者是投资人要求获得的投资收益率。

2.债券投资收益率的计算

某科技发展有限公司于 2011 年 1 月 1 日用 1 100 元的价格投资了一张面值为 1 000 元的债券，当时其票面利率为 8%，在之后的每一年的 1 月 1 日需要进行计算并且支付一次债券的利息，这张债券的有效期为 5 年，即这张债券将在 2016 年 1 月 1 日到期，那么该公司在这张债券到期后的投资收益率为多少呢？

解析：首先，通过读题，我们得知，这是一道考察基本模式下的债券投资收益率的题目。因此，我们需要列出基本模式下的债券投资收益率的计算公式：

$$P = I \times PVIFA_{k,n} + F \times PVIF_{k,n}$$

其中，P 代表的是某种债券的购买价格，I 代表的是该债券每期所获得的固定利息，F 代表的是某债券到期后所收回的本金或者是中途转手该债券所收回的资金，K 代表的是债券投资收益率，n 代表的是债券的投资年限。

其次，代入数值，得到：

第一种情况，假设该债券的投资收益率为 8%，那么

$$P = 1\,000 \times 8\% \times PVIFA_{8\%,5} + 1\,000 \times PVIF_{8\%,5}$$
$$= 80 \times 3.9927 + 1\,000 \times 0.6806$$
$$= 1\,000（元）$$

在假设投资收益率为 8% 的情况下，计算出该债券的 P 值为 1 000（元），低于该债券的购买价格 1 100（元）。

第二种情况，假设该债券的投资收益率为 5%，那么

$$P = 1\,000 \times 8\% \times PVIFA_{5\%,5} + 1\,000 \times PVIF_{5\%,5}$$
$$= 80 \times 4.3295 + 1\,000 \times 0.7835$$
$$= 1\,129.86（元）$$

在这种情况下，计算出的 P 值为 1 129.86（元），大于其购买该债券的 1 100（元）。

最后，通过插值法计算该债券到期后的投资收益率。

$$\frac{K - 5\%}{1\,129.86 - 1\,100} = \frac{8\% - 5\%}{1\,129.86 - 1\,000}$$

$$K = 5.69\%$$

故该公司购买的债券的投资收益率为 5.69%。

（二）股票投资计算方法

1．股票的估价模型

在对股票进行估价的时候，我们首先需要知道股票的价值。股票的价值就是指投资者在对某股票进行投资的时候，这只股票在未来的预期可获得的收益，也可以说是未来的现金流入的那部分现值。将这只股票的估价与其现价进行对比，当估价大于现价的时候才有投资的可能性；当估价小于现价的时候，对这只股票进行的投资就很少甚至可以说没有获得收益的可能性。

股票的估价模型主要可以分为两种：第一，投资者打算在未来对这只股票进行公开出售，这只股票只是暂时被投资者所持有；第二，投资者近期并不打算对这只股票进行公开出售，这只股票会被投资者长期持有。其中，长期持有的情形又可以分为三种不同的情况：股票的股利长期稳定不变；股票的股利固定增长；股票的股利非固定增长。在不同的情况下估算股票的价值，需要采用不同的估价模型，因此企业的财务工作人员在进行估计股票价值的时候，需要对股票处于何种情况进行具体分析，选择恰当的估价模型计算股票的价值，为投资者提供可靠的参考数据。

2．股票投资收益率的计算

（1）股票投资收益率的计算公式

股票的投资收益率是根据股票的估价模型来进行计算的，因此股票的投资收益率可以分为短期持有的股票投资收益率、长期持有的股票投资收益率和一般情况下的股票投资收益率。其中，短期持有的股票投资收益率计算公式可以表示为：

$$K = \frac{S_1 - S_0 + d}{S_0} \times 100\%$$

式中，K 代表的是某种股票的投资收益率，S_1 代表的是某种股票的出售价格，S_0 代表的是某种股票当时购买时的价格，d 代表的某种股票的股利。

长期持有且股利是在固定增长时，该股票的投资收益率的计算公式可以表示为：

$$K = \frac{d_1}{P} + g$$

式中，P 代表的是某种股票的购买时的价格。

一般情况下的股票投资收益率的计算公式可以表示为：

$$P = \sum_{t=1}^{n} \frac{d_t}{(1+K)^t} + \frac{P_n}{(1+K)^n}$$

其中，Pn 代表的是某种股票出售时的价格。

（2）股票投资收益率的应用

假如某个公司在 2013 年 7 月 1 日用 600 万元对某种股票进行了投资，共购买了 100 万只股，并在 2014 年、2015 年、2016 年的 7 月 1 日每年可以分得的每只股票的现金股利分别为 0.6 元、0.8 元、0.9 元，并且该公司决定在 2016 年 7 月 1 日把这些股票全部出售，其中每只股票的出售价格为 8 元。假如你作为该公司的一名财务工作人员，在这种情况下，计算该股票的投资收益率。

解析： 首先，通过分析题目我们可以得出，该道题目所考察的股票投资收益率的计算属于一般情况下的股票投资收益率的计算。因此我们可以列出其计算公式：

$$P = \sum_{t=1}^{n} \frac{d_t}{(1+K)^t} + \frac{P_n}{(1+K)^n}$$

其次，数值代入。这里可以分为两种情况。

第一种情况时，假设投资收益率为 20%，那么

$$P = 0.6 \times 100 \times PVIF_{20\%,1} + 0.8 \times 100 \times PVIF_{20\%,2}$$
$$+ (0.9 \times 100 + 8 \times 100)PVIF_{20\%,3}$$
$$= 60 \times 0.8333 + 80 \times 0.6944 + 890 \times 0.5787$$
$$= 620.59（万元）$$

在假设投资收益率为 20% 的情况下，计算出的 P 值为 620.59 万元，大于购买该种股票的价格 600 万元，因此我们在计算 P 值时，要提高该股票的投资

收益率。

第二种情况，假设该种股票的投资收益率为24%，那么

$$P = 60 \times PVIFA_{24\%,1} + 80 \times PVIF_{24\%,2} + 890 \times PVIF_{24\%,3}$$
$$= 60 \times 0.8065 + 80 \times 0.6504 + 890 \times 0.5245$$
$$= 567.23 (万元)$$

最后，利用插值法计算该股票的投资收益率：

$$\frac{K-20\%}{620.59-600} = \frac{24\%-20\%}{620.59-567.23}$$

$$K = 21.54\%$$

故该公司投资的这种股票投资收益率21.54%。

第五章 企业的资本管理

第一节 企业的资金成本与资金结构的介绍

一、资金成本的含义及作用

（一）资金成本的内涵

一般来讲，资金成本指的是某个企业为了筹集或者是使用资金所必须付出的代价，也可以指企业为了获得投资收益而付出的机会成本。资金成本有着广义和狭义上的含义。广义上的资金成本指的是企业为了筹集和使用全部资金而必须付出的代价；狭义上的资金成本指的是企业为了筹集和使用长期资金的成本，有时候也会把长期资金的成本称之为资本成本。由资金成本的概念，我们可以知道，资金成本是由资金筹集费、资金使用费两个组成部分构成的。资金筹集费是指企业在进行筹集资金的过程中所产生的各项费用的开支，且与企业筹集资金的数量、筹集资金的次数等直接相关。通常情况下，这种费用是需要一次性付清的，如企业发行债券的费用或企业向金融机构融资的过程中，都需要支付一定的资金，这部分资金就称之为资金筹集费。资金使用费是指企业在使用筹集到的资金的过程中所需要支付的那部分资金。企业资本使用费一般是按期发生的，其支付数额的多少不但与资金数额的多少相关，还和资金占用期限的长短有十分密切的联系。如企业需要支付给银行的借款利息，企业从银行借款的数额越大，需要支付给银行的利息就越大。同样，企业从银行借款的期限越长，企业最终需要支付给银行的利息就会越多。

（二）资金成本的分类

资金成本按照不同的分类标准可以分为不同的种类。在实际工作中，资金成本主要分为以下几种：按照具体项目和内容的不同，资金成本可以划分为个别资金成本、边际资金成本和综合资金成本。

个别资金成本是企业在筹资过程中，使用单种筹资的方式进行的。这种个别资金成本一般可以用来比较和评价各种筹资方式的优点与不足，从而帮助企业的管理者或经营者做出最有利于企业发展的决策。

边际资金成本指的是企业每增加一个单位的资金量而必须多付出的那部分成本。企业的财务工作者在对边际资金成本进行计算的时候，一般采用的计算方法为加权平均法。通过加权平均法，可以计算出企业追加筹集资金的数量时，所必须付出的那部分加权平均成本。在计算边际资金成本的时候，筹资突破点也是不能忽视的一个重要的计算指标。一般情况下，筹资突破点指的是企业在保持某一个特定的资金成本率的前提下，所能筹集到的资金的总额度。筹资突破点对企业资金成本的计算有着十分重要的参考价值。当企业的筹资突破点在企业的边际资金成本的成本点的范围的时候，企业原来的资金成本率不会发生任何改变；当企业的筹资突破点突破了企业的边际资金成本的成本点的范围的时候，即使该企业维持其现有的资本结构，其资金成本也会增加，在一定程度上可能会降低企业的收益期望值，最终不利于企业的长远发展。

综合资金成本指的是通过加权的计算方式来计算企业筹集到的所有资金的平均成本。综合资金成本反映出的就是企业资金成本的整体水平的情况。综合资金成本的计算方式主要分为三大步骤：第一步，计算出企业筹集到的个别资金成本；第二步，通过加权的方式来计算企业各种资金的权数；第三步，通过各种资金权数的计算来确定企业的综合资金成本。在对企业的总体效益进行分析的时候，我们不能单纯地依靠其综合资金成本，还要计算其综合资金成本率。综合资金成本率就是对所筹集到的各种资金分别计算其资金成本率，再通过这些资金成本率所占的比重加权来确定企业的综合资金成本率。对于企业来说，最大限度地降低其综合资金成本率，就是最大可能地降低其筹资的资金成本。而要降低企业的综合资金成本率，一方面可以通过提高资金成本较低的资金在企业筹集到的全部资金中的比例，另一方面也可以通过降低各种资金的资金成本率来实现。

（三）资金成本的作用

资金成本是评价投资项目可行性的一个主要的经济标准，也是评价公司经营成果的重要评价指标，是企业选择筹资方式与制定筹资方案的重要依据。只有当投资的新项目预期收益率大于或者等于同等风险的投资项目的时候，企业选择此项目才有盈利的可能性。否则，给企业带来的只能是投资失利。资金成本的存在对企业的生产经营有着十分重要的意义，主要体现在以下三个方面。

第一，企业的资金成本可以用来评价企业的经营业绩。因为资金成本可以被企业的经营者或管理者用来考察企业资金的使用及占有情况。企业中资金流通率较高的情况下，一般企业的经营状况相对良好。资金成本也可以帮助企业的经营者或管理者通过各种手段来发掘企业资金的使用潜力，节省企业资金的资本使用费，在提高企业资金利用率的前提下，提高企业的收益。同时，在发掘企业资金的使用潜力的过程中，企业的经营者或管理者也可以发现一些高收益的经营业务，也可以为确定企业未来经营发展的方向提供一定的帮助，从而使企业更好地适应市场的潮流，最终提升企业的市场占有率。

第二，资金成本也是企业进行投资决策时的一个重要的参考指标。企业在进行项目投资决策的时候，往往要计算内涵收益率等指标，而这种指标的计算方式是以资金成本作为折现率来进行计算的。所以，企业在做出是否投资的决策的时候，需要考虑预期收益与实际收益之间的比例关系，而实际收益的计算过程中也必须把企业筹集资金的费用和企业使用资金的费用包含在内。只有当预期收益高于企业筹集资金的费用和使用资金所产生的费用的时候，企业才会有盈利的可能，企业的经营者或者是管理者才会做出投资的决定。因此，企业有时候也会把资金的成本看成是企业是否进行投资的一种最低要求的评价指标，也是确定企业经营项目方向的最低要求。

第三，企业的资金成本也可以作为企业选择何种筹资工具的重要参考指标。当企业投资项目的未来收益大于或者是等于企业筹集资金所承担的费用的时候，这种筹集资金的过程中所使用的筹资工具才会被企业采用；当企业投资项目的未来收益小于企业筹集资金所承担的费用的时候，这种筹集资金的过程中所使用的筹资工具就不会被企业采用。因此，企业筹集资金成本也可以在一定程度上为企业的经营者选择何种筹资工具进行筹资提供帮助。此外，如果企业想了解增加企业集资额所花费的代价时，可以通过计算企业资金成本率这种方式，也就是通过增加资金的综合资金成本来做出决定。

二、资金成本的计算方法

资金成本的计算方法一般可以表示为：年资金与筹资总额和筹资费用之间差值的比例关系，或者可以表示为（筹资总额 × 年资金使用费率）/筹资总额 × （1– 筹资费率)，也可以用年资金使用费率 × （1– 筹资费率）。

（一）个别资金成本的计算

个别资金成本指的是企业单独筹资方式的资金成本，主要包括长期借款资金成本、优先股资金成本、长期债券资金成本、普通股资金成本及留存收益成本。

1.长期借款资金成本的计算

长期借款资金成本的计算方法可以用长期借款年利息 × （1– 所得税率）/长期借款总额（1– 长期借款的筹资费用率）。

例 1：假设你是某个企业的财务工作人员，你所在的企业通过贷款的形式，筹集到了 100 万元，使用期限为 5 年，其中这批款项的借款手续费为 0.5 万元，借款年利率为 5%，利息需要每年支付一次，且该企业所得税率为 0.33，那么通过计算，该企业的资金成本是多少呢？

解析： 首先，通过对题目的分析，我们可以得知，这批款项是属于长期借款的资金成本，因此需要采用长期借款的资金成本的计算公式进行计算。

其次，长期借款的资金成本的计算公式为：

长期借款的资金成本 = 长期借款年利息 ×（1– 所得税率）/ 长期借款总额（1– 长期借款的筹资费用率）

最后，代入数值，得出：

长期借款资金成本 $=100 \times 5\% \times（1-33\%）/（100-0.5）$

$\qquad\qquad\qquad =3.37\%$

故该企业这次贷款的资金成本为 3.37%。

2. 优先股资金成本的计算

优先股资金成本指的是企业以优先股的方式进行筹集资金的过程，在筹集资金的过程中所需要支付的各项费用。这些费用主要包括优先股股利和发行优先股股票时的发行费用等。其计算公式可以表示为：优先股每年的股利 / 优先股筹资总额（1– 优先股筹资费用率）

例 2：假如你是某股份公司的一名财务工作者，此公司要发行优先股，其总面值为 3 000 万元，年股息率为 10%，这批优先股的发行费用为筹资总额的 6%，现在你的上司想要知道这批优先股按照面值发行的话，其资金成本是多少？

解析： 首先，通过题目分析，我们可以知道，这是要求计算优先股资金成本。

其次，优先股资金成本的计算公式为：

优先股资金成本 = 优先股每年的股利 / 优先股筹资总额（1– 优先股筹资费用率）

所以，代入数值，得出：

优先股资金成本 $=3\ 000 \times 10\% / 3\ 000 \times（1-6\%）$

$\qquad\qquad\qquad =10.64\%$

故这批优先股按照当前面值发行的话，其资金成本为 10.64%。

3. 长期债券资金成本的计算

债券资金成本在一般情况下指的就是企业申请债券发行的手续费、债券的注册费、债券的印刷费、债券的上市费等。长期债券资金成本的计算方法可以分为债券等价发行的计算方法和债券溢价或者是折价发行的计算方法。

（1）债券等价发行的条件下，长期债券资金成本的计算

在这种条件下，长期债券资金成本的计算公式为：

$$P(1-f) - \sum_{t=1}^{n} \frac{INT(1-T)}{(1+K)^t} - \frac{P}{(1+K)^n} = 0$$

其中，$P(1-f)$ 代表的是企业筹集到的项目实际需要的负债资金总额度，也就是固定资产与自有资产额之间的差值，即企业的负债资金净额度；n 代表的是项目的有效期限；I 代表的是企业对某一项目的固定资产投资数量的总和。

（2）债券溢价或者是折价发行的条件下，长期债券资金成本的计算

在这种情况下，长期债券资金成本的计算公式可以表示为：

$$(1-f)P - \sum_{t=1}^{n} \frac{Mi(1-t) + [(P-M)/n]T}{(1+K)^t} - \frac{M}{(1+K)^n} = 0$$

其中，P 代表的是债券的发行价格，i 代表的是债券的票面利率，M 代表的是债券在当前的面值，n 代表的是债券的有效期限。

例：假如你作为某公司的财务工作人员，你所在的公司在 2015 年 5 月 1 日发行了 1 000 万元的长期债券，该长期债券的面值为 100 元，其有效期限为 10 年，该债券需要在每年年末付息一次，当时企业的筹资费率为 5%。现在这个企业打算按照债券的票面利率为 12%，溢价后的债券价值 113.4 元发行这批长期债券，或者是按照票面利率为 10%，折价后的债券价值为 88.6 元进行发行。已知该企业的所得税税率为 33%，那么这批长期债券的资金成本为多少呢？

解析：首先，这个题目分为了两种情况，因此我们在对这批长期债券的资金成本进行计算的时候，需要按照两种情况分别计算。无论是溢价还是折价，其计算公式均为：

$$(1-f)P - \sum_{t=1}^{n} \frac{Mi(1-t) + [(P-M)/n]T}{(1+K)^t} - \frac{M}{(1+K)^n} = 0$$

其中，P 代表的是债券的发行价格，i 代表的是债券的票面利率，M 代表的是债券在当前的面值，n 代表的是债券的有效期限。

其次，带入数值，得出：

第一种情况，假设该批长期债券按照溢价的情况进行发行，则这批债券的资金成本的计算结果为：7.63%。

第二种情况，假设该批长期债券按照折价的情况进行发行，则这批债券的资金成本的计算结果为：8.76%。

在这种计算方式下，企业这批债券折价发行的资金成本要高于其溢价发行的资金成本，所以企业应该在溢价的状态下发行这批债券。

可是这两种情况都是在没有考虑企业所得税的情况下计算得出的。题目中企业的所得税税率为33%，所以其计算公式就要发生一定的变化，可以表示为：

$$P(1-f) = \sum_{t=1}^{n} \frac{INT(1-T)}{(1+K)^t} + \frac{M}{(1+K)^n}$$

其中，P 代表的是债券发行的价格，f 代表的是筹资费率，INT 代表的是年付息数量，T 代表的是企业所得税税率，n 代表的是债务还本付息期限，M 代表的是债券的面值，K 代表的是债券的资金成本。

在把企业的所得税税率考虑进去的情况下，那么该企业长期债券的资金成本也有两种情况。

第一种情况是：当企业发行的债券是在溢价的情况时，那么通过计算得出该企业发行的长期债券的资金成本为6.94%；

第二种情况是：当企业发行的债券是在折价的情况时，那么通过计算得出该企业发行的长期债券的资金成本为9.18%。

在考虑企业的所得税税率的前提下，企业这批债券溢价发行的成本为6.94%，低于其折价发行的资金成本9.18%。所以企业应该在溢价的状态下发行这批债券。

最后，无论是考不考虑企业的所得税税率的前提下，该企业都应该在该批债券溢价的情形下，对其进行发行。

4.普通股资金成本的计算

（1）普通股资金成本计算方法的模型

普通股资金成本指的是企业在发行普通股票的时候所产生的各种费用（发行费、公证费及财产评估费）和支付给股东的股利等。普通股资金成本中支付给股东股利的情况比较复杂，因此其资金成本的计算方法相对也就比较复杂。在现行的股票市场中，通行的四种普通股资金成本计算方法分别为：固定股利模型法、资本资产定价模型法、固定增长股利模型法及债券风险溢价模型法。

固定股利模型法指的是股份公司采取的是固定股利政策，因此其公司每股股票每年都可以得到数额相等的股利。在这种情形中，普通股资金成本的计算方法和优先股资金成本计算方法是一样的。

资本资产定价模型法指的是将股东预期的投资收益率作为企业的资金成本。这种情况就说明了同一个事物对不同的对象来说有着不同的影响。股利对于企业的股东来说是投资所获得的收益，而对于企业来说，股利是企业的资金成本。资本资产定价模型法的计算方法为：普通股资金成本 = 股票的预期投资收益率 = 无风险报酬率 + 某种股票风险程度的指标（股票市场平均的必要报酬率 - 无风险报酬率）。

固定增长股利模型法指的是股份公司采取的不是固定股利政策，因此其公司每股股票每年的股利都会按照一定的比率增长。在这种情形下，普通股资金成本的计算方式可以表示为：普通股资金成本 =[预期第一年的股利 / 普通股市价（1– 普通股筹资费率）]+ 普通股利年增长率。

债券风险溢价模型法指的是股票的收益风险比债券的收益风险更大，并且企业采取股票进行筹资的话，需要支付比债券筹资更大的代价。所以，股票资金成本可以用债券资金成本加上一定的风险溢价率来进行表示。根据以往的历史经验，风险溢价率通常在 3% ~ 5% 之间。

（2）普通股资金成本的计算

一般情况下，普通股资金成本也称为股利折现法。其计算公式可以表现为：

$$普通股资金成本 = \frac{预期第一年普通股股利}{筹资总额（1– 筹资费率）} + 股利固定增长率$$

但是需要注意的是，普通股资金成本的计算的前提是假设该企业有一个比较稳定的、并且会逐年增长的股份分配。因为普通股的股利分配是依据投资公司的经营效益的情况而决定的，所以其股利的分配存在着较大的不确定性和波动性，普通股资金成本计算的只是一个期望的估计的数目。

另一种情况是，资本资产定价的计算方法。其计算公式可以表示为：

$$K_c = R_f + \beta(R_m - R_f)$$

其中，R_f 代表的是无风险报酬率，R_m 代表的是市场报酬率，β 代表的是第 i 种股票的贝塔系数。

例：已知现在证券市场上某种股票的贝塔系数为 1.5，市场报酬率为 10%，无风险报酬率为 6%，那么该种股票的普通股资金成本是多少？

解析： 首先，分析题目后得知，该题目要求是按照资本资产定价模型的计算方法来计算某种股票的普通股资金成本。所以，我们可以列出普通股资金成本的计算公式：

$$K_c = R_f + \beta(R_m - R_f)$$

其中，R_f 代表的是无风险报酬率，R_m 代表的是市场报酬率，β 代表的是第 i 种股票的贝塔系数。

其次，代入数值，得出：

普通股资金成本 =6%+1.5（10%–6%）

　　　　　　　=12%

故市场中流通的这种普通股的资金成本为 12%。

5. 留存收益成本的计算

通常情况下，留存收益指的是股东对企业追加的一部分投资。这些投入的资金是企业当年盈利的净利润中没有分配给股东的那部分股利。留存收益在一定程度上和普通股是相似的，股东也会要求对这部分留存收益收取一定的报酬率。所以，留存收益也需要计算资金成本，计算方法可以按照普通股的计算公式，只是不需要再考虑企业的筹资费用。其计算公式可以表示为：

$$留存收益成本 = K_n = \frac{d_1}{P_0} + 9$$

其中，K_n 代表的是留存盈余成本率。

值得注意的是，企业在进行筹集资金的时候，渠道和方式都是多种多样的，很少有企业在筹资时仅仅采用一种筹资渠道和筹资方式进行筹集资金。而这种筹集资金方式的多种多样的筹资渠道和筹资方式就会导致企业资金成本的来源各异，在这种情况下，企业的资金成本率就不能仅仅计算一种资本的成本率，而是应该计算各种来源资金在企业所筹集总资金中的比重，以这种比重计算其权数，通过对这些权数进行加权的计算，最后得出加权平均资金成本率。

加权平均资金成本率（K_w）$=\sum(W_i K_i)$

其中，K_w 表示的是加权平均资金成本率，W_i 表示的是第 i 种资金来源在企业总资金中的比重，K_i 表示的是第 i 种资金来源在企业总资金中的比重。

例：假如某公司打算筹资，其中有多种不同的筹资方式。企业发行了总面值为 100 万元的债券，这批债券的有效期限为 3 年，票面利率为 12%，当时是按照债券溢价 10% 的情况下进行公开出售的，需要的发行费率为 5%；长期借款 200 万元，这批借款的年利息为 20 万元；企业发行了 150 万元的优先股，这批优先股的股息率是固定的，为 20%，筹资费率也为 2%。此外，公司的所得税税率为 40%，并且该公司从企业的留存收益中也拿出了 40 万元。这些筹集到的资金，该公司全部把它投入在某一个项目中，问该公司的普通股资金成本、长期债券资金成本、长期借款资金成本、优先股资金成本和留存收益的资金成本分别为多少？

解析： 首先，通过分析题目我们可以得知，这道计算题考察的就是资金成本和资金结构的相关计算。因此，我们需要根据资金的不同来源计算其相应的资金成本。

其次，代入数值，分别进行计算：

（1）普通股资金成本

普通股资金成本的计算公式为：$K_s = D_1 /[V_0(1-f)] + g$

所以，普通股资金成本 $=500 \times 15\% / 500(1-2\%) + 1\% = 16.31\%$

（2）长期债券资金成本

长期债券资金成本的计算公式为：$K_b = I(1-T)/[B_0(1-f)]$

所以，长期债券资金成本 $=100 \times 12\% \times (1-40\%)/[100 \times (1+10\%)(1-5\%)]$
$$=6.89\%$$

（3）长期借款资金成本

长期借款资金成本的计算公式为：$K_i = I(1-T)/[L(1-f)]$

长期借款资金成本 $=20(1-40\%)/200=6\%$

（4）优先股资金成本

优先股资金成本的计算公式为：$K_p = D/[P_0(1-f)]$

优先股资金成本 $=150 \times 20\%/150 \times (1-2\%)=20.41\%$

（5）留存收益的资金成本

留存收益的资金成本的计算公式为：$K_e = D_1/V_0 + g$

留存收益的资金成本 $=40 \times 15\%/40+1\%=16\%$

企业发行了 500 万元的普通股，第一年的股息率为 15%，估计之后的每年增长率为 1%，这批普通股的筹资费率为 2%。

（二）加权平均资金成本

1.加权平均资金成本的含义

加权平均资金成本指的是某企业的各种资本在其全部资本中所占的比重，这种比重可以采用加权的方式计算出其权数。这种加权平均资金成本的计算方法可以帮助企业确定投资项目的收益率，再决定是否进行投资的重要的参考指数。

2.加权平均资金成本的计算方法

加权平均资金成本的计算方法主要包括三种：账面价值法、目标价值法和市场价值法。账面价值法要根据企业的账簿和企业的资产负债表来确定权数。目标价值法指的是通过企业的财务工作人员对股票、债券等的变动趋势，预计其目标市场价值，再以这些目标市场价值为权数计算加权平均资金成本的方法。市场价值法要依证券市场中债券、股票的市场交易价格来确定权数。

加权平均资金成本一般的计算方法主要可以表示为：

加权平均资金成本（WACC）$= (E/V) \times R_e + (D/V) \times R_d \times (1-T_c)$

其中，R_e 代表的是股本的成本，R_d 代表的是债务的成本，E 代表的是公司股本当前的市场价值，D 代表的是公司债务当前的市场价值，$V=E+D$，E/V 代表的是股本所占融资总数量的百分比，D/V 代表的是债务所占融资总数量的百分比，T_c 代表的是企业所得税税率。

需要注意的是，当我们计算某企业的加权平均资金成本的时候，各个成分的计算值要采用其当时的市面价值，而不是其发行时的面值，因为这两者之间可能存在着很大的差异，这是我们在计算加权平均资金成本额的时候需要注意的一个重要的问题，它关系到估算加权平均资金成本的准确性的高低，对企业做出相关的财务决策有着十分重要的参考价值。

例，在上述例子中，计算了企业来源不同的资金的资金成本，在此基础上计算其平均加权资金成本。

解析：首先，计算的是平均加权资金成本，因此我们需要先列出其各种资金来源的资金的资金成本。

普通股的资金成本为 16.31%，长期债券的资金成本为 6.89%，优先股的资金成本为 20.41%，长期借款的资金成本为 6%，留存收益的资金成本为 16%。

其次，计算其平均加权资金成本。

平均加权资金成本的计算公式为：

$$K_w = \sum_{j=1}^{n} K_j W_j$$

其中，K_w 表示的是加权平均资金成本率，W_j 表示的是第 j 种资金来源的资金占全部资金来源的比重，K_j 表示的是第 j 种资金来源的资金的资金成本率，n 表示的是企业所采用的资金筹集方式的种类。

把数值代入，得出：

加权平均资金成本 =6%×（200/1 000）+6.89%×（110/1 000）+16.31%×
（500/1 000）+20.41%×（150/1 000）+16%（40/1 000）

=6%×20%+6.89%×11%+16.31%×50%+20.41%×15%+1
6%×4%

=13.81%

所以，当企业要进行某项目的投资的时候，收益率在大于 13.81% 的情况下才有获得收益的可能。

（三）边际资金成本

边际资金成本指的是企业没增加单位资金而增加的那部分资金成本，它属于增量资金成本的范畴。通过计算边际资金成本，我们可以确定边际资金成本稳定的范围以及引起边际资金成本发生变化的筹资总额突破点，为企业做出决策提供参考。在进行边际资金成本时，首先要确定目标资金结构，并且按照这一资金结构确定不同筹资渠道与筹资方式的筹资总额；其次要确定不同筹资范围内的资金成本；再次要计算筹资总额的突破点；最后根据筹资总额的突破点，计算边际资金成本。

例：假如你作为某公司的财务工作人员，现在该公司目前的资本结构主要表现为：拥有长期债券的总数额为 1 000 万元，其中每张债券的面值为 1 000 元，债券的票面利率为 5.25%，该批债券的有限使用期限为 10 年，采取的付息方式为每年一次，到期还本，该公司这批债券每张的发行价格为 1 010 元；普通股的总数数额为 1 500 万，股票指数的标准差为 3.0，股票与股票指数收益率的相关系数为 0.5，股票收益率的标准差为 3.9；留存收益的总数额为 1 500 万元，其中国库券的利率为 5%，股票市场的风险附加率为 8%，风险溢价为 5%，公司所得税税率为 25%。在这种条件下，计算该债券的普通股成本（按照资本资产定价模型）、留存收益成本（按照债券收益加风险溢价法）和这批债券的加权平均成本。

解析： 首先，通过分析题目，得知该题计算的是有关资金成本的知识点，如债务资金成本、普通股资金成本、加权平均资金成本等。

其次，数值代入，得知：

1. 该债券按照资本资产定价模型计算的普通股成本公式为：

$$K_c = R_f + \beta(R_m - R_f)$$

其中，R_f 代表的是无风险报酬率，R_m 代表的是市场报酬率，β 代表的是第 i 种股票的贝塔系数。

所以在计算该批债券的普通股成本的时候，需要先计算该股票的 β 系数。根据题目中的数值，得出该股票的贝塔系数为：贝塔系数 $=0.5 \times 3.9/3.0=0.65$。

所以该批债券的普通股成本为：普通股成本 $=5\%+0.65 \times 8\%=10.2\%$

2. 该债券按照债券收益加风险溢价法计算的留存收益成本：

留存收益成本 $=5.12\%+5\%=10.12\%$

3. 这批债券的加权平均成本可以通过计算资本总额，再计算加权平均资金成本。

（1）资本总额 $=1\,000+1\,500+1\,500=4\,000$（万元）

（2）加权平均资金成本 $= \dfrac{1\,000}{4\,000} \times 3.84\% + \dfrac{1\,500}{4\,000} \times 10.2\% + \dfrac{1\,500}{4\,000} \times 10.12\%$

$$=8.58\%$$

故该公司这批债券的加权平均资金成本为 8.58%。

三、财务杠杆

（一）财务杠杆的原理概述

1. 财务杠杆的内涵

财务杠杆指的是因为固定债务利息和优先股股利的存在，从而使得公司普通股每股利润变动幅度大于息税前利润变动幅度的一种现象。财务杠杆也可以指企业在筹集资金的过程中，调整资本结构而给企业带来的额外收益，这种资本结构的调整一般指的是对债务筹资的利用。在这种定义的影响下，企业的财务杠杆就分为两种，一种是正财务杠杆，指的是企业通过负债经营，从而使企业每股利润上升的现象；一种是负财务杠杆，指的是企业通过负债经营，不仅没有使企业每股利润上升，反而出现下降的现象。

通过财务杠杆的定义可以得知，财务杠杆作用的发挥主要是通过债务资金和优先股资金。而由于债务资金和优先股资金的存在，因此必然存在债务利息、优先股股利和融资租赁过程中产生的租金等内容。在通常企业财务管理工作中，债务利息、优先股股利和融资租赁过程中产生的租金又可以合称为固定财务费用。所以，财务的杠杆作用主要是这部分固定的财务费用发挥出来的，从而使得企业的息税前利润增加的时候，企业利润所担负的固定财务费用的总数就会减少，那么普通股股东的每股股票的收益 EPS 就会得到一定程度地增加；当企业的息前税利润减少的时候，企业获得的利润担负的固定财务费用就会增加，那么普通股股东的每股股票的收益就会减少。这样的调节作用就称之为财务杠杆作用。

2.财务杠杆的衡量指标

财务杠杆在发挥作用的时候，企业的管理者或经营者总是希望可以对其作用程度的大小进行调节。在这种要求下，就需要企业的财务工作人员计算出财务杠杆作用的大小。现在财务管理系统中一般通用的财务杠杆作用大小的衡量是有一定的指标的，即财务杠杆系数（DFL）。财务杠杆系数指的就是财务杠杆中随着息税前利润的增加或减少的变化而出现的股东每股收益增加或减少的变化情况。其中，财务杠杆系数的计算公式有两种不同适用情况。第一种情况是在不考虑融资租赁过程中所产生的租金的时候，财务杠杆系数计算中只需要考虑债务利息和优先股的股利，那么其计算公式可以表述为：

$$DFL = \frac{\Delta EPS}{EPS} / \frac{\Delta EBIT}{EBIT} = \frac{EBIT}{EBIT - I - (D/1 - T)}$$

其中，$EPS = \frac{(EBIT - 1)(1 - T) - D}{N}$，$EBIT$ 表示的是企业息税前利润，I 表示的是企业债务利息，D 表示的是企业优先股股利，T 表示的是企业的所得税税率。

在这种不考虑企业融资租赁过程中产生的租金的情况下，企业的财务杠杆系数的大小就可以通过计算企业的息税前利润、债务利息、优先股股利和所得税税率来确定。

需要注意的是，财务杠杆作用的发挥是有一定的前提条件的，即只有企业的息税前利润大于 0 的时候，财务杠杆的作用才能得到发挥。具体来讲，当企业的息税前利润大于零的时候，若企业的息税前利润是增加的情况下，那么股东所获得的每股股票的收益 *EPS* 就会以财务杠杆系数倍增加，这种情形有时候也被称为财务杠杆收益；当企业的息税前利润是减少的情况下，那么股东所获得的每股股票的收益 *EPS* 也会以财务杠杆系数倍减少，这种情形有时候也会被称为财务杠杆风险；当企业的息税前利润为零或者是企业出现亏损的情形的时候，这时候债务利息、优先股股利等固定财务费用并没有财务杠杆的调节作用，这时候财务杠杆系数所带来的全是财务风险，并没有带来财务效益的可能性。

（二）财务杠杆作用在企业经营管理中的应用

财务杠杆作用的存在或发展对于企业来说，是有着十分重要的财务参考价值的。当企业存在息税前利润，并且企业的息税前利润大于零且不断增加的情形出现的时候，对于该企业来说，这个时间点就是可以利用负债资金和优先股等有关资金进行投资的最佳时间，因为这些资金会出现杠杆收益的现象，帮助企业获得收益；当企业有息税前利润且大于零，但是其处于不断降低的情况时，该企业在使用债务资金或者是优先股资金的时候，就要进行一定的权衡，因为不论是债务资金或者是优先股资金的使用都可能会给企业带来财务杠杆的风险，使企业出现亏损；当企业并没有息税前利润的时候，如果强行使用债务资金或者是优先股资金的话，那么该企业就会处于完全财务风险的境遇下，这时候企业面临的就全是财务上的负担，因此在这种状况下，企业对债务资金或者是优先股资金的使用就要十分谨慎，避免加重企业资金运营的风险。

例 1：八佰伴，曾经在全球 16 个国家拥有 400 多家分公司，当时是日本最大的百货公司之一。八佰伴公司在财务上实行的是负债经营，在 20 世纪 90 年代初的时候，八佰伴公司就通过发行大量债券的形式为其筹集资金，而这些债券需要支付的资金成本每年都要高达 100 亿日元。再加上当时日本正处于"泡沫经济"的发展时期，因此八佰伴公司不得不宣布破产。在 1997 年八佰伴公司破产的时候，其负债资金的总数量已经高达 1613 亿日元。这个曾经日本最大的百货公司的破产对公司在财务方面的经营有着十分重要的参考价值。一个企业在决定采用负债经营的时候，必须对本企业的资金成本和资金结构进行分析，不能单纯地为了扩大规模而选择通过发行股票、债券、借款等形式筹集投资某个项目的资金，这样最终会导致企业经营利润的降低，给企业带来财务杠杆风险，不利于企业的长远发展。企业在经营过程中要结合企业的实际状况，实时控制企业的财务风险，尽量避免企业扩张导致的筹资行为给企业带来的财务杠杆风险。

例 2：中国南方航空股份有限公司，作为我国年客运量最大、航线网络最为发达、运输飞机数量最多的航空公司，在 2006 年的时候，该公司的财务工作人员充分利用财务杠杆的作用，在息税前利润大于零并且不断增加的情况下，凭借其 7.56 倍的财务杠杆，中国南方航空股份有限公司的净资产收益率在 2006 年年底达到了 1.17%，比之前的总资产收益率 0.4% 高出了 0.77%。在 2007 年的时候，前三个季度南航的总资产收益率已经达到了 2.58%。这样总资产收益率上的巨大增长得以实现的原因就在于财务杠杆作用的发挥。南航发展的这个事实给予其他企业的重要启示就在于：在企业的财务管理和资本运营的过程中，企业的财务管理工作人员必须能够分辨出何时是企业能充分利用财务杠杆系数来为企业谋取财务杠杆作用充分发挥的时候，提升企业资本运作的有效率，最终提升企业在经营上的效益。

这两个例子给企业的启示就在于：企业负债经营确实是一把双刃剑。当企业的息税前利润在大于零并且不断增加的条件下，此时企业负债经营带来的实际利润率可能会高于其利息率，这部分债务资金带来的就是杠杆收益；当企业的息税前利润大于零且处于不断降低的情况下，此时企业负债经营所带来的实际利润率可能会低于其利息率，这部分债务资金带来的就是杠杆风险。企业的管理者或经营者在做出筹资、投资的决策之前，必须要对本企业的资金成本和资金结构进行充分调研，以便可以合理、科学地运用企业内部的资金或者是债务资金，尽可能地降低资金给企业可能带来的风险，实现企业利润的最大化。

（三）经营杠杆系数

1.经营风险与经营杠杆系数

经营杠杆系数通常用来衡量企业的经营风险。一般情况下，经营风险指的是企业在营业利润上的不确定性。这种不确定性的影响因素主要包括：企业成本结构的变化、企业产品的价格或者是销售量的变化等。经营杠杆系数实际指的就是企业的息税前利润的变动率相当于企业的营业额的变动率的倍数，也可以理解为企业营业额变动 1% 而导致企业息税前利润变化的百分比。企业的经营杠杆系数可以在一定程度上代表着企业的营业杠杆的作用程度，是衡量企业的营业杠杆作用大小的衡量指标。企业的经营杠杆系数的计算公式可以表示为：

$$DOL = (\Delta EBIT - EBIT)/(\Delta Q - Q)$$

其中，DOL 代表的是营业杠杆系数，$EBIT$ 代表的是企业的息税前利润，即企业的营业利润，$\Delta EBIT$ 代表的是企业的营业利润的变动数量，Q 代表的是企业的产销量，ΔQ 代表的是企业的产销量的变动数量。

2.经营杠杆系数的作用原理

经营杠杆系数发生杠杆作用有一个前提条件，在企业其他所有因素不变的情况下，企业的营业额在一定数量或者百分比上的变化会导致企业的利润发生更大程度的变化，这种利润上的变化幅度的范围或者说是百分比大于企业的营业额的总数量或者说是百分比的现象就可以称为企业的杠杆效应。通常情况下，企业的经营杠杆系数越大的时候，此时企业的经营风险也就越大，经营杠杆利益也就越大；当企业的经营杠杆系数越小的时候，此时企业的经营风险也就越小，经营杠杆利益也就越小。经营杠杆利益可以理解为：企业在扩大其产品销售额的时候，因为企业经营成本中固定成本的比例相对降低而给企业带来的更快增长速度的经营利润。但是，当企业的销售额出现盈亏临界点的时候，该企业的经营杠杆系数的变化会出现三种情况。第一种情况，当企业的销售额正好处于企业盈亏临界点前的那个阶段的时候，此时企业的经营杠杆系数会随着企业销售额的增加而增加；第二种情况，当企业的销售额正好处于企业盈亏临界点的时候，此时企业的经营杠杆系数会趋向于无穷大，企业的经营风险也趋向于无穷大；第三种情况，当企业的销售额处于盈亏临界点之后的阶段的时候，企业的经营杠杆系数会随着企业销售额的增加而降低。以上这些关于企业经营杠杆变化的因素对企业的经营有着十分重要的参考意义。在企业的固定成本保持不变的前提下，企业可以采用多种多样的方式来增加企业的销售额，这样的话，企业的利润就能按照经营杠杆系数的倍数增加，为企业的发展带来杠杆利益，提高企业获得收益的可能性。

3.经营杠杆系数在企业经营管理中的作用

经营杠杆系数的存在和发展可以在很大程度上影响企业的经营效益，因此企业在进行具体运营的时候，必须合理、科学地利用企业的经营杠杆系数，正确发挥企业的经营杠杆作用，为企业带来最大的利润或者是价值。当企业的销售额增长幅度较大的时候或者是市场处于高速发展阶段的时候，企业可以通过增加固定成本或者减少变动资本的支出等形式来提升企业的经营杠杆系数，使其发挥杠杆作用；当企业的销售额增长幅度较低或者是市场处于萎靡不振阶段的时候，企业可以通过降低固定成本的支出来降低企业的经营杠杆系数，减少企业的经营风险，避免杠杆风险发生的概率或者降低其风险的影响范围。

例1：假如你作为某公司的财务工作人员，现在你所在的公司在2014年的时候，其产品的总销量为1万件，利润为10万元；在2015年的时候，其产品的销售量为1.2万件，利润为20万元。那么，该公司的经营杠杆系数是多少呢？

解析： 首先，通过分析题目我们可以知道，这是一道典型的计算公司的经营杠杆系数大小的题目。因此，我们首先要列出企业经营杠杆系数的计算公式：

$$DOL = (\Delta EBIT - EBIT)/(\Delta Q - Q)$$

其中，DOL 代表的是营业杠杆系数，$EBIT$ 代表的是企业的息税前利润，即企业的营业利润，$\Delta EBIT$ 代表的是企业的营业利润的变动数量，Q 代表的是企业的产销量，ΔQ 代表的是企业的产销量的变动数量。

其次，代入数值，得出：

$\Delta EBIT$=100 000，ΔQ=2 000

DOL=（100 000÷100 000）÷（2 000÷10 000）=5

故该企业的经营杠杆系数为5。也可以理解为，在该企业其他条件不变的前提下，该企业的产销量每变化一倍的时候，其利润会按照五倍的比例发生相应地变化。

例2：假如某企业在 2011 年的时候营业利润是 1 000 万元，该企业计划其 2012 年的销售量要比 2011 年上涨 15%，且该企业的经营杠杆系数为 2，那么该企业在 2012 年的营业利润是多少呢？

解析： 首先，通过分析题目，我们得知，这是一道在知道了企业的经营杠杆系数的前提下，计算企业的营业利润的题目，也就是财务杠杆系数影响企业营业利润的计算题。因此，我们需要列出财务杠杆系数的计算公式及其营业利润的计算公式。

财务杠杆系数的计算公式可以表示为：

$$DOL = (\Delta EBIT - EBIT)/(\Delta Q - Q)$$

其中，DOL 代表的是营业杠杆系数，$EBIT$ 代表的是企业的息税前利润，即企业的营业利润，$\Delta EBIT$ 代表的是企业的营业利润的变动数量，Q 代表的是企业的产销量，ΔQ 代表的是企业的产销量的变动数量。

营业利润的计算公式可以表示为：

营业利润 = 基期营业利润 ×（1+ 企业产销量变动率 × 企业的经营杠杆系数）

其次，代入数值，得出：

营业利润 =1 000（1+15%）=1 150（万元）

故该企业在 2012 年销量上涨 15% 的条件下，预期的营业利润为 1 150 万元。

四、资金结构

资金结构有时候也被称作资本结构，指的是企业中各种资金的构成或者比例关系。其中，资金结构也有着广义或者是狭义上的区分。广义上的资金结构指的是企业长期的资金和短期的资金的资金结构；狭义上的资金结构指的是企业的长期资金的资金结构。

（一）资金结构的理论

资金结构的理论主要包括：平衡理论、净收益理论、净营业收益理论和等级筹资理论等。

平衡理论指的是当企业的负债成本达到一定的临界点的时候，此时企业的负债税额庇护利息会被企业的财务成本所抵消，此时企业的价值是增加的，因此该理论认为企业中存在的最佳资金结构，而企业的经营者或管理者需要做的就是找到最佳的资金结构。在这种理论的指导下，企业最佳的资金结构就是当企业的边际负债税额庇护利益和企业的边际财务危机成本相等的时候，企业的价值可以实现最大化。

净收益理论指的是企业的负债成本越高的时候，企业的价值越大。该种理论认为，一方面，企业的权益资金成本要高于企业的债务资金成本，因此企业负债经营的话可以在很大程度上降低企业的综合资金成本；另一方面，企业的负债程度是和企业的综合资金成本成反比的。也就是说，当企业的负债程度越高的时候，企业的综合资金成本是越低的，此时企业的价值可以达到最大化；当企业的负债程度越低的时候，企业的综合资金成本是越高的，此时企业的价值是最低的。按照这种净收益的理论，当企业处于100%的负债经营的时候，企业的综合资金成本是最低的，这时候企业的价值可以实现最大化。可是在现实生活中，这种理论明显是不可能实现的。所以，净收益理论是早期企业价值理论中的一种极端的假设情况，因为这种理论假设企业能够以固定的利率实现无限额的融资，并且投资者对该企业的期望的报酬率也是不变的，在这样的一种假设条件下，企业的价值会随着企业债务资本的增加而不断增加。可是在现实的企业运营过程中，这种假设的情况是不存在的，因此该理论也就没有实际操作的可能性。

净营业收益理论指的是企业的资金结构与企业的价值没有直接或者是间接的关系，企业价值的大小是由企业的净营业收益来决定的，因此并不存在所谓的最佳资金结构。净营业收益理论作为早期的一种资本结构理论，它的提出是建立在一定的假设基础上的。该理论假设企业的负债资本的成本是固定不变的，可是企业的权益资本会随着企业负债成本的加剧而增加。具体来讲，当企业的负债成本的比重增加的时候，相应的企业中的投资者承担的风险也会增加，因此企业利润分配的过程中分配给股东的利润就会增加；同时，企业权益资本的成本又是高于企业的负债资本的成本比例的，所以企业负债资本的增加在一定程度上带来的企业综合资金成本的降低就会和企业权益资本的增加所带来的企业综合资金成本的增加而相互抵消。因此，这种理论认为企业的负债资本的增加或者是减低和权益资本的增加或者是降低这种企业资金结构的变化，并未给企业的综合资金成本带来实质上的变化，因此企业并不存在最佳资金结构，企业的经营者或者是管理者要想增加企业的盈利能力，应该着重关注企业的净营业收益。通过改变企业的经营方式或者是其他的手段，提升企业的营业收益，最终提高企业的价值。

等级筹资理论指的是企业的负债经营存在着不同的等级效应。第一种等级效应，当企业的负债越多的时候，企业的价值增加的就会越多。这主要是因为企业所得税节税利益的存在，这种情形下企业的负债经营可以增加企业的价值；第二种等级效应，当企业的负债越多的时候，企业价值降低的程度就会越大。这主要是因为财务危机或者是代理的成本期望值的现值会导致企业价值的降低。这种理论承认并不存在明显的资本结构。等级筹资理论对企业管理者或者是经营者的启示就在于：企业筹资的时候并不一定要利用发行股票的形式，因为股票发行的时候所需要付出的成本并不是最低的，还会给企业的经营者带来非常大的经营压力。因此，企业在进行筹资的时候，最佳的方式为：企业内部的资金、长期借款、发行债券或可转换债券、发行股票等。企业通过选择发行债券或者是长期借款的形式，既可以改变企业的资金结构，也不会给企业的经营者带来非常大的经营压力，有可能实现企业价值的最大化。

（二）最佳资金结构的确定方法

通常情况下，最佳资金结构指的是企业通过对企业资金的调整，从而使得企业的加权平均资金成本最低，最有利于实现企业价值最大化的一种调整资金结构后的结果。现在通用的关于最佳资金结构的方法主要有三种：比较资金成本法、每股利润无差别点法及公司价值分析法。

1.比较资金成本法

（1）比较资金成本法的内涵

比较资金成本法指的是企业的财务工作人员首先确定几个备选方案，再通过计算每个备选方案的加权平均资金成本，企业的经营者通过综合比较这些方案的加权平均资金成本并结合企业的发展现状，选择最佳的资金结构的一种方法。使用比较资金成本法确定企业的最佳资金结构的时候，也要满足一定的前提条件：一方面企业能够通过债务的形式进行筹资，另一个方面是企业要具备一定的偿还能力。企业的资本结构决策主要包括企业利用债务筹资和追加筹资这两种情况。因此，企业的财务工作人员在具体运用比较资金成本法的时候，就必须分为两种不同的情况计算企业的最佳资金结构。

（2）比较资金成本法的计算方法

比较资金成本法在具体运用的时候，主要有两种方法：一种方法是企业的财务工作人员通过直接计算各个备选筹资方案中追加筹资方案的边际资金成本，然后选择出最佳的资金结构方案；另一种方法是企业的财务工作人员通过比较各个备选方案中追加筹资方案与企业原有的最优资金结构，计算各个备选方案中资本结构的综合资金成本，然后选择出最佳的资金结构方案。

（3）比较资金成本法在企业经营管理中的具体应用

例1：假设你为某企业的财务工作人员，现在该企业打算筹资5 000万元，现在公司有两个筹资方案可以供企业的经营者进行选择，你需要通过计算来帮助他们选择出最佳资金结构。

当企业采用长期借款的方式进行资金筹集的时候，甲方案需借款1 000万元，乙方案需借款1 500万元，此时企业的资金成本为10%；当企业采用发行股票的方式进行资金筹集的时候，甲方案需要发行股票的总价值为4 000万元，乙方案需要发行股票的总价值为3 500万元，此时公司的资金成本为14%，那么公司的最佳资金结构是甲方案还是乙方案呢？

解析：首先，分析题目我们可以得知，当企业已经确定个别资本的成本率，在确定企业最佳资金结构的时候，企业综合资金成本率的大小主要是由各种筹资方式的筹资总额占全部筹资总额的比重的大小来决定的。上述题目中，最佳资金结构计算的是企业的初始资金结构决策，因此我们需要计算甲、乙方案各自的综合资金成本率。

其次，通过计算我们得出，乙方案的综合资金成本率要小于甲方案的综合资金成本率，因此甲方案筹集到的资金所形成的资金结构为最佳资金结构。

例2：假设你为某企业的财务工作人员，现在该企业决定对某投资项目进行追加投资，相应的企业就需要追加一部分筹资，这时企业的资金结构也会发生一定程度的变化。在上个题目的基础上，企业需要追加的筹资总额为2 000万元。追加筹资丙方案为利用长期借款的形式筹集到1 000万元，丁方案利用长期借款的形式筹集到500万元，此时企业的资金成本为8%；追加筹资丙方案利用发行股票的方式需要发行股票的总价值为1 000万元，追加筹资丁方案利用发行股票的方式需要发行股票的总价值为1 500万元，此时企业的资金成本为12.5%。那么那种方案为最佳的追加筹资方案呢？

解析：首先，这是一道用比较资本成本法选择最佳追加筹资方案的计算题。在计算最佳追加筹资方案的时候，我们共需要两个步骤：第一步，计算各种筹资方式的综合资金成本率；第二步，计算追加资金结构的综合资金成本率。

其次，通过计算后比较丙方案与丁方案，我们得知丁方案追加资金后的综合资金成本率高于丙方案追加资金后的综合资金成本率，因此丙方案为最佳的追加筹资方案，这样企业才会形成最佳的资金结构。

需要我们注意的是，企业的财务工作人员在具体运用比较资本成本法来确定企业的最佳资金结构时存在着一些缺陷。如在运用比较资本成本法比较各个备选方案的初始资金结构和追加后的资金结构的时候，没有考虑到财务风险增加的可能性，因此在企业确定最佳资金结构时，就存在着一定的不确定性。此外，企业的财务工作人员在计算最佳资金结构时，并不能直接反映出公司的市场价值。因此，在确定最佳资金结构时，可能会和企业的实际情况存在着一定程度上的偏差。

2.每股利润无差别点法

（1）每股利润无差别点法的概念

每股利润无差别点法指的是通过对企业每股利润的变化情况来判断企业的资金结构是否合理的一种方法。通常情况下，这里的每股利润指的是普通股的每股利润，因为优先股的股利是固定的。在每股利润无差别点法的计算结果中，能够提高企业的每股利润的资金结构是合理的，不能够提高企业每股利润的资金结构则是不合理的。

（2）每股利润无差别点法的计算方法

每股利润无差别点法在计算过程中，不仅要考虑企业的资金结构，而且还要考虑企业的息税前利润。因为一方面企业的负债能力是建立在企业的盈利能力基础上的，研究企业的资金结构必须要分析企业的获利能力，而在通常情况下，企业未来的盈利能力一般可以用企业的息税前利润（$EBIT$）来表示；另一方面，企业在负债经营的时候，负债筹资可以在一定程度上通过杠杆作用来影响企业的投资者分配到利润的大小，因此在确定企业资金结构的时候也必须考虑到它对投资者所分配到利润多少的影响，而这种影响一般可以用每股利润（EPS）来表示。所以，每股利润无差别点法的计算公式可以表示为：

$$EPS_{股}=EPS_{债}$$

① 每股利润（EPS）的计算公式为：

$$EPS = \frac{净利润-优先股股利}{普通股股数} = \frac{(EBIT-I)(1-T)-D}{N}$$

其中，EPS 代表的是每股利润，$EBIT$ 代表的是企业的息税前利润，I 代表的是企业的利息，D 代表的是企业的优先股股利，T 代表的是企业的所得税税率，N 代表的是企业的普通股股数。

② 发行普通股股票进行筹资的时候，每股利润（EPS）的计算公式可以表示为：

$$EPS_{股} = \frac{(EBIT - I_{原}) \times (1-T) - D}{N_{原} + \Delta N}$$

其中，$EPS_{股}$代表的是企业发行普通股股票筹资时的每股利润，$EBIT$代表的是企业的息税前利润，$I_{原}$代表的是企业原来的利息，D代表的是企业的优先股股利，T代表的是企业的所得税税率，$N_{原}$代表的是企业原来的普通股股数。

③ 负债筹资时每股利润（EPS）的计算公式可以表示为：

$$EPS_{债} = \frac{[EBIT - (I_{原} + \Delta I)] \times (1-T) - D}{N_{原}}$$

其中，$EPS_{债}$代表的是企业负债筹资时的每股利润，$EBIT$代表的是企业的息税前利润，$I_{原}$代表的是企业原来的利息，D代表的是企业的优先股股利，T代表的是企业的所得税税率，$N_{原}$代表的是企业原来的普通股股数。

④ 每股利润无差别点法的计算公式可以表示为：

$$\frac{(\overline{EBIT} - I_{原})(1-T) - D}{N_{原} + \Delta N} = \frac{(\overline{EBIT} - I_{原} - \Delta I)(1-T) - D}{N_{原}}$$

其中，$\overline{EBIT}$代表的是企业的息前税前利润，$I_{原}$代表的是企业原来的利息，D代表的是企业的优先股股利，T代表的是企业的所得税税率，$N_{原}$代表的是企业原来的普通股股数。

（3）每股利润无差别点法在企业经营管理中的应用

例1：假如你作为某公司的财务工作人员，现在公司准备为某一个投资项目增加2 500万元，现在公司共有两个备选的筹资方案进行选择，通过每股利润无差别点的计算方法帮助公司选择最佳的一个筹资方案。

已知条件：该公司通过发行普通股的方式已经筹集到4 500万元的资金，共发行了4 500万股，公司的留存收益为2 000万元，公司通过长期债券的形式筹集到的资金总额为1 000万元，其中年利率为8%。

现在公司追加筹资方案：甲方案发行债券，其中需要发行的债券总价值为2 500万元，付息方式为每年年末付息，债券的票面利率为10%；乙方案通过发行1 000万股的普通股，其中普通股每股的市价为2.5元。此时，企业的所得税税率为33%。在甲方案还是乙方案中，哪种方案为公司的最佳筹资方案呢？

解析：首先，分析题目我们得知，该题目需要我们通过运用每股利润无差别点法的方法计算，选出企业的最佳筹资方案。而每股利润无差别点法的计算公式可以表示为：

$$\frac{\overline{(EBIT - I_{原})}(1-T)-D}{N_{原}+\Delta N} = \frac{\overline{(EBIT - I_{原}-\Delta I)}(1-T)-D}{N_{原}}$$

其中，$\overline{EBIT}$代表的是企业的息税前利润，$I_{原}$代表的是企业原来的利息，D代表的是企业的优先股股利，T代表的是企业的所得税税率，$N_{原}$代表的是企业原来的普通股股数。

其次，代入数值，得出：

$$\frac{\overline{(EBIT-1000\times8\%)}(1-33\%)}{4500+1000} = \frac{\overline{(EBIT-1000\times8\%-2500\times10\%)}\times(1-33\%)}{4500}$$

$\overline{EBIT} = 1\ 455$（万元）

发行普通股进行筹资的每股利润（EPS）的计算公式为：

$$EPS_{股} = \frac{(EBIT-I_{原})\times(1-T)-D}{N_{原}+\Delta N}$$

其中，$EPS_{股}$代表的是企业发行普通股股票筹资时的每股利润，$EBIT$代表的是企业的息税前利润，$I_{原}$代表的是企业原来的利息，D代表的是企业的优先股股利，T代表的是企业的所得税税率，$N_{原}$代表的是企业原来的普通股股数。

发行普通股进行筹资的每股利润（EPS）$= \dfrac{(1\ 455-1\ 000\times8\%)(1-33\%)}{4\ 500+1\ 000} = 0.1675$（元/股）

通过负债进行筹资的每股利润（EPS）的计算公式可以表示为：

$$EPS_{债} = \frac{[EBIT-(I_{原}+\Delta I)]\times(1-T)-D}{N_{原}}$$

其中，$EPS_{债}$代表的是企业负债筹资时的每股利润，$EBIT$代表的是企业的息税前利润，$I_{原}$代表的是企业原来的利息，D代表的是企业的优先股股利，T代表的是企业的所得税税率，$N_{原}$代表的是企业原来的普通股股数。

通过负债进行筹资的每股利润（EPS）$= \dfrac{(1\ 455-1\ 000\times8\%-2\ 500\times10\%)(1-33\%)}{4\ 500} = 0.1675$（元/股）

最后，通过对发行普通股进行追加筹资和通过发行债券进行追加筹资，在企业息税前利润为1 455万元的时候，企业每股利润是一致的。

（4）每股利润无差别点法对企业经营者的启示

每股利润无差别点法是指使企业在追加权益资金进行筹资后的每股利润和企业追加负债筹资后的每股利润的息税前利润水平相等的情况。这个定义中涉及到企业的息税前利润和企业的资金结构，而企业的息税前利润和企业的资金结构对企业选择何种筹资方式有着重要的参考价值。当企业的息税前利润大于企业每股利润无差别点的时候，企业采用负债进行筹资的方式会给企业带来较高的利润，这时企业的每股利润水平较高；当企业的息税前利润小于企业每股利润无差别点的时候，企业采用发行普通股进行筹资的方式会给企业带来较高的利润，这时企业的每股利润水平相对较高；当企业的息税前利润和企业的每股利润无差别点相等的时候，企业采用发行普通股进行筹资或者采用负债的方式进行筹资的方式给企业带来的利润是相等的，因此其每股利润也是相等的，这时候这两种筹资方式没有区别。因此，企业在选择何种方式进行筹资之前，需要对企业的息税前利润和每股利润无差别点进行计算，选择更加有利于企业长远发展的筹资方式。需要注意的是，在采用企业每股利润无差别点的计算方法计算企业通过发行普通股进行筹资的方式或者是企业利用负债的方式进行筹资的时候，只考虑到了资金结构对企业每股利润的影响，而忽略了企业的资金结构可能带来的风险，因此这种计算方法在运用的时候也可能会出现一定的偏差。

3.公司价值分析法

公司价值分析法有时候也可以称作公司价值法。通常情况下，公司价值分析法是通过计算公司各种资金结构下的公司的市场总价值，来确定公司最佳资金结构的一种方法。在这种分析方法的指导下，公司最佳的资金结构就是公司市场总价值最大、综合资金成本最低的资金结构。其计算方法可以表述为：公司股票的总价值和公司债券的总价值之和。

在运用公司价值分析法确定公司最佳的资金结构的时候，大致有三个步骤：第一个步骤，计算公司的市场总价值。把公司股票的总价值和公司债券的总价值按照现在市面上的价值进行一定的折算，计算出公司的市场总价值；第二个步骤，计算公司的综合资金成本率。公司的综合资金成本率可以用公司普通股资金成本和公司长期的债券资金成本的加权平均数来表示；第三个步骤，计算出不同的资金结构下的公司的市场总价值及其综合资金成本，选择出最佳的资金结构，以便实现企业价值的最大化。

例1：假如你为某公司的财务工作人员，现在该公司的权益资金为 2 000 万元，普通股的成本为 15%。息税前利润为 500 万元，债务资金为 200 万元，债务资金成本为 7%。此时企业所得税税率为 30%，那么采用公司价值分析法分析公司的股票市场价值为多少？

解析：首先，分析题目得知，这道题目计算的是公司股票的市场价值，并且采用的计算方法为公司价值分析法，而公司价值分析法中股票市场价值的计算公式可以表示为：

$$S = \frac{(EBIT - I)(1 - T)}{K_s}$$

其中，S 表示的是公司股票的市场价值，$EBIT$ 代表的是公司的息税前利润，I 代表的是公司的债务利息，T 代表的是公司的所得税税率，K_s 代表的是公司普通股资金成本率。

由于题目中没有给出公司的债务利息，只是给出了企业的债务资金成本，而债务资金成本和企业的债务利息是不相同的。题目中并未给出利率和资金成本的转换比例，因此在计算企业债务利息的时候，可以把税前的资金成本看作是公司的债务利率，即公司的债务利率为 7%（1-30%），那么公司的债务利息就可以表示为：债务利息 =200 × 7%（1-30%）=9.8。

其次，代入数值，得出：

$$股票市场价值 = \frac{[500 - 200 \times 7\%(1-30\%)](1-30\%)}{15\%}$$

$$=2\,240（万元）$$

故该公司股票的市场价值为 2 240 万元。

（三）如何优化企业的资金结构

企业的资金结构是企业的资产结构和企业的负债结构的一个总体性的分析。企业的资产结构和企业的负债结构的比例对企业的经营有着十分深远的影响，因此，企业的经营者在经营过程中，要实时注意优化企业的资金结构。

1. 影响企业资金结构的因素

要优化企业的资金结构，必须要了解影响企业资金结构的主要因素，其可以分为内部因素和外部因素。内部因素主要是指企业内部的影响因素，如企业的资产结构、企业经营的稳定性和企业未来的销售增长的可能性等；外部因素主要是指企业之外影响企业资金结构的因素，如国家的税收政策、银行的贷款制度、证券市场的发展状况及行业发展状况等。

2. 企业资金结构优化的基本原则

企业在进行优化资金结构的时候，必须遵照一定的基本原则进行优化，这样才有可能最大限度地实现优化本企业资金结构的目的。目前通用的企业资金结构优化的原则主要包括三个：

第一，弹性原则。这种弹性并不限定在某一个特殊的内容上，而是包括时间弹性、转换弹性和转让弹性。时间弹性主要是指企业在进行筹资的时候，各种筹资方式筹集到的资金的使用期限是否具有灵活性。如果筹集到的资金的使用期限是有弹性的，那么当企业的投资项目在并未获得收益的情况下，企业可以适当地对这部分资金的使用期限进行延长，当企业的投资项目获利的时候，企业就可以及时地偿还这部分资金，而不是当这部分资金使用期限到的时候，企业必须从项目中撤资或者是通过另外的筹资方式再筹集一部分资金来偿还这一部分资金。这种时间上的弹性，一方面可以保障企业投资项目的顺利运行，另一方面也避免了企业重新选择筹资方式进行筹资的举动。转换弹性主要指的是企业在进行筹资的时候，能否把筹集到的资金形式转换为另一种资金形式，现在常见的是可转换债券。可转换债券是债券的一种表现形式，它可以从债券的形式通过附加期权的形式，转换为某一种股票。这种转换债券的形式可以在很大程度上弥补利率低的不足，同时债券的风险也会降低。当其转换的股票价格上涨的时候，债券价格也会随之上涨；当其转换的股票价格下降的时候，转换债券又具有一般债券的保底的特性，因此转换债券价格下降的程度要低于股票价格下降的幅度，且其可以使投资者获得最低收益权的保障。因此，企业的资金结构具有转换弹性的时候，企业经营者在具体运作企业的资金的时候，相对的风险就会降低，企业获利的可能性就会增大。转让弹性指的是企业通过各种筹资渠道和筹资方式筹集到的资金形式能否在市场上进行交易。如证券可以在证券交易市场进行买卖、转让或者是流通等交易。这种交易的形式一方面可以为证券的原持有者将证券折现，另一方面也可以为证券购买者提供新的投资机会。企业的经营者在对企业的资金结构进行分析的时候，如果发现企业的负债经营所占企业总资金的比重过大，则可以通过这种转让机制来调整企业的资金结构，形成企业最佳的资金结构。

第二，存量调整和增量注入相结合的原则。企业资金结构的调整是一个动态的而不是一个静态的过程。企业资金结构的这种动态的过程要求企业的经营者在调整企业的资金结构的时候必须要采取存量调整和增量注入相结合的原则。其中，企业的存量调整的方法主要包括：债券转换为股票、股票转换为债券，调整权益资金结构及现有负债结构的比例等内容。企业增量注入的方法主要为：企业发行新的股票、借款及融资租赁等形式。在坚持存量调整和增量注入相结合的原则下对公司的资金结构进行调整的话，才有可能确定适合公司的最佳的资金结构，最终实现企业价值的最大化。

第三，资金成本最小化原则。资金成本最小化原则指的就是企业在调整资金结构的时候，必须满足企业的资金成本最低的原则。资金成本最低就要求企业通过各种渠道和形式筹集到的资金的加权平均资金成本最低，同时满足企业价值最大的要求。因此企业的经营者在调整企业的资金结构的时候，并不是说随心所欲地进行调整，而是应该满足在不降低企业经营水平的条件下，最大限度地降低企业的加权平均资金成本，使企业有实现价值最大化的可能。

3.优化企业资金结构的主要措施

企业的经营者优化企业的资金结构的主要目的在于确定企业的最佳资金结构。通俗来讲，最佳资金结构指的是企业通过调整企业筹集到的资金的资金结构，从而满足企业在不降低其经营水平的条件下，同时实现企业综合资金成本率最低、企业价值最大化的一种资金结构。这种最佳的资金结构需要企业的经营者充分考虑企业的资金成本、企业价值、财务风险与财务杠杆系数、经营风险与经营杠杆系数等内容，找寻到这些内容实现最佳比例的资金结构。因此，要想优化企业的资金结构，企业的经营者必须对上述内容进行一定程度的调整，以便确定企业最佳的资金结构。

（1）政府方面

政府的税收政策和银行的贷款制度对企业的资金结构有着很大的影响。政府现行的税收政策中规定企业的负债利息可以在税前进行支付，因此企业选择负债经营的话，可以得到节税的好处。银行现行的贷款制度中的"税前还贷"的制度在很大程度上难以抑制银行信用膨胀的现象，因此企业会选择高负债经营。所以政府和银行方面的政策或制度对优化企业的资金结构有着十分明显的作用。政府可以通过加强对证券市场和有关债务问题的监管，为企业的发展营造一个公平、合理的市场环境，这样有利于把企业的资金结构引入良性发展的轨道。同时，政府也可以通过减少其行政管理的范围，为企业的发展提供更多的自主性发展，使企业的经营者可以自己把握本企业的资金结构的优化程度，使之最适合企业的发展。

（2）企业方面

在优化企业的资金结构的时候，政府或者是银行机构在政策或者是制度上的调整只是对财务大环境方面进行的改善，关键是需要企业内部进行资金结构的相关调整，以便确定企业的最佳资金结构。其中，企业需要调整三方面的关系来不断优化企业的资金结构。

第一，优化企业内部负债资金的结构。负债资金的结构指的是企业负债中各种负债方式的资金额的比例关系。我们以短期负债资金的比例关系为例，具体阐述短期负债对企业资金结构的影响。首先，短期负债资金是每个企业筹资方式中资金成本最低，但是也会给企业带来最大风险的一种融资方式，因此企业中短期负债资金的多少在很大程度上会影响企业的价值大小。其次，短期负债会给企业的经营者带来较大的偿债压力，在这种偿债压力的影响下，企业的经营者可能会被迫做出不利于公司长远发展的决策，给企业带来财务上的风险，甚至有可能导致企业的最终破产。最后，短期负债资金虽然是经过短期负债的方式进行筹资的，但是短期负债资金在企业中一般都是被长期使用的，如企业中的产品储备、原材料储备等。因此，短期负债资金的比例是否合适会对企业的正常运营有着十分明显的影响，企业的经营者要对企业中短期负债资金的比例进行合理调控，使之满足企业长远发展的需求。此外，企业的经营者在确定企业的负债结构时，要在充分考虑到在短期负债资金的基础上，重视企业的短期负债资金与长期负债资金的比例关系，采用简单最低限额法、简单最高限额法及加权平均法等计算方法，确定企业内部最佳的负债资金结构，为企业最佳资金结构的确定提供一定的基础支持。

第二，调整企业内部权益资金结构。权益资金结构指的是所有者权益内部的各种比例关系。权益资金中各种权益资金比例关系的不同，会对企业的价值产生很大的影响，因此在优化企业资金结构的时候，必须要对企业内部的权益资金结构进行一定的调整。权益资金中的资金成本指标、所有者权益比率、公积金与所有者权益比率、优先股与股本比率等的比例关系是评价企业内部权益结构是否优化的重要指标。如企业的所有者权益比率，它主要表现的是所有者对企业资产的净权益，即企业流通的资金中有多少是属于所有者的。当企业所有者的权益比率越高的时候，企业的所有者对企业的控制权就越强，此时债权人对企业的信用能力是十分相信的，因此企业的偿债压力相对就小一点；当企业所有者权益结构失衡的情况下，企业的所有者对企业的控制权就越小，此时企业的偿债压力相对就会大一些，会在一定程度上提高企业的融资成本。因此，企业的经营者在调整所有者权益比率的时候，必须要寻找一种风险相对较小，且资金成本也相对较低的所有者权益结构，使企业整个资金结构最优。

第三，协调企业的负债资金和权益资金的关系。通过对负债资金和权益资金结构的描述，我们已经了解到，企业的负债资金或者是权益资金对企业最佳资金结构的确定的影响作用十分凸显。而企业的负债资金和权益资金的比例多少并不是由经营者来随便定的，而是要依据大的财务环境和企业自身发展状况来确定的。当企业的发展正处于繁荣时期的时候，该企业可以适当地扩大其负债资金的比例，相应的企业的权益资金的比例就会降低；当企业的发展处于萎靡不振或者是萧条期的时候，该企业就要采取发行优先股或者是普通股股票的形式来调整企业的资金结构，避免由于需要支付固定利息的负债资金筹集方式加大企业债务危机或财务风险的可能性。

第二节　企业营运资本的管理方法

企业营运资本指的是企业的日常的流动资本，是维持企业正常运营的重要基础，对企业的发展有着十分重要的作用。因此，企业在进行资本运营的过程中，要在了解营运资本内涵和特点的基础上，掌握企业营运资本管理的理念及内容，确定企业营运资本管理的目标及重要性，从而加强对企业资本运营的管理方法的研究，为企业科学、合理地运营资本提供重要的指导价值。

一、企业营运资本的内涵和特点

（一）企业营运资本的内涵

一般来讲，企业营运资本有着广义和狭义上的区分。广义上的营运资本指的是企业的流动资产的总数额，包括企业流动着的所有资产，如应付票据、预收票据、应收账款、存货等占用的资金。狭义上的营运资本指的是企业流动资产的总数额减去企业的流动负债数额之后的流动资产。其中，流动负债有时候也可以称为短期融资，如应付票据、应付工资、应付账款和应付税金等。现在在企业中通用的营运资本的概念是狭义的营运资本的概念，因为它可以在一定程度上反映出企业的流动资产与企业的流动负债资产之间的比例关系，这样可以避免企业发生流动性问题的程度。

（二）企业营运资本的特点

1.折现能力强

从企业营运资本的概念，我们可以得知，企业营运资本的折现能力都比较强。折现能力具体指的就是企业的营运资本在短期内能够被转换或出售，从而转变为现金资产。营运资本的这种特性，在企业出现经济状况的时候，可以及时地进行变现，利用这部分变现的资本帮助企业解决当前的发展困境，维持企业正常的运营和提高企业再发展的可能性。因此，企业的经营者在管理企业的营运资本的时候，必须保持营运资本在企业总资本中的合理比例，解决企业出现临时性的资金需求的难题。

2.周转时间短

企业营运资本是企业流通中的资产，因此其周转时间一般都比较短，周转速度也相对较快，对企业的生产经营活动起着十分重要的作用。当企业出现资金缺口的时候，企业的经营者可以通过短期的筹资方式帮助企业筹集到相应的资金，解决企业当前的发展瓶颈，且不用承担长期负债的偿债压力，因此有利于企业的长远发展。

3.来源多样性

企业营运资本的筹集方式既可以通过长期筹资的方式，也可以通过短期筹资的方式。长期筹资的方式主要包括长期借款、发行股票和债券等形式；短期筹资的方式主要包括短期借款、预收账款、短期融资、预提款项和票据贴现等。这种营运资本来源的多样性可以在一定程度上避免企业单一筹资方式的弊端，同时也有着筹资速度快的特点，可以快速解决企业筹资的需要。

4.资本波动幅度大

营运资本指的是企业流通中的资金，因此它比较容易受到企业内外部环境的影响，出现数量上的波动。企业中营运资本的表现形式有现金形态和非现金形态。现金形态的营运资本会受到国家的财政政策和货币政策的影响，也会受到通货膨胀和通货紧缩的影响，出现较大的波动幅度。非现金形态主要是指存货、短期有价证券等，如存货会受到销售市场、竞争对手等的影响，短期有价证券会受到国家有关证券政策、企业的经营状况和发展状况的影响。因此，企业的营运资本的波动幅度是非常大的，这就启示企业的经营者要对企业的营运资本进行实时监控，实时调整企业的营运资本，使之最适合企业的发展需求。

二、企业营运资本管理的理念及内容

（一）企业营运资本管理的理念

企业营运资本的灵活性和复杂性决定了企业的经营者在对其管理的时候要遵循一定的理念，避免对企业营运资本管理的盲目性，实现对其的有序管理。在这里，我们主要介绍三种常用的企业营运资本管理的理念。

1.成本理念

在现实生活中，成本与风险是互相影响的两个因素。成本对风险有很重要的影响，风险对成本也有着十分明显的作用。具体到企业的营运资本管理中，当要求企业的营运资本的风险最低的时候，就要提高企业的流动资产的总数额，同时降低企业的流动负债在企业总的流动资产中所占的比重，这样一来，企业营运资本的综合成本就要大幅上涨，会在很大程度上降低企业的整体效益。当要求企业的营运资本的成本最低的时候，此时企业中流动资产的总数额就要降低，同时企业的流动负债在企业总的流动资产中的比重就要上升，这样的话，企业的营运资本的综合成本会下降，但是企业承担的债务负担和财务风险就会加大，不利于企业的长远发展。因此，企业的经营者在对企业的营运资本进行管理的时候，一个重要的管理理念就是要找到企业经营风险和经营成本的最佳交叉点，达到在充分保障企业的风险在可以承受的范围内或者是风险最小的时候，确保企业营运资本的成本是最低的。其中，企业的营运资本的成本主要包含以下四种：机会成本、管理成本、利息成本和损失成本。

（1）机会成本

机会成本实质上是企业做出放弃收益的决策时，所必须付出的成本或代价。机会成本通常是用预期收益率来进行计算的。机会成本是企业的流通资金在有投资价值的时候才会出现的。因此，企业的经营者在进行营运资本的管理的时候，必须重视企业的机会成本，因为它是评价企业的投资项目是否可行的一个重要指标。

（2）管理成本

管理成本指的是企业在对营运资本的管理过程中所必须支付的那部分资本，如从事企业流动资产管理的工作人员的工资待遇和相关福利等。企业的管理成本在企业的营运资本中也占据着十分重要的比例，因此加强对管理成本的管理可以在很大程度上强化企业的营运资本管理。

（3）利息成本

利息成本有时候也称作时间价值成本。利息成本指的是企业通过各种渠道和各种方式在筹集到资金并以各种形式占有这部分筹集资金的时候，都必须要付出一定的利息成本或代价。利息成本的出现是因为市场中存在着资金平均利息率，所以任何企业不论以何种方式占有筹集资金的时候，都必须为这部分资金支付一定的利息，来弥补资金的时间价值。如企业支付短期借款或者是应付票据时必须支付的那部分成本；通货膨胀等造成的物价上涨影响到货币的购买力，使得企业出现大量存货，企业的生产必然受到影响。这种情况下，企业的流通资金就会闲置下来一部分，这部分不能再投入流通领域的资金还是要支付给投资者一定的成本等。

（4）损失成本

损失成本指的是企业支付的那部分营运资本的损失。这种损失出现的原因是多种多样的，如存货资产的盘亏、应收账款的坏账损失等。损失成本的出现会加剧企业营运资本的管理难度，因为这部分损失成本是难以避免的。如一个企业的销售利润率为20%，当企业发生一笔应收账款的坏账损失的时候，企业之前的20笔同等规模的销售业绩的利润就会为零。同时，企业无法按照约定的期限支付借款的利息和本金的时候，企业必须要对投资者进行赔偿，这种赔偿所付出的成本也是企业的损失成本。因此，企业的经营者在对企业的营运资本进行管理的时候，必须尽可能地降低损失成本给企业的营运资本管理带来的管理压力。

2.风险理念

风险的高低和利润的多少是成正比的。一般情况下，风险越大，利润就会越高；风险越小，利润就会越低。因此，企业的经营者在对企业的营运资本进行管理的时候，要有风险理念，既不能为了追求高额利润，而完全忽略企业的风险；也不能为了追求较小的风险或者是为了规避风险，使得企业盈利水平降低。所以，企业的经营者在营运资本的管理中，必须树立风险理念，重视风险管理，在综合权衡企业的风险与利润的基础上，最大限度地促进企业的发展。

（1）流动资产的风险管理

流动资产在这里指的是狭义上的营运资本，是企业中流动的那部分资金，不包括企业的负债资金。企业中流动资产的多少和企业的风险大小是成反比的。当企业的流动资产越多的时候，此时资产的流动性就越强，那么公司承担的风险就会越低；当企业的流动资产越少的时候，此时资产的流动性就越弱，那么公司承担的风险就会越高。这是因为，企业中的流动资产如现金、有价证券或其他应收款项等，可以保障企业的正常生产经营活动和进一步扩大再生产的实现。这主要是由营运资本的特性所决定的。营运资本的折现能力强、周转速度快等可以保障企业按时支付到期的债务，在企业扩大生产的时候可以筹集到足够的资金保障企业扩大再生产实现的可能性。因此，企业的经营者在对企业的营运资本进行管理的时候，可以适当地加大企业资产的流动性，如加大对现金或者是有价证券的投资等。但在适当增加企业流动资产的投入时，还要综合考虑企业的发展现状，因为流动资产只是可以维系企业的正常生产经营活动的开展，因此其收益率一般较低。若企业正处于急速扩张的发展阶段的时候，对企业流动资产的过多投入可能就会影响企业战略目标的实现；若企业正处于平稳发展的时期，此时加大对企业流动资产的投入的话，就可以在保持企业发展稳定性的前提下，提高企业的收益。但是，只有很少或者是没有流动资产的时候，企业的正常运转可能都难以实现，更不用说提升企业收益率了。上述内容说明的一个重要观点就是，企业的经营者在对营运资金进行管理的时候必须注意权衡风险和收益，选择出最适合企业发展需求的风险管理机制。

（2）负债资产的风险管理

企业的负债按照债务偿还期限进行划分的话，可以分为长期负债和短期负债。长期负债的特性就是债务偿还期限大于一年或者是一个营业周期，如长期借款、公司债券及长期应付款等。企业可以采用分期偿还的方式或者是到债务约定的期限进行偿还。长期负债对企业来说，存在着潜在的债务负担和财务风险。这种财务风险主要指由于长期负债的使用期限较长，因此企业在这段时间，可能出现不再需要这部分筹集资金的状况，但是长期负债的情形下，一般不允许企业提前归还，因此企业必须继续支付利息，可能会给企业带来较大的债务负担，加重企业的财务风险。短期负债有时候也被称为流动负债，具体指的是在一年以内或者是一个营业周期内必须偿还的债务，如短期借款、应付工资及福利、应交税金及预提费用等。短期负债对企业存在着隐现的财务风险，且短期负债的财务风险比长期负债的财务风险要高。这是因为：一方面短期负债的利息成本存在着较大的不确定性，因为短期负债的使用期限一般小于一年，因此当债务到期的时候，必须重新进行筹资，而此时短期筹资的利息多少的不确定的；另一方面，由于短期负债的使用期限较短，因此与长期负债相比的话，容易出现到期不能按时偿还的现象。以企业的短期负债为例分析企业负债资产的风险管理。当企业不能有效控制企业的短期负债的时候，财务风险就会马上显现，导致企业的营运资本出现运营上的难题，严重的话还会影响企业未来的筹资方案的实施，对企业产生长远的影响。因此，将流动负债的风险与流动资产的风险相比的话，流动负债的风险更为明显，企业加强流动负债的管理就显得更为重要。企业的经营者在管理企业的流动负债的时候，既不能因为流动负债的风险大而弃之不用，但是又不能听之任之，使流动负债的风险无限扩大，影响企业的正常运营。所以，企业的经营者应该确定一个流动资产中流动负债的相对量和绝对量的最高和最低限额，保障企业的流动负债的规模和比例在一个合理范围内。

需要注意的是，企业的经营者在运用风险理念进行风险管理的时候，应该把流动资产和流动负债管理结合起来。因为不论是企业的流动资产管理还是企业的流动负债管理，归根到底是对企业的流动资产进行的管理。同时，企业的流动资产和企业的负债资产也并没有绝对的界限，两者在一定情况下是可以相互转换的。所以，企业的经营者必须要对企业的营运资本进行整体的分析和管理，而不应该过分注重某一个方面，忽视另一个方面。

3. 效益理念

企业无论做出何种决定，最终的目的都是要为企业带来更多的利润。企业对营运资本加强管理也是为了可以最大限度地提升企业的利润率。对营运资本而言，当企业在维持正常生产经营状况的时候，企业中营运资本的占有量越小，企业获得的收益相对就会越大；当企业中营运资本的占有量越多，企业获得的收益相对就会越小。但是在企业的财务分析中，营运资本占有量很少能与企业的收益发生直接的联系，这并不是资本运营占有量和企业的收益之间不能找到衡量指标。一般企业的财务工作人员会通过营运资本的周转效率，如存货、流动资产、应付账款周转率等，来代表企业对营运资本的使用效率。在营运资本的周转效率这种指标的影响下，资本运营占有量与企业的收益之间的关系为：当企业加速营运资本的周转效率的时候，企业可以相应地节约一部分营运资金占有量，这样一方面可以为企业创造更多的收入，另一方面也可以降低企业的流动负债的资金成本和流动资产的持有成本，会为企业带来更高的收益；当企业降低营运资本的周转效率的时候，企业大部分的营运资金就会被占有，在降低企业收入的同时，还会提高企业流动负债的资金成本和流动资产的持有成本，会降低企业的收益水平。但是，在采用这种营运资本周转效率的评价指标的时候，要注意对周转效率高低的原因进行分析，不能仅仅因为周转效率高，就认为企业营运资本占有量给企业带来的收益就大；周转效率低，就认为企业营运资本占用量给企业带来的收益就小。此外，运用营运资本周转效率预估企业的资本运营占有量与企业的收益关系的时候，有一个前提条件，即这种关系只适用于当前的营运资本的利用水平，并不能对企业未来或长期的效益进行预测，因为企业有些营运资本管理所产生的效益在短期内是无法进行衡量的。所以，企业的经营者利用效益理念在对企业的营运资本进行管理的时候，要注意分析营运资本所处的发展状态，对不同发展状态下的营运资本进行分析的时候，要采用不同的评价指标进行预测，避免做出错误的决策影响企业的长远发展。

（二）企业营运资本管理的内容

营运资本管理是对企业的流动资产进行的管理，而维持企业的正常运转就需要有一定的流动资产，因此企业的营运资本管理在企业财务管理中占据着重要的位置，同时企业的营运资本管理对企业的资本运营也有着重要的指导意义。

一般来讲，企业营运资本管理的主要内容为：加强对企业流动资产和流动负债资本的管理，使企业的流动资产可以和企业的流动负债资本保持合理的比例关系，形成最佳的资本组合；当企业出现资金周转困难的时候，通过商业信用的方式，向银行或其他机构短期借款，利用企业的流动负债资本，解决企业资金短期周转困难的局面，同时达到利用财务杠杆提高权益资本报酬率的目的；加快企业的流动资产的周转速度，如企业现金、存货或应收账款，减少企业流动资产的资金占有量，一方面降低企业流动资产的占用成本，另一方面可以通过提高企业营运资本的利用水平和周转效率，很大程度上给企业带来经济效益。

三、企业营运资本管理的目标及重要性

（一）企业营运资本管理的目标

企业加强对营运资本的管理的最终目标是通过对营运资本的管理，找到企业的流动资产和企业的流动负债之间的合理比例，可以在保障企业正常生产经

营的状态下，尽可能地提高企业营运资本的利用水平和周转能力，最大限度地提升企业的整体盈利水平。加强对营运资本管理可以分为几个具体的目标：

第一，企业价值最大化的实现。通常情况下，企业的流动资产并没有创造现金流量的能力，因此企业的流动资产对企业的价值就没有直接的影响。但是在企业的资本投资性质和资本投资规模确定的时候，企业的经营者对营运资本的低效管理会影响到企业正常生产经营活动中创造现金流量的能力，最终影响企业价值的扩大化。因此，企业的经营者在对企业的营运资本进行管理的时候，应该加强对企业中流动资产的管理，确保企业中留存着足够的现金持有量，同时保证企业有着良好的库存结构，使得企业的营运资本可以按照企业既定的目标进行运营，以便实现企业价值的最大化。

第二，营运资本适度的流动性。企业的营运资本是企业实际中流通的那部分流动资产和流动负债，因此其对抵消企业的风险、适应环境的变化有着十分重要的意义。一方面，企业的营运资本可以起到支付企业日常生产经营所必须付出的成本，如原材料购买的费用、工作人员的工资及福利待遇等；另一方面，企业的营运资本还具有较强的偿债能力，可以支付企业流动负债产生的利息，如短期借款产生的利息、短期有价证券产生的利息等。因此，企业的营运资本保持适度的流动性对维持企业的正常生产经营十分重要。但是，企业营运资本的流动性过高或过低对企业的发展都不是十分有利的。当企业的营运资本的流动性过高时，企业就要为这部分占有的营运资本支付更多的资金占有量的成本，这无疑会加大企业的财务风险；当企业的营运资本的流动性过低时，企业的正常生产经营可能都会受到影响，更不用说扩大再生产了。因此，企业的经营者要在大的财务环境的背景下，根据企业的发展情况，合理地安排企业流动资产和流动负债的数量和使用期限，使企业的流动资产和企业的负债资产可以保持在合理的比例之下，在保证企业的营运资本的流动性和安全性的前提下，提升企业的盈利能力。

（二）企业营运资本管理的重要性

运营资本管理在企业的财务管理或者是企业的管理中都占据着十分重要的地位，因为企业营运资本管理的质量直接关系到企业财务控制水平的高低，而企业的财务控制水平的高低是企业的战略目标能否实现的重要的影响因子。企业的战略目标在很大程度上是企业在一定时期内的发展规划，如资本投资决策、融资决策等，这种长期的发展规划将从根本上决定企业的价值大小或者是价值的构成。企业营运资本管理的重要性主要表现在：

第一，降低企业财务风险，提升企业盈利水平。通过加强对企业的营运资本的管理，可以通过加速营运资本的周转速度，这时候企业的存货周转期就会缩短，应收账款的周转速度也会加快，因此企业营运资本的折现能力就会提高。折现能力的提高可以降低企业的经营风险或者是财务风险。这主要是因为：一方面，折现能力的提高可以使企业及时把企业闲置的流动资产或流动负债资本进行折现，在降低企业流动资产占有量的同时，还可以为企业带来一定的盈利；另一方面，当证券市场环境发生变化的时候，企业的经营者可以及时地把企业的有价证券或其他形式的股票等进行折现，避免这些有价证券价格的进一步下降而给企业带来的财务风险。此外，企业的经营者通过对营运资本中流动资产和流动负债的比例进行合理调整，找到最适合企业发展的流动资产和流动负债的比例组合，使企业的营运资本最有利于提升企业的盈利水平。

第二，维持企业的正常生产经营。企业在进行生产经营活动中，无论是原材料的购买，还是产品的生产过程，抑或是产品的销售等，都需要企业营运资本发挥作用。因此，企业的营运资本存在于企业生产的各个方面，当企业的营运资本运转状态良好的情况时，企业的生产经营才能得到保障，企业才有获得盈利的可能；当企业的营运资本运转状态不佳的情况时，就会影响到企业的正常生产经营，企业获得盈利的可能性就会越低。同时，企业营运资本的周转过程也是企业资本进行周转的重要基础。如企业运用流动资金去购买企业生产需要的固定设备或生产产品所需要的原材料，这部分固定资产的价值是通过将其原有的价值逐渐转移到生产的产品价值中，并通过最终的销售阶段来实现的。在固定资产价值实现的过程中，营运资本只是起到了"传递者"的作用，即固定资产的原有价值分批附加在企业的营运资本上，再通过产品的销售、收款等阶段，将固定资产转化为货币资金，实现企业资本固定资产价值的周转。而担任"传递者"的流动资产就可以继续下一次的"传递"作用中，原有固定资产的价值或新增加的价值所转化的货币资金就可以用于新的投资，或者说加入到企业营运资本的范畴中，最终实现企业资本的周转。

四、企业营运资本的管理方法研究

（一）企业营运资本的影响因素

影响企业营运资本的因素有很多，常见的包括企业的规模和销售状况、现金流入量与现金流出量的状况、通货膨胀及企业经营者对营运资本的管理效率等。

第一，企业的规模和销售状况。

企业的营运资本指的是企业维持其生产运营所使用的流动资金和流动负债，是企业能够正常生产运行的物质基础。一般来说，规模越大，企业的营运资本规模也就越大，因为这样才能保障企业的生产经营活动正常运行；规模越小，企业的营运资本规模也就越小，这样才会减少企业流动资产的占有量，有利于提升企业营运资本的利用效率和周转速度，提升企业的盈利能力。需要注意的是，有时候企业营运资本的规模并不是和企业的经营规模同比例增长或下降的。当企业的营运资本增长的速度或增长的数量不能够满足企业正常生产经营或企业扩大再生产的需求的时候，此时企业经营规模的过度扩张给企业带来的必然是不利的结果。因此，企业的经营者在对营运资本进行管理的时候，不仅需要决定企业在不同经营规模下的营运资本的规模，还需要为了维持这一营运资金水平而想方设法筹集到足够的资金，以便满足企业的发展需求。当企业的经营规模随着市场对企业某种产品的需求增加而导致企业经营规模迅速扩大的时候，此时企业有可能出现过度增长的问题，尤其是当市场对某种产品的需求突然增大的时候。在这种情形下，企业的经营者往往会选择扩大企业的生产经营规模，但是当企业生产经营规模的扩张得不到企业营运资本的支持的时候，此时企业不可避免地要出现经营上的困境，严重的话还会导致企业出现财务风险。出现这种问题是有着一定的原因的，因为在通常情况下，人们会认为企业产品的扩大销售所带来的那部分利润会被企业的经营者重新投入到企业的流动资产中，成为企业新的营运资本。但是现实的情况是，这部分通过扩大销售数量带来的利润最终流入企业的时间会晚于企业营运资本增加的时间，这种现象会导致企业在扩大企业产品销售之前必须先垫付大量的营运资本。因此，企业的生产经营规模会对企业的营运资本产生重要的影响。同时，企业的销售情况对企业的营运资本也有着一定的影响。一般情况下，企业的销售额的增长会带动企业营运资本规模的增长。这是因为，当企业的销售总额增长的时候，企业应付账款的收入会增加，同时企业的存货水平也会得到提升。但是这种关系并不呈现线性关系，即企业销售总额快速增长的时候，企业的营运资本规模并不一定相应地获得快速增长。可能出现的一种情形就是，随着企业销售水平的增加，企业的营运资本可能会以递减的速度提高。

第二，现金流入量与现金流出量的状况。

现金流入量与现金流出量是指企业的营运资本中现金的流入与流出。在现实的情况中，由于企业生产经营活动的复杂性，因此企业的现金流入量与现金流出量很难进行精准的预测。企业的现金流入量与现金流出量存在着很大的不确定性及时间上的差异性会影响企业的营运资本的数量多少。当企业的现金流入量与现金流出量不确定性程度越高的时候，企业为了降低财务上的风险，现金在企业的营运资本中所占的比例就会越大，此时企业的现金流入与现金流出在时间上的差异性就会更大；当企业的现金流入量与现金流出量的不确定性程度较低的时候，企业财务上的风险就会越小，现金在企业的流动资产中所占的比例就会越低，此时企业的现金流入与现金流出在时间上的差异性就相对小一点。因此，企业的经营者在对企业的营运资本进行管理的时候，必须要考虑到企业的现金流入量与现金流出量的状况，以便决定企业营运资本的规模。

第三，通货膨胀。

通货膨胀指的是在一定的时间期限内，市场中流通的货币的数量超过了实际需要的货币数量，从而引起货币贬值、物价水平上涨的一种经济现象。企业的经营在很大程度上是受到经济环境的制约的，因此通货膨胀的发生或发展对企业的影响都是十分明显的。具体到企业的营运资本中，通货膨胀发生，企业生产产品的销售价格就会大幅增长，因此企业的销售总额就会增加。在这种情况下，企业的应收账款、原材料价格、企业工作人员的工资及福利水平等都会上涨，导致企业的存货增加，这种情形下，必然会使企业的营运资本规模扩大。

第四，企业经营者对营运资本的管理效率。

前面我们提到，企业的营运资本具有折现能力强、周转速度快等特点，因此企业的经营者通过加强对营运资本的管理，在一定程度上可以提高企业营运资本的周转速度，可以为企业带来较高的收益水平。在面临相同的市场环境和经营条件的前提下，当企业的经营者对本企业营运资本的管理效率较高的时候，企业营运资本的周转速度就高，这样的话企业流动资产的使用率就高，此时企业的存货水平就高，应收账款的数量也相对较多，因此企业需要付出的利息或其他方面的成本支出带给企业的总利润就高；当企业的经营者对本企业的营运资本的管理效率较低的时候，企业营运资本的周转速度就低一点，这样的话企业流动资产的使用率就低，此时企业的存货水平就低，应收账款的数量也就越少，因此企业的流动资产或者是流动负债带给企业的总利润就低。此外，企业营运资本的周转速度快，还说明了企业应付账款周转速度较快，这在某种程度上说明了企业还款能力较强，会提升企业的信用水平，提高大众心目中的企业形象，这样的话可能在未来给企业带来其他方面的好处。

（二）企业营运资本的管理办法

前面我们讲到，影响企业营运资本的因素主要有企业的规模和销售状况、现金流入量与现金流出量的状况、通货膨胀及企业经营者对营运资本的管理效率等，因此在研究企业营运资本的管理办法的时候，我们也要从这几个方面入手。

第一，根据企业的规模和销售状况调整企业的营运资本管理办法。

我们已经知道，一般情况下，企业的规模和销售状况与企业的营运资本规模是成正比的，因此在确定企业营运资本的管理办法的时候，我们要根据企业规模和销售状况的变化而实时调整。当企业的规模和销售总量是增加的时候，企业的经营者要做出相应扩大企业的营运资本规模的决策；当企业的规模和销售总量是下降的时候，企业的经营者要做出相应地缩小企业的营运资本规模的决策。在最初扩大或者是缩小企业的营运资本规模的时候，企业的财务工作者要做出一定的预算，为企业的经营者提供控制营运资本规模的依据。企业的财务工作人员在做出有关营运资本增加或者是减低多少的预算的时候，不仅要考虑客观的因素，还要把一些影响预算的主观因素也考虑在内，如企业经营状况、市场中竞争对手的发展状况等，通过定性与定量相结合的预测方式，来最终确定企业营运资本需要增加或者是降低的数量。

第二，提高企业流动资产的使用效率。

现金流入量与现金流出量都是企业营运资本中流动资产的组成部分。流动资产本身并不具有创造现金流量的能力，因此也就不具有直接为企业带来盈利的能力。这里所说的流动资产不仅限于现金，而且还包括企业的应收账款、存货等。这些流动资产除了不为企业直接带来盈利外，还给企业带来一定的支付利息，即占用资金所必须付出的那部分成本。因此，企业的经营者应该在保证企业正常的生产经营中所需要的流动资产外，尽可能地降低营运资本在企业总资本中所占的比重，尤其是货币资金在企业总资本中的比重。因为货币资金的特性决定了货币资金是企业中拥有最强支付能力的一种流动资产，同时它也是对企业盈利能力贡献最低的一种资本。可是在企业的实际生产经营活动中，货币资金贯通于企业生产的所有阶段。因此，企业的经营者可以在尽量降低货币资金在企业总资本的比重的同时，建立对企业货币资金的监控机制，实时对企业的货币资金进行监控，使之一方面可以保障企业正常生产经营活动的进行，另一方面避免企业发生资金短缺的局面。资金短缺在现在的企业中一般直接表现为企业的货币资金总数量的不足，不能满足企业现金支付的需要。所以，在监控企业的资金的时候，可以着重监控企业的现金支付能力。企业的经营者在对企业的营运资本进行管理的时候，要根据企业的发展状况制定企业流动资产（尤其是货币资金）的最大值与最小值，以此来作为评判企业资金状况紧张与否的主要指标。当企业出现流动资产支付能力不足，尤其是企业的现金支付不能满足企业需求的时候，说明企业出现了资金供求的不平衡，此时企业就需要加强对营运资本中的流动资产的管理，解决当前企业的资金紧张状况，保障企业生产经营活动的正常开展。

第三，加强企业应收账款和应付账款的日常管理。

　　一般来说，影响企业应收账款收回的因素主要有资本使用者的财务状况、资本使用者的信用状况以及资本使用者生产产品的竞争对手的发展状况等。因此，企业的经营者在确定把企业的营运资本赊销给资本使用者的时候，必须要对资本使用者进行全面调查，如他的信用状况、财务状况、生产产品的市场竞争力等。在对资金使用者进行全面调查后，确定资金使用者的信用等级，并且根据不同的信用等级对资金使用者使用不同的信用政策，如赊销数额、赊销期限。通过这种方式，最大限度地降低企业赊销给企业的营运资本带来的风险。同时，企业的经营者在做出赊销决策之前，必须要通过定性和定量的方式分析这次赊销可能给本企业带来的利益或者损失，如机会成本、坏账损失等，在此基础上决定最有利的赊销规模，最终控制企业应收账款的总体发生额。

　　应付账款是企业中比较常见的一种负债资本。通常情况下，某企业拖延应付账款的期限越长，对需要付款的企业就越有利，同时对应收账款的企业的损失就越大。虽然拖延付款时间可能给应付账款的企业带来一定利益上的好处，但是若某企业长期采用延期付款的方式，则会在很大程度上影响企业的信誉和形象。所以，企业的经营者在做出拖延应付账款的决策的时候，必须在综合考虑、仔细衡量的基础上，做出最有利于企业发展的选择。企业的经营者可以为企业建立信用预警机制，合理利用企业的信用条件，选择最佳的支付时间点，提高企业应付账款的工作效率，在树立企业良好的信用形象的同时，提高企业收益水平。

　　第四，降低企业营运风险。

　　企业的经营者在对营运资本进行管理的时候，最大的目的是为了提升企业的收益，这种现象可能会导致企业的经营者为了最大限度地提高企业的利润水平而选择风险性较大的营运资本的管理方式。当这种风险在企业的承受范围内的时候，企业一方面有可能在这种大的风险之下获得高的盈利水平，另一方面这种大的风险会影响企业的发展状况，但是又不至于导致企业的最终破产。当这种风险超过了企业的承受范围的时候，企业有可能获得收益，这是对企业有利的一面，但是企业也有可能由于这种风险的危害性影响企业的发展，严重的还会使企业走上破产的境地。所以，企业的经营者在选择某种风险大的营运资本的管理方式的时候，要结合企业的承受风险的能力，做出最有利于企业发展的选择。在对营运资本进行管理的时候，当营运资本的效率是提高的时候，企业的营运资本的规模是降低的，此时固定资产在企业总资产中所占据的比重就会增加，这种情形下，企业的经营杠杆系数就会增大，那么企业的经营风险也会相应地扩大；当企业营运资本的效率是降低的时候，企业的营运资本的规模是提高的，此时固定资产在企业总资产中所占据的比重就会减少，这种状况下，企业的经营杠杆系数就会降低，与此同时企业的经营风险就会缩小。因此，企业的经营者在提高营运资本管理效率的时候，还应该注意加强对营运资本的经营风险的控制，找到营运资本管理效率和营运资本经营风险的最佳组合形式，使之最有利于推动企业的发展。举例来说，当企业面临不同的经营风险的时候，企业应该根据自身的发展状况进行相应的营运资本调整，如资本结构变动、成本结构变动等。如某个企业打算对本企业的生产设备进行一定程度的更新换代，这样的话，不仅企业生产的产品质量会提高，而且生产产品的数量也会增加，会在很大程度上降低企业单位变动成本，这是对企业发展有利的一面。但是，固定成本在企业总资本中所占的比重就会增加，这可能会提高企业经营杠杆系数，给企业带来经营风险。如果这个企业正处于快速发展的阶段，或者是企业生产的产品的市场需求量十分巨大，那么企业生产产品的销售前景是看好的，这时候企业的经营者就可以适当地增加固定资产在企业总资本中的比重，对企业的设备进行相应更新，用一批新的设备来代替旧的生产设备，充分利用杠杆作用，使得企业产品生产和销售给企业带来的利润增长的速度是大于企业产品的销售增长速度的，这种程度的经营风险对企业的发展是有利的。若企业生产的产品在未来市场中销售前景不好，或者是其产品在市场中销售的数量一直处于下降的趋势，这时候企业的经营者要对本企业的设备更新换代，势必会增加固定资产在企业总资本的比重，此时企业的经营风险是增大的。在同样的条件下，如果企业的经营者做出出售或者是租赁企业的生产设备等固定资产的决策的时候，固定资产在企业总资本中所占的比重就会降低，这样即使企业产品的销售额是下降的，企业单位产品的固定成本也不会出现大幅度上升，企业的经营风险也会适时下降，最终不会影响企业的正常生产运营。

第三节　企业利润资本的管理方法

一、企业利润的概述

（一）企业利润的内涵和主要形式

1.企业利润的内涵

一般情况下，企业利润主要包括企业的营业利润、营业外收支净额和投资收益。营业利润指的是企业在一定时期内的经营成绩，是企业生产产品销售之后的总收入与企业该产品在生产、经营过程中所消耗的所有成本之间的差值。企业在生产、经营该产品过程中所产生的成本主要有：原材料的购买费、生产设备等固定成本、销售过程中的运输费等。投资收益指的是企业的经营者通过投资某一项目而获得的收益。

2.企业利润的主要形式

根据企业会计制度的相关规定，企业的利润主要可以分为：主营业务利润、主营业务毛利、利润总额、营业利润、净利润等五种形式。主营业务利润指的是某企业经营的主要业务所获得的利润收入，主要包括主营业务收入、主营业务成本和主营业务税金及附加等内容；主营业务毛利指的是企业主营的业务收入与企业主营的业务成本之间的差值；利润总额指的是企业的营业收入、投资收益、补贴收入与营业外收入之和减去企业营业外支出的差值；营业利润指的是企业的主营业务利润与其他业务利润之和减去企业的营业费用、管理费用与财务费用等所得的那部分差值；净利润指的是企业的利润总额与企业所得税之间的差值。

（二）影响企业利润的因子

企业在进行生产或者是进行投资的时候，总是希望获得更高水平的利润收入。而为了获得更高的利润，企业的经营者就要了解并且掌握企业在何种条件下能够获得最大水平的利润。这些影响企业利润水平的因素，统称为影响企业利润的因子，主要包括企业生产产品的销售价格、销售量、固定成本及可变成本。这些因素的变动有可能使企业获得更高的利润也有可能降低企业的利润。在这里我们说的企业利润是指企业的税前利润。我们将用一个具体的案例来对影响企业利润的四种因素进行比较直观的分析。

现在假设某企业生产的产品的销售总额为40万元，售价是以一个单位进行计算的。其中，每一元的销售总额中含有可变成本0.75元，固定成本为8万元。当企业产品的销售价格、销售总量、固定成本及可变成本变化的时候，对企业的利润会产生什么样的影响呢？

解析：通过分析题目，我们得知这是对影响企业利润的四种因素分别进行计算的题目，因此我们需要首先知道企业的原利润是多少？

企业的原利润（P）= 销售总额 - 销售总额 × 可变成本 - 固定成本

= 400 000 - 400 000 × 0.75 - 80 000 = 20 000（元）

（1）当其他条件不变，企业产品的销售价格增加或者是降低的时候，此时企业的利润会出现两种情况：

① 当企业产品的销售价格增加10%的时候，此时企业的利润可以表示为：

400 000 × 1.1 = 0.75/1.1 × 400 000 × 1.1 + 80 000 + P_1

P_1 = 60 000（元）

故当企业其他条件不变，企业生产产品的销售价格增加10%的时候，企业的利润为原来利润的 3 倍。可见，在其他条件不变的前提下，提高企业产品的销售价格对提升企业的利润是有着十分重要的意义的。这个前提中也包括企业销售产品的总数量是不变的。

② 当企业产品的销售价格降低 10% 的时候，此时企业的利润可以表示为：

$400\ 000 \times 0.9 = 0.75/0.9 \times 400\ 000 \times 0.9 + 80\ 000 + P_2$

$P_2 = 20\ 000$（元）

故当企业其他条件不变，企业生产产品的销售价格降低 10% 的时候，企业的利润并没有获得明显的提升。可见，在其他条件不变的前提下，降低企业产品的价格对提升企业的利润并没有十分凸显的作用。

（2）当其他条件不变，企业产品的销售总量增加或者是降低的时候，此时企业的利润会出现两种情况：

① 当企业产品的销售总量增加 20% 的时候，此时企业的利润可以表示为：

$400\ 000 \times 1.2 = 0.75 \times 400\ 000 \times 1.2 + 80\ 000 + P_3$

$P_3 = 40\ 000$（元）

故在其他条件不变的条件下，当企业的销售总量增加 20% 的时候，企业的利润会比原来的利润增加 1 倍。可见，企业产品的销售总量对企业的利润有着十分重要的作用，企业的经营者应该尽量扩大产品的销售量，使得企业的利润能够大幅提升。

② 当企业产品的销售总量降低 20% 的时候，此时企业的利润可以表示为：

$400\ 000 \times 0.8 = 0.75 \times 400\ 000 \times 0.8 + 80\ 000 + P_4$

$P_4 = 0$（元）

故企业产品的销售总量降低 20% 的时候，企业的利润会降到零。

（3）当其他条件不变，企业产品的固定成本增加或者是降低的时候，此时企业的利润会出现两种情况：

① 当企业的固定成本增加 10% 的时候，此时企业的利润可以表示为：

$400\ 000 = 0.75 \times 400\ 000 + 1.1 \times 80\ 000 + P_5$

$P_5 = 12\ 000$（元）

故在其他条件不变的条件下，当企业的固定成本增加 10% 的时候，企业的利润会比原来的利润减少了 8 000 元。可见，企业固定成本的多少对企业的利润也有着影响。

② 当企业的固定成本降低 10% 的时候，此时企业的利润可以表示为：

$400\ 000 = 0.75 \times 400\ 000 + 0.9 \times 80\ 000 + P_6$

$P_6 = 28\ 000$（元）

当企业的固定成本降低 10% 的时候，企业的利润增加了 40%。因此企业的经营者应该在保障企业正常生产经营的状态下，尽可能地降低企业的固定成本在企业总资本中所占的比重，以便提升企业的利润。

（4）当其他条件不变，企业产品的可变成本增加或者是降低的时候，此时企业的利润会出现两种情况：

① 当企业的可变成本增加 6% 的时候，此时企业的利润可以表示为：

$400\ 000=0.75 \times (1+6\%) \times 400\ 000+80\ 000+P_7$

$P_7=2\ 000$（元）

故在其他条件不变的条件下，当企业的可变成本增加 6% 的时候，企业的利润会比原来的利润减少了 18 000 元。

② 当企业的可变成本降低 6% 的时候，此时企业的利润可以表示为：

$400\ 000=0.75\ (1-6\%) \times 400\ 000+80\ 000+P_8$

$P_8=38\ 000$（元）

故当企业的可变成本降低 6% 的时候，此时企业获得的利润比原来利润多 18000 元，因此企业的可变成本对企业的利润有十分明显的影响。可见，降低企业的可变成本也是企业增加利润的重要途径。

（三）企业的经济效益与企业利润的关系

1.经济效益的内涵

企业的经济效益指的是企业的生产总值与企业的生产成本之间的比例。其计算公式可以表示为：企业的经济效益＝企业的生产总值／企业的生产成本＝$(C+V+M)/C+V$（其中，C 表示的是企业生产产品消耗的原材料的价值，V 表示的是企业工人的工资及福利待遇，M 表示的是企业的利润）。

2.影响企业经济效益的因素

企业的经济效益涉及企业的生产总值与企业的生产成本，因此企业的劳动生产率、企业的发展速度等因素会影响企业的经济效益。第一，劳动生产率对企业经济效益的影响。劳动生产率指的是企业在单位时间内生产某种产品的能力，表示的是企业的单位产品与企业生产单位产品的劳动时间之间的比例。劳动生产率的实质是企业的生产者的劳动能力。企业的经济效益的高低反映出企业是否盈利以及盈利能力的高低。因此，企业要想提高其经济效益，必须提高其劳动生产率，只有企业在单位时间内生产出更多的产品来，才可以一方面降低企业的消耗，另一方面出现提高企业销售产品总量的可能。这种可能性主要取决于企业生产产品的市场需求度，当企业生产的某种产品正好是市场需求量巨大的产品的时候，企业产品的销售总量就会增加，这时企业劳动生产率越高给企业带来的就是更多的产品输出，因此企业的经济效益就会越高；当企业生产的某种产品不是市场需要的那种，此时企业产品的销售总量不但不会增加，甚至可能出现降低的局面，这时企业劳动生产率越高给企业带来的资源浪费就会越严重，此时企业的经济效益也可能出现下滑。第二，企业的发展速度。企业的发展速度在某种程度上和企业的经济效益的提高是成正比的。当企业的经济效益提高的时候，企业获得的经济利益就会增加，这在某种程度上是有利于企业的自我发展的；当企业的经济效益降低的时候，企业获得的经济效益就会降低，这在一定程度上是不利于企业的自我发展的。因此，企业经济效益高，是有利于企业的自我发展的。需要注意的是，企业经济发展速度快，并不意味着企业的经济效益高。这主要是因为：如果企业的经济发展速度快，但是企业生产的产品的销量不好，那么企业的经济效益就会受到影响；如果企业的经济发展速度快，但是企业生产的产品的销量很好，那么企业的经济效益就好。

二、企业利润的管理办法

（一）企业利润的管理原则

1.遵守财经法规，增加合理利润

在市场经济条件下，企业的一切经营活动都是为了企业的经济效益。企业在进行利润管理的时候，不能一味为了获得利润而忽视了国家和企业的有关财经法规。企业的生产经营活动和利润管理等内容必须要在法律允许范围之内。如对企业的利润进行分配的时候，要遵守国家用法律形式统一确定的企业利润分配的政策与实施办法。企业利润在进行分配的时候，利润主要指的是企业缴纳所得税之后的税后利润。这些税后利润在具体分配的时候，要按照积累优先的原则进行：首先需要利用这部分利润去弥补之前的亏损，再用这部分利润去提取盈余公积金和公益金，最后向投资者分配利润。其中，提取盈余公积金是我国财务制度明文规定的，所有企业必须用其税后利润在减去弥补亏损后的10%提取出企业的盈余公积金。盈余公积金指的是企业从税后利润中拿出部分利润，用来防备企业发生紧急事件时的备用资金。这部分盈余公积金是在企业向投资者分配利润之前，经由董事会决定可以任意提取的一部分企业的税后利润，也可以用于企业的再积累。但是，盈余公积金也不是一直需要进行提取的。当企业的盈余公积金已经达到企业的注册资本50%的时候，企业就不需要再提取盈余公积金进行再积累。公益金指的是企业在税后利润中取出的那部分为职工谋取福利的资金，如购置或建设职工运动设施等相关的集体福利设施等。

2.强化企业目标利润的管理

一般情况下，目标利润指的是企业在一定期限内预测的利润目标，也可以称作企业的经营者制定的本企业要在一定时间内所要达到的利润水平。企业的目标利润的实现与否可以在一定程度上反映出企业在财务管理、经营状况等的水平，它是企业的管理者在经营管理企业过程中必须重视的战略目标。企业的经营者在确定企业的利润目标的时候，需要企业的财务工作人员详细地考察企业欲投资的项目的具体情况，全面分析企业投资项目的开发最终收入与投资项目需要投入成本之间的差值，再加上充分的市场调研的基础上计算出来的。在企业的经营者确定企业的目标利润之后，企业就要根据其指定的目标利润来合理安排企业的生产经营活动及投资情况，争取企业利润目标的实现。需要注意的是，企业目标利润制定的恰当与否会在很大程度上影响到企业的发展。当企业利润目标制定的数值过高的时候，甚至超出了企业实现利润目标的可能的时候，可能会使很大一部分执行者觉得利润目标的难以实现，从而对利润目标望而却步，失去为这个利润目标奋斗的信心，此时企业的利润目标就没有实现的可能；当企业的利润目标制定的数值过低的时候，企业的执行者可能会觉得这项任务没有挑战，这样的话企业的潜力就不能得到最大程度的激发，容易给企业带来大量的无效成本，这时候就不能为企业带来最佳的经济效益，最终影响企业的长远发展。因此，企业在确定其目标利润的时候，不仅要根据企业的发展现状和企业的战略目标，还要根据企业所处的市场环境等，明确企业在市场环境中的地位，科学、合理地预测出企业在一定时间段内的产品销售额，抑或是企业欲投资的项目可能获得的利润率等，在结合量本利分析法、标杆瞄准法、相关比率法及简单利润增长比率测算法等计算方法，帮助企业的经营者确定适合企业发展的利润目标。

（二）企业利润的管理办法

企业的利润直接影响着企业资金积累的数量和速度，是企业扩大再生产的重要物质基础，因此加强对企业的利润管理，对企业的发展有着十分重要的意义。

1.严格执行利润管理的有关法律法规

按照《中华人民共和国会计法》《企业会计制度》《企业财务通则》等有关法律法规，制定出企业有关利润分配的规章制度，使企业的经营者在进行利润分配的时候有法可依。这种利润分配制度的建立要充分考虑到国家、企业的管理者、投资者及企业职工的利益，确保企业的利润分配符合绝大多数人的利益。同时，在企业具体执行利润分配的过程中，也要建立相应的监控制度，使企业的利润分配是在"公平、公正、公开"的环境中进行的，避免企业利润分配中出现的违法违规现象。此外，企业在进行利润管理的时候，也要注意到对企业完成利润分配后的监督工作，使企业的利润管理工作从始至终都是在法律法规的允许范围之中进行的。

2. 制定有关企业利润管理的政策

企业的经营者在对企业的利润进行管理的时候，要制定有关企业利润分配的相关政策，使企业在进行利润管理的时候可以按照既定的方针和策略进行。其中，企业有关利润管理的政策主要涉及的是企业利润分配的有关政策，其实质就是企业税后利润分配政策和股利政策。利润分配政策指的就是企业制定的有关利润分配的策略。税后利润政策就是有关企业的利润减去企业需要上缴的所得税之外的那部分利润的政策。股利政策针对的是股份制企业，具体指的是企业就是否要发放股利及如何发放股利等内容制定的方针。以股利政策为例来说明企业制定利润管理政策的重要性。对于股份制企业来说，制定股利政策的实质就是为了确定企业的留存收益与企业股利分配的比例问题，因此股利政策具体又可以分为：剩余鼓励政策、固定股利政策、低正常股利加额外鼓励政策及固定股利支付率政策等。剩余股利政策在进行股利分配的时候，一般会优先考虑企业的投资机会，因此采用剩余鼓励政策进行利润分配的时候，最终分配给投资者的股利额会随着企业投资机会的变化而变化，此时投资者获得的利润多少是不固定的。因此，当一个企业决定采用剩余股利政策进行利润分配的时候，这个企业的发展前景一般是美好的，投资者对企业的信任程度是比较大的，这时企业才可以在面临投资机会的时候，抓住机会进行投资，而暂缓对投资者的利润分配。当企业采用固定股利支付率政策进行利润分配的时候，由于股利的增加或者是减少是伴随着企业的盈余来变化的，因此企业每一次支付给投资者的股利多少是非常不稳定的。这种情形下，投资者比较容易得出企业的发展处于不稳定的局面，这样一来，企业要再想获得投资者的投资的话，可能就比较困难。当出现适合企业投资机会的时候，它可能就没有足够的资金去获得该项目，最终影响企业的长远发展。当企业采用稳定增长的股利政策的时候，企业每一次发放给投资者的利润都是稳定增长的，这会在很大程度上稳定公司的股价，不仅有利于树立企业的良好形象，也有利于公司的长远发展。但是一个企业在决定实施稳定增长的股利政策的时候，有一个重要的前提条件，就是企业的收益是稳定的并且企业在未来某一段时期内的增长率是能够准确地进行预测的，此时企业采用稳定增长的股利政策的话才能有利于企业的发展和提高投资者的收益。因此，当企业的经营者在对企业的利润进行管理的时候，必须结合本企业的实际发展状况，按照企业既定的利润分配政策去进行利润分配，使得企业一方面可以获得投资者的信任，另一方面也有利于企业的长远发展。

第六章 企业的财务预算与分析

第一节 财务预算与分析的基本概念

一、财务预算的概念

财务预算是现代企业重要的研究内容之一，是企业得以实现战略目标的重要保障，它在企业的经营及发展中具有十分重大的意义。通过科学、合理的财务预算，企业能够顺利地规避风险、增加利润，提高自身的综合竞争力。此外，财务预算也是全面预算体系的有机组成部分，是一种以特种预算编制与业务预算为前提而编制的综合预算，又称为总预算，主要包括预计财务报表和现金预算。编制方法通常采用增量预算和零基预算、固定预算和弹性预算、确定预算和概率预算。在财政部印发的文件中，将财务预算管理的概念定义为："预算管理是利用预算对企业内部各部门、各单位的各种财务及非财务资源进行分配、考核、控制，以便有效地组织和协调企业的生产经营活动，完成既定的经营目标。企业财务预算是在预测和决策的基础上，围绕企业战略目标，对一定时期内企业资金取得和投放、各项收入和支出、企业经营成果及其分配等资金运动所做出的具体安排。财务预算与业务预算、资本预算、筹资预算共同构成企业的全面预算。"并明确指出："企业财务预算应当围绕企业的战略要求和发展规划，以业务预算、资本预算为基础，以经营利润为目标，以现金流为核心进行编制，并主要以财务报表形式予以充分反映。"由此可知，企业编制应该将生产经营预算、资本预算、筹资预算放在前面，而将财务预算放在后面，并根据不同预算执行单位所承担的经济业务种类以及责任权限，编制出形式不同的财务预算。

作为全面预算体系中的关键主体，财务预算在发挥着极其重要的目标导向作用。财务预算是全面预算体系的核心与灵魂，指导着全面预算的编制工作。在进行编制预算的工作时，为了使各个分项预算的编制紧紧围绕企业的战略规划与经营目标，企业往往采用"先入为主"的策略，也就是事先拟定出一个预算编制的总目标，作为各个部门拟定分项目标时的参照。预算编制总目标的拟定，不仅为企业全面预算的编制奠定了基础，还为审核、分析、修订及平衡全面预算提供了依据。

在全面预算的整个体系中，财务预算占据着全局地位，其他预算则处于次要地位。在编制预算的工作中，经过财务预算的系统规划、全面协调和平衡，将全面预算的各个组成部分有机组合，使全面预算的每一部分都符合企业预算期的经营总目标。当财务预算与其他预算发生冲突时，其他预算必须要服从于财务预算。由此，财务预算对其他预算而言有着较强的控制及约束作用。

财务预算具有合理配置财务资源的作用。财务预算总揽企业的全局，能够综合平衡企业财务收支与各项财务资源的合理配置。当财务资源产生供需矛盾时，人们就可以通过编制财务预算，优化企业的投资结构，避免低效率开支，将财务资源合理分配到企业效率最高的生产经营活动和项目中，以确保企业财务资源的合理配置与有效利用。

财务预算还具有制订绩效评价标准的作用。财务预算里的绩效评价预算整合了企业各个专业与各个部门的绩效评价指标，既促使企业的投资活动、经营活动、财务活动实现了目标化、定量化、具体化、系统化，还为企业的生产经营活动以及长期投资活动提供了相关标准和依据。与此同时，财务预算还为评价和考核各部门、各层次的工作业绩提供了具体标准和依据。

二、财务分析的概念

所谓分析就是指分析事物之间的矛盾，就是将研究对象的整体分成若干部分、因素、方面和层次，分别加以考察的认识活动。分析的作用在于通过细致地寻找发现问题的主线，并借此解决问题。分析的方法指的就是辩证的方法，财务分析必须将辩证主义作为指导思想，从实际出发，运用对立统一的方法来揭露与分析矛盾。较为典型的财务分析方法主要包括综合分析法、比较分析法、比率分析法、因素分析法和趋势分析法等。

1.趋势分析法

趋势分析法在现代财务分析中极为常见，这种方法是比率分析法与比较分析法的结合运用。趋势分析法的基本原理就是将数年财务报表以第一年或者另选取某一年份作为基期，计算出每一期间中各项目对基期中同一项目的趋势百分比，使其成为许多具有可比性的百分比，以此体现其在各个期间上升或者下降的变化趋势，并准确预测企业的发展前景。在计算各期间的趋势百分比之前，要选好基期，所选出的基期必须具有代表性。

趋势分析法的使用往往要比较财务报表，要将连续多期的同一类型的财务报表并列放在一起进行比较。一般的做法有两种。

（1）相对数比较财务报表的编制

具体是将财务报表上的某一关键项目的金额看作是100%，然后再计算出其他项目与关键项目的百分比，以突显出各个项目的相对地位，接着将连续多期按照相对数编制成的财务报表合并成一张财务报表，从而揭示和反映出各个项目在结构上的变化。

（2）绝对数比较财务报表的编制

即按照原财务报表的绝对金额编制出的比较财务报表。在具体编制时，首先要将比较财务报表的金额栏划分为若干期，接着将要比较年份的金额填于相应的栏中，从而更好地进行比较和分析。

2.因素分析法

对比分析法只能明确经济指标间的差异，但不能够指出引起指标发生变化的原因和各因素的影响程度。因此，有必要采用因素分析法对产生差异的原因进行更深层次的分析。因素分析法就是凭借各类因素间的数量依存关系，再通过因素替换，从数额上测量各个因素变动对各个综合经济指标的影响程度。它还可以分为差额分析法与连环替代法两种。

（1）差额分析法

这种方法的原理与连环替代法相同，是连环替代法的简化。差额分析法的关键是先计算出各个因素的实际数和计划数间的差异，再根据一定的替换程序计算出各个因素变动对计划完成的影响程度，从而对企业的财务状况进行评价。

根据连环替代法以及差额分析法的计算程序，我们可知，为了使连环替代法与差额分析法得以在实际中有效运用，通常需要进行四方面的假设，这些方面的假设就是连环替代法与差额分析法的特征：① 计算程序的连环性。连环替代法在计算因素变动的影响程度时，都是根据前一次计算的基础进行的，并通过采用连环比较的方法确定各个因素变化影响的结果。因此唯有维持计算程序上的连环性才能确保各个因素的影响数之和与所分析指标变动的总差异相等，以便完整地解释说明所分析指标变动的原因，也便于对分析计算结果的正确性进行检查和验证。② 替代计算的顺序性。采用连环替代法计算每一个因素变动的影响时还应注意顺序性的要求。若随意变更各个因素的替代顺序，那么各个因素变动影响之和虽与所分析经济指标的总差异相等，但各因素变动的影响程度却会产生一定的差别。为了获得统一的认识，在进行分析时要依据因素之间的逻辑关系以及公认的原则确立合理的替代顺序。相应地，在确定各个因素和被分析指标的数量关系式时，也应严格遵循一定的顺序。一般情况下，应遵循的原则有：数量因素在前，价值或价格因素在后；数量因素在前，质量因素在后；对于同一属性的要素而言，主要因素在前，次要因素在后，其中分辨主次因素的方法主要依据各因素的重要程度，同时要结合主观经验进行合理的判断。③计算结果的假定性。因为连环替代法具有连环性与顺序性的特征，在依次替代和计算各因素的影响程度时，必须在假定其他因素不变或者已变的前提条件下进行。如果各个因素的替代顺序不同，则会得出不同的影响数值。因而连环替代法的分析结果有一定的假定性，它不可能确保每一因素计算的结果都达到绝对的准确，只能够表明在某种假定前提条件下的影响结果，若脱离了这种假定的前提条件，也就不产生这种影响结果。因此，在分析的过程中，应尽量促使这种假定发展为合乎逻辑的假定，发展为具有实际经济意义的假定，使计算结果的假定性有助于分析结果的科学性和有效性。

（2）连环替代法

连环替代法是因素分析法的另一种特殊形式，指的是通过数值测量各因素变动对某项经济指标差异的影响程度的技术方法。它通常是以比较分析所确定的差异为基础，先确定好影响某一经济指标的各个要素，再按照相应的原则进行排列，再按顺序设定一个因素变动，而其他因素保持不变，逐个用因素替代，从量上测量各因素变动对该项经济指标的影响程度。这种方式在财务分析中较为常见，具体的运算程序是：首先要确定是哪些因素影响了分析经济指标的变动，针对各因素，按照其重要程度排列成序，并根据数量关系，比如加减、乘除或者乘方关系列成算式；下一步是以经济指标为前提，以各因素的实际数逐次替代目标值或者计划数，在每次替换后保留实际数，直到制约该项指标的全部因素都变成实际数。在替代的过程中，将每一次替代的结果和前一次相比，二者的差额就是该项因素变动对经济指标的影响程度；最终将所测得的被分析指标影响程度的数值相加，得到的就是该项指标实际脱离计划的总差异数。

3.比较分析法

这种分析方法指的是将某项财务指标和性质一样的指标进行对比，最终揭示出企业财务状况与经营成果的一种方式。通过这些比较，可以发现差距并寻找出差距的原因，进而判断和分析企业生产经营的活动的收益性以及资金投向的安全性。通过这一过程，我们既可以发现企业发展中的缺陷，也可以预测企业发展的潜力。应用比较分析法时，选择一定的指标评价标准是极其关键的。常用的指标评价标准有：

（1）目标标准。目标标准是企业财务管理的目标，是企业在对影响财务比率的各项主客观因素分析的基础上制定和形成的。

（2）绝对标准。绝对标准是被人们普遍接受和认可的一个标准。不论是哪个企业、在什么时间或者分析的目的是什么，这个标准都是适用的。

（3）行业标准。行业标准既可以是相对数也可以是绝对数，它以企业所在领域的特定指标数值为财务分析的标准，包含同行业公认的标准、同行业统一比率的平均水平、同行业同一比率的先进水平。

（4）历史标准。与行业标准一样，历史标准既可以是相对数也可以是绝对数。它具有高度的可比性，具体的运用方式有：① 与历史同期相比；② 与历史的最好水平相比；③ 期末和期初相比。在财务分析中采取历史标准有益于分析企业的财务状况、经营成果的未来发展趋势以及存在的差距。

4.比率分析法

此种方法是通过利用财务报表中的两项相关数值的比率来揭示和反映企业财务状况以及经营成果的一种分析方式。如果只使用有关数值的绝对值对比则不能够深入揭示出财务的本质特征，而使用相对值对比就能够深入揭示财务的本质特征，并能恰当地评价企业的财务状况与经营成果。因此，比率分析法是财务分析中运用最为广泛的一种方法。常见的财务比率类型有趋势比率、结构比率和相关比率。

（1）趋势比率

趋势比率指的是财务报表中某个项目在不同时期的两项数值的比率，可以分成定基比率与环比比率两种，并分别以不同时期的数值为前提揭示和反映某项财务指标的变化趋势和发展速度。

（2）结构比率

结构比率指的是财务报表中个别项目的数值和全部项目总和的比率，它揭示的是部分和整体之间的关系。通过分析不同时期的结构比率，可以看出其发展趋势，如存货与流动资产的比率、流动资产与全部资产的比率等。进行结构比率的分析能考察某个部分在总体中的形成和安排是否合理，最终促使其比率适当。

（3）相关比率

相关比率指的是在同一张财务报表的不同项目之间或是在两张报表的相关项目间，通过使用比率来揭示和反映它们之间的具体关系，进而准确评价企业的财务状况和变动以及经营状况和变化。这类比率包含：反映营业能力的比率，比如应收账款的周转率；反映偿债能力的比率，比如资产负债率；反映盈利能力的比率，比如销售利润等。通过相应的比率指标能够考察相互联系的相关业务是否安排得当，以确保生产经营活动的顺利开展。

总之，比率分析法通过比率计算反映出了各个项目之间的相关性，使错综复杂的企业财务信息简单化。比率的计算并不是我们的最终目的，它只是表达企业财务信息的一种方式。通过比率全面系统地分析企业的财务状况、经营成果以及发展趋势还需借助其他各种资料或者分析方法。因而这种分析方法通常和趋势分析法结合运用。

5. 各类分析方法的逻辑关系

以上所述的几种分析方法具有一定的联系，表现在：

（1）比较分析法为连环替代法的开端，差额分析法为连环替代法的简化；

（2）趋势分析法为比率分析法与比较分析法的结合。

（3）使用连环替代法能够分析综合经济指标，最适宜运用于对乘、除关系的指标进行因素分析，而对于对加、减关系的指标而言则不宜采用。

第二节　企业财务预算的编制方法

一、企业财务预算编制的模式

预算编制模式是企业全面预算的起点，从预算的制订过程进行分类，可以分为以下几种：自下而上式、自上而下式和上下结合式。它们各具特点，分别适用于不同的管理体制与企业环境。

1. 自下而上式

这是一种先民主后集中的办法，很大程度上受到了现代分权管理理论的影响。这种办法主张：唯有更多的参与及认同，才能最大程度地激发企业管理者及员工，并不是物质；与自上而下式有所区别，企业追求的目标是利润最优化；当集团目标和子公司的目标发生冲突时，集团应该注意协调一致，促使全体成员为实现集团的共同目标而奋斗。在这种编制模式下，预算主要来源于子目标，集团只设立总目标，这种模式适用于分权制的企业集团。使用此模式的优势在于：能够充分调动公司各个部门以及全体员工的参与性、积极性和创造性，提升自身独立战斗的能力；缺点在于：管理失调，人过分散，会影响到整个企业集团的战略目标。

2. 自上而下式

假设一定的前提：假定企业的战略目标是达到利润的最大化；企业的各级管理层与员工都具备惰性，只有借助物质上的奖励才能激励员工的主动性和积极性。在这种方式下，企业的预算目标主要来源于上级管理者，下层并不具备决策权，只是被动地执行任务，这种模式适用于集权制的企业集团。这种模式的优势在于：主要由集团总部编制，切实落实集团的战略目标，极大地维护了集团的利益；缺陷是：权利太过集中，约束了下级部门的主动性、积极性、创造性的自由发挥。

3. 上下结合式

这种模式被企业一致认为是目前为止最为合理的模式，采取这种模式，集团总部、各下属部门公司以及部门的共同参与，上下协调一致，最终编制出最为恰当的预算。它结合了自上而下式、自下而上式两种模式的优点，一定能够取得良好的效果。这种模式的优点是：使资源得到更好的优化配置，有效地保障企业战略顺利实施、企业目标的最终实现，同时也提升了预算编制的效率。缺陷是：需进行上、下反复的多次协调。现代企业的发展趋势已从集权式发展为分权式，因而，为了确保集团战略目标的贯彻，预算管理就显得特别重要。通常认为，对于预算目标的贯彻采取自上而下式，也就是在确立集团的总体目标的基础上，一层层地进行分解贯彻；对于预算编制通常采用自下而上式，并能体现出对应分解的预算目标。

二、企业财务预算的编制方法

预算编制方法有许多种，选择正确的预算编制方法，对于提升预算指标的正确性与恰当性至关重要，可以有效提升预算的编制效率。因而，选择合适的预算编制方法是保证预算可行性与科学性的重要前提。根据不同的预算项目，企业财务预算可以采用弹性预算、固定预算、零基预算、增量预算、滚动预算和定期预算等方式进行编制。

（一）弹性预算

弹性预算又称为动态预算法，是在成本习性分类的基础上，依据量、本、利之间的相互关系，充分考虑计划期间业务量可能会发生的变动，编制出一套能够适应多种业务量的预算，便于分别反映在各种业务量情形下所应支付的费用标准。在编制预算的过程中，变动成本会随着业务量的变动而发生变化，而固定成本会在相应的业务量范围内保持不变。分别按照可能达到的预计业务量水平，编制出能够适应在预算期内任意生产经营水平的预算。这种预算随着业务量的变动而做出调整，适用面积广泛，具有一定的弹性，因此又称为变动预算。

这种编制方法的优势是：一是具有较强的可比性；二是预算范围宽泛。弹性预算通常用于和预算执行单位业务量相关的成本、利润等各项预算项目。

弹性预算的具体编制步骤为：

1. 确立某一相关范围，一般处于正常生产能力的 70% ~ 110% 之间；

2. 选取业务量的计量单位；

3. 根据成本性态分析的方法，将企业的成本划分为固定成本与变动成本两种类型，并且确定成本函数为：（$y=a+bx$）；

4. 确定预算期内各项业务量水平的具体预算额。

（二）固定预算

固定预算也称静态预算，指的是将企业预算期内的业务量固定在某一预计水平上，并以此为基础来确立其他项目预计数的一种预算方法。也就意味着，预算期内进行编制预算财务所依据的成本费用以及利润信息都是在预定好的业务量水平上确定的。很显然，未来固定不变的业务水平是预算编制赖以生存的前提条件，必须要确保实际业务量和预计业务量相一致或者相差很小，这样才是合适的。

固定预算的缺点有：一是较为死板，由于编制预算的业务量的基础是事先假定某个业务量，因此在这种方法下，无论预算期内的业务量水平发生哪些变动，都只能将先前确定的某一业务量水平作为编制预算的基础；二是可比性不强，当实际的业务量和编制预算所遵照的业务量存在较大差异时，有关预算指标的实际数和预算数就会因为业务量基础的不同而丧失可比性。如编制财务预算时，预计业务量是生产能力的90%。其成本预算的总额为40 000元，实际业务量是生产能力的100%，其成本的实际总额是55 000元，实际成本和预算相比，则超支非常大。然而，实际成本脱离预算成本的差异包含了由于业务量增长而增加的成本差异，而这些业务量差异对成本分析而言是无任何实质意义的。

（三）零基预算

零基预算也可称为零底预算，是指在编制预算时，针对所有的预算支出都以零点为基础，不考虑编制预算的以往情况，从实际需求和可能出发，分析和研究各项预算费用的开支是否合理，并进行综合平衡，最终确定预算的费用。零基预算是与传统增量预算相区别的一种编制费用预算的方法，在编制预算时，对一切预算支出都以零为基底，从实际情况出发，逐步审议各项费用和开支的必要合理性和开支数额的大小，从而确定预算成本。具体做法是：

1. 企业内的各个相关部门依据企业的总体目标以及各项部门的具体任务，确定预算期内需要进行的各种业务活动与其费用开支的目的、性质与数额。

2. 对各项预算方案进行成本和效益的分析。也就是对每一项业务活动的花费与所得进行比较，权衡得失，以此判断各项活动项目费用开支的合理性和优先顺序。

3. 依据生产经营的客观需要和一定时期内资金供应的可能性，在预算中针对各项项目进行择优安排，落实预算并分配资金。

4. 区分可延缓费用项目与不可延缓费用的项目，在进行预算编制时，要依照预算期内可提供支配的资金数额在各项费用间进行分配。应注意优先安排不可延缓费用项目的支出，其次再根据需要和可能，依照费用项目的轻重缓急来确定可延缓费用项目的开支。

零基预算的优势是不受现有条件的束缚，对所有费用都从零出发，不仅能够缩减资金的开支，还能切实做到将有限的资金运用在最需要的地方，以此调动各个部门人员的积极性与创造性，合理使用资金，量力而行，提升效益。由于零基预算的工程量较大，编制预算通常需要较长的时间。为了克服这一缺陷，没有必要每年都按照零基预算的方法进行编制预算，只需要每隔几年按照此种方法编制一次预算。

（四）增量预算

增量预算指的是以基期成本费用水平为基础，结合采取预算业务量水平以降低相关成本的措施，通过调整原有费用项目的途径而编制预算的方法。增量预算的方法操作起来简单方便，但它是建立在过去水平上的方法，实质就是承认过去的就是合理的，没有必要改进。在预算过程中，会不加分析地接受或者保留原有的成本项目，有可能致使原本不合理的费用继续开张，而不加以控制，使不必要的开支合理化，导致预算上的浪费。

（五）滚动预算

滚动预算又称为连续预算，指的是在编制预算时，将预算期和会计期分开，随着预算的执行不断地对预算进行补充，逐期向后滚动，使预算期一直保持在12个月的一种预算方法。这种预算方法的特点在于使预算期和会计年度结合，一直持续12个月，每过去一个月，就依据新的情况对几个月后的预算进行调整和修改，且在原预算的基础上增加下一个月的预算，从而逐步向后滚动，持续不断地通过预算的形式来规划未来的经营活动。

滚动预算的通常做法是使预算期始终保持在12个月，每过去1个月或者1个季度，立刻在期末增列1个月或者1个季度的预算，因此在任何时期都使预算具有12个月的时间幅度，故可称连续预算。滚动预算的优势是能够使企业的各级管理人员对未来始终保持着12个月时间的考虑与规划，从而确保企业的经营管理工作得以稳定而有秩序地进行。滚动预算还能克服传统定期预算的不变性、盲目性与间断性，在这一层面上，编制预算已不只是每年末才开展的工作，而是与日常管理密切相关的一项措施。

（六）定期预算

定期预算指的是在编制预算时，将不变的会计期间，如日历年度，作为预算期的一种编制预算的方法。这种方法的优势在于利于将实际数和预算数进行对比，也便于对预算的执行情况进行分析及评价。其缺点有：一是盲目性；由于定期预算通常是在其执行年度开始之前的两三个月进行，很难预测预算期的后期情况，尤其是在多变的市场情形下，对许多数据只能估计，因此具有盲目性。二是不变性。在预算执行的过程中，诸多不测因素都会妨碍预算的指导功能，有时还会使预算失去作用，而预算在具体的操作过程中又通常不能进行调整；三是间断性。预算的连续性较差，定期预算只能考虑一个会计年度的经营活动，即便是年中修订的预算也只是针对剩余的预算期而言，而对于下一个会计年度较少考虑进行人为的预算间断。

三、企业财务预算的编制流程

企业财务的编制预算，通常应以"上下结合、分级编制、逐级汇总"的程序进行。高级管理人员要设定好预算编制的标准流程，以防低效率的产生；不断强化预算管理委员会的功能，加强对预算编制和执行过程的监控，从而才能编制出准确合理的企业财务预算。

（一）下发目标

企业集团的财务部门根据预测分析，向董事会提出年度经营目标；经董事会批准后，由预算管理层将预算目标及编制政策下达给下属各部门及企业。

（二）编制上报

企业的各个职能部门通过研究预算总目标和编制政策，详细分析影响预算的各种因素，并结合自身的资源条件提出其预算目标以及确定的依据，编制出相应的预算，最后上报预算方案。

（三）审查平衡

企业集团的财务部门分析、审查、汇总和平衡各个预算部门，并据此提出调整建议；召开预算会议进行讨论和修改方案的具体事宜，然后汇总上报。如果发现问题，应及时将提出的修改建议反馈给相关部门。

（四）审议批准

企业集团的财务管理部门在各个部门修正调整的基础上，编制出企业的财务预算方案，并上报预算管理层讨论。如果不符合企业集团的发展战略或者预算目标，要责成相关部门进行修订和调整。在讨论和调整的基础上，企业的财务管理部门正式编制出企业的年度预算草案，并上报企业集团的董事会审议批准。

（五）下达执行

将上级审议批准的预算草案层层分解成对应执行部门的预算指标，再依照实际情况对预算进行详细分解，最后下达给各基层单位或者部门。

四、预算目标的确定

实施预算管理，最重要的前提就是确定预算目标。预算目标指的是在一定的预算期内，企业的生产经营活动要达到的目标与结果。它以企业的战略规划和目标为方向，以市场预测及平衡企业内部各项资源为基础，由公司的投资者、决策者、经营者以及内部各个预算执行部门进行反复协调和测算而确定的。

（一）确定原则

由于企业内部各执行部门的层级与性质不同，它承担的预算目标也不相同。但通常情况下，预算目标的确定要遵守如下原则：

1. 导向性。预算实际上就是把企业的战略目标转化为数字，它属于战略规划的执行计划，因而确定预算目标要将企业的战略目标与战略规划作为导向。

2. 科学性。制定企业的各项预算目标，要以科学分析为基础，以历史资料为参考依据，依据市场调研与科学预测，通过研究和分析产品的品种、结构、成本、产销数量与价格等变量间的相互联系与影响，以可靠、翔实的数据为前提来确定。

3. 恰当性。预算目标应该反映企业在预算期内所能达到的最佳水平，同时要避免出现两种情况，即目标"定位过高"或者"定位过低"。

4. 可控性。企业在向各预算部门分解和落实预算目标时还要遵循可控性的原则，只要是预算部门不能控制的指标，都要将其变为可控性指标。

5. 客观性。客观性亦称真实性，具体指企业要以实际的交易或事项为基础进行确认、计量与报告，真实地反映符合确认及计量要求的各项会计要素，确保会计信息的真实可靠和内容的完整。企业在制定预算目标时，一是要与市场的客观需求相符合，能够经得起市场的考验，也就是要与企业的外部环境相适应；二是要和企业的生产能力、资源状况、员工素质以及技术水平相适应，也就是要符合企业内部生产经营的客观实际。

6. 系统性。各个预算目标之间具有一定的内在联系与紧密的逻辑关系。预算目标既要与企业的发展战略保持一致，各期的预算目标之间也要相互协调、前后衔接。

7. 全面性。全面性指的是预算目标既要包括财务指标，还要包括非财务指标；既包含定量指标，又包含定性指标；既包括绝对数指标，又包括相对数指标。与此同时，在预算目标的范围上，不仅包括产供销的各个环节和人财物各方面的指标，还包括企业各个部门和各个层级的指标。

（二）预算指标

财务预算目标是指导企业年度生产经营活动的指标体系，它是由许多指标组成的。不同企业的指标也是不同的，比如商业企业、工业企业、电信业、建筑业之间都会有所区别，但还有一部分指标存在相似性。预算指标通常可以分为两类，即财务性指标与非财务性指标，且预算一般情况下以财务性指标为主。

1. 财务性指标

主要包含：现金净流量指标；销售收入指标；成本指标，具体包含直接人工费用、直接材料费用、制造费用等指标；应收账款周转率；期间费用指标，具体包含财务费用、营业费用、管理费用等指标；利润指标。

2. 非财务性指标

主要包含：市场占有率指标、安全指标、产量指标、新产品开发指标等。

第三节　企业财务分析的指标及其应用

一、企业财务分析的指标

新世纪以来，随着社会经济由传统的工业经济转为知识经济，企业的财务管理环境也发生了较大的变化。新经济时代的到来，为企业财务管理的发展提供了更多有利条件，尤其是在市场经济条件下，由于企业发展目标和财务目标的变化，为确保企业资本增值目标的完成，企业必然要面对投资、筹资、分配、经营等各个环节的决策及控制，企业的管理决策与管理控制发展成了现代企业的重心。

在企业管理中，不论是管理决策，比如战略决策、经营决策、财务决策，还是管理控制，比如预算控制、激励控制、评价控制与报告控制等，都不能脱离相关的财务分析信息，因此财务分析的重要性日益凸显。伴随着世界科技的飞速发展，以计算机和新型材料为代表的第三次工业革命促使世界经济逐渐向信息化时代过渡。在信息化时代中，国民经济以信息业、通讯业、服务业为主导，从以自然资源为核心的第一产业以及以物质资本为主的第二产业逐步向以人力资源为主的第三产业转变。产业结构的升级使人们越来越关注人力资本的吸收、投入和相关剩余价值的分配，互联网也被企业广泛使用。信息量的拥有程度直接关系到企业资源配置的优化程度，虚拟网上交易也大量浮现。大量的数字信息为企业带来了更多的商机，制约着企业的经济活动，为企业的财富创造提供了更多的机遇和挑战。新经济背景为企业财务分析和应用带来了新的机遇，财务分析和应用对企业产生了深远的影响，因此愈来愈能受到企业的重视。

财务分析指标的需求者主要包括企业的债权人，他们能够为企业提供资金保障，企业的所有者也就是指企业净资产的拥有者，企业经营管理者也就是企业的实际经营者，企业的员工就是企业中的服务人员以及社会中介机构以及政府等。不同主体所占据的角度不同，代表的利益不同，对财务分析信息的要求也不同。

对于企业投资者而言，注重企业的盈利情况以及其所投入资本的增值情况。因此，投资者关心的是与企业获得利润能力相关的指标，也就是企业的盈利能力分析。

企业的债权人指的是按照协议收取固定利息并在一定期限内收回本金的人。债权人并不参与公司的管理，无权分享企业的收益，因此债权人更为关心的是企业偿付负债的能力，进行的主要是企业偿债能力分析，而企业的经营越好，盈利越高，支付负债的能力就越强，所以债权人也会关注企业的盈利水平。

企业的经营决策者是企业经营管理的参与者及决策者，企业经营者必须要全面了解与掌握企业各方面的情况，比如获取利润的能力、偿还负债的能力、经营管理的成果、企业的未来发展趋势等相关信息，因而对于企业的经营者要进行全面而完整的综合分析，同时还要注意观察企业经营和财务上存在的风险。

由于我国政府具有多重身份，不仅是宏观经济的管理者，还是社会主义国情下国有企业的所有者，因此政府应该关心企业的合法经营及其对社会的贡献。尽管不同企业的经营规模、经营环境、经营特点与经营状况各不相同，但所进行的财务分析基本一致，主要进行五方面的财务分析：营运能力、发展能力、盈利能力、偿债能力和现金流量能力。

构建财务分析的指标体系时要遵循一定的原则。财务分析指标体系的构建涉及多种，错综复杂，为了确保分析指标体系的科学性和实践性，指标体系的设计要依据一定的原则。

1. 重要性原则

指标体系建立的根本落脚点和出发点都是企业的价值，应找到对企业价值有推动作用的指标。而在指标体系的建立过程中，不可能体现出所有的因素，因为各个企业所处的领域以及竞争环境等方面存在着一定差异，我们只能在关注共性的前提下，尽量兼顾每一个个性因素。各个因素对企业价值的影响大小不同，指标的选取应该主次分明，对那些内涵相似、信息量重叠的指标要进行取舍，构建出的指标体系要包含影响企业价值的重要因素而不是所有因素。选择那些重要的、关键的指标，并围绕着核心问题展开讨论。对影响企业价值的关键和重要因素应采取相应地控制措施，这样会达到事半功倍的效果。

2.实用性原则

实用性是指指标计算所需的数据要能容易获取。分析的不同主体，不论是企业的股东、债权人、潜在投资者还是政府等公共机构都要得到较为具体的数据，以便展开分析。实用性的另一方面是指标的计算要客观、科学、简便易行。唯有确保指标的实用性才有助于这种财务分析方法的推广和使用。

3.可比性原则

以企业价值为基础的财务分析指标在一定的范围内才具有普遍适用性。财务分析指标的内涵、选取以及计算口径都应具备可比性。可比性有两个维度：横向可比与纵向可比。横向可比指的是不同企业间指标的选取、指标的计算要保持一致性。纵向可比指的是同一企业同一指标的内涵、计算口径前后保持一致。唯有确保指标的可比性，指标体系的构建才具有实际意义，才能保证指标体系拥有广阔的使用范围。此外，还能在不同企业间以及企业的不同历史时期进行对比，以突显企业的优势和劣势。

4.成本效益原则

这一原则是指获得指标所付出的代价及其带来的效益的权衡应成为是否将指标列入指标体系的关键原则。若获取指标所付出的代价要远远大于其能够带来的效益，且该指标并非关键指标，那么就要放弃或选取相近的替代指标。

二、企业财务指标的运用

财务分析所涉及的指标主要包括营运能力指标、盈利能力指标以及偿债能力指标，分别运用于对企业的营运能力、盈利能力与偿债能力的分析。

（一）营运能力分析

营运能力指的是企业的经营运行能力，也就是企业运用各种资产谋取利润的能力。衡量企业运营能力的指标包括：存货周转率、应收账款周转率、营业周期、流动资产周转率和总资产周转率等。

1.存货周转率

存货周转率是指企业在一定时期内销货成本和平均存货余额的比率。它常用于反映存货的周转速度，也就是存货的流动性与存货资金占用量是否合理，促进企业在保证生产经营连续性的同时，提升资金的使用率，加强企业的短期偿债能力。

存货周转率的计算公式是：

$$存货周转率（周转次数）= \frac{营业成本}{平均存货余额}$$

$$存货周转期（周转天数）= \frac{平均存货余额 \times 360}{营业成本}$$

其中，平均存货余额的计算公式是：

$$平均存货余额 = \frac{年初存货余额 + 年末存货余额}{2}$$

存货周转率是反映企业流动资产流动性的指标之一，也是衡量和评价企业生产经营各个环节中存货运营效率的综合性指标。存货周转率指标的好坏能够直接反映企业存货管理水平的高低，并影响着企业的短期偿债能力，是整个企业管理的重要内容。

一般来说，存货周转速度越快，存货的占用水平就越低，流动性就越强，存货转换为现金或应收账款的速度也就越快。为此，提高存货周转率能够提高企业的变现能力。

2. 应收账款周转率

应收账款周转率指的是企业在一定时期内的营业收入或者销售收入和平均应收账款余额的比率。应收账款周转率的计算公式是：

$$应收账款周转率（周转次数）= \frac{营业收入}{平均应收账款余额}$$

$$应收账款周转期（周转天数）= \frac{平均应收账款余额 \times 360}{营业收入}$$

其中，平均应收账款余额的计算公式是：

$$平均应收账款余额 = \frac{年初应收账款余额 + 年末应收账款余额}{2}$$

应收账款周转率是衡量企业应收账款的变现能力与管理效率的财务比率指标。应收账款周转率越高，周转天数越少，就表明企业催收账款的速度快，导致坏账损失的风险小，流动资产的流动性较好，短期偿债能力强。反过来，如果应收账款周转率低，就表明企业催收账款的速度慢，导致坏账损失的风险大，流动资产的流动性差，短期偿债能力较弱。

3. 流动资产周转率

流动资产周转率指的是企业在一定时期内的主营业务收入净额和平均流动资产总额的比率，它是衡量和评价企业资产利用率的一个重要指标。流动资产周转率的计算公式是：

$$流动资产周转率（周转次数）= \frac{营业收入}{平均流动资产总额}$$

$$流动资产周转期（周转天数）= \frac{平均流动资产总额 \times 360}{营业收入}$$

其中，平均流动资产总额的计算公式是：

$$平均流动资产总额 = \frac{年初流动资产总额 + 年末流动资产总额}{2}$$

流动资产周转率是衡量企业流动资产周转速度的一个重要指标。流动资产周转率越高，流动资产周转速度就越快，流动资产的利用率就越高；反过来，流动资产的利用率就越低。

4. 总资产周转率

总资产周转率指的是企业在一定时期内的营业收入和平均资产总额的比率，能够用来衡量企业全部资产的利用效率。总资产周转率的计算公式是：

$$总资产周转率（周转次数）= \frac{营业收入}{平均资产总额}$$

$$总资产周转期（周转天数）= \frac{平均资产总额 \times 360}{营业收入}$$

其中，平均资产总额的计算公式是：

$$平均资产总额 = \frac{年初资产总额 + 年末资产总额}{2}$$

总资产周转率越高，就说明企业全部资产的使用率越高；反过来，总资产周转率越低，就表明企业利用全部资产进行运营的效率较低，最终会影响到企业的获利能力。企业应及时采取各项措施提升企业资产的利用程度，比如提高销售收入或者处理多余的资产。

（二）盈利能力分析

盈利能力即收益能力，指的是企业获取利润的能力，也可称为企业的资本或者资本增值能力，通常表现为在一定时期内企业收益数额的多少及其水平的高低。盈利能力的指标主要包括营业利润率、成本费用利润率、总资产报酬率、盈余现金保障倍数、净资产报酬率以及资本收益率等。实际上，上市公司通常采用每股收益、每股股利、每股净资产、市盈率等指标评价其获利能力。能够反映企业盈利能力的指标很多，经常使用的主要有成本费用利润率、销售净利率、总资产报酬率与净资产报酬率。

1. 成本费用利润率

成本费用利润率是指企业在一定期间的利润总额和成本、费用总额之间的比率。成本费用利润率指标表明每付出一元成本费用能够获得多少利润，体现了经营消耗所带来的经营成果。成本费用利用率的计算公式是：

$$成本费用利用率 = \frac{利润总额}{成本费用总额} \times 100\%$$

成本费用率体现的是企业在生产经营过程中付出的代价和获得的收益之间的关系。成本费用率越高，就表明企业未获取一定的利益所付出的代价较小，企业的盈利能力就越强。此外，通过这一比率还能够对企业控制成本费用的能力以及经营管理水平进行衡量和评价。

2. 销售利润率

销售利润率是用来衡量企业销售收入收益水平的指标，反映了一定时期内的利润总额和营业收入的比率。销售利润率的计算公式是：

$$销售利润率 = \frac{利润总额}{营业收入} \times 100\%$$

通常情况下，可使用销售利润率来衡量企业的盈利能力，销售利润率越高，企业的盈利能力就越强。然而，因为利润总额中包含着非销售利润因素，因此，为了真实、客观地反映和评价企业的盈利能力，要根据具体的实际情况，使用不同的利用率。若企业的投资收益或者营业外收支过高，就要使用营业利润率；若企业的其他业务利润过高，就要使用主营业务利润率。

营业利润率和主营业务利润率的计算公式如下：

$$营业利润率 = \frac{营业利润}{营业收入} \times 100\%$$

$$主营业务利润率 = \frac{主营业务利润}{营业收入} \times 100\%$$

例1：某企业2015年的营业利润为560万元、营业收入是3 600万元。2016年的营业利润为900万元、营业收入为5 400万元。则该企业2016年的营业利润率与2013年相比发生了什么变化？

解析：

首先算出2015年的营业利润率 $= \frac{560}{3\ 600} \times 100\% = 15.56\%$

接着算出2016年的营业利润率 $= \frac{900}{5\ 400} \times 100\% = 16.67\%$

从计算结果可知，该企业2016年的营业利润率比2015年有所提升。

3. 总资产报酬率

总资产报酬率又可称为资产所得率，是指企业在一定时期内获得的报酬总额和资产平均总额之间的比率。它表示的是企业包括净资产与负债在内的全部资产的总体获利能力，用来衡量和评价企业运用全部资产的总体获利能力，是评价企业资产运营效益的重要指标。总资产报酬率的计算公式是：

$$总资产报酬率 = \frac{息税前利润总额}{平均资产总额} \times 100\%$$

其中，息税前利润总额的计算公式是：

$$息税前利润总额 = 利润总额 + 利息支出$$

总资产报酬率是反映企业资产综合利用率的指标之一，全面地反映了企业全部资产的获利水平，也是衡量企业利用债权人以及所有权益总额所获盈利的重要指标，因而，企业中的所有者与债权人都十分关注这一指标。

通常情况下，总资产报酬率越高，说明企业的资产利用率就越高，企业的获利能力就越强，经营管理水平也就越高。

4.净资产报酬率

净资产报酬率又可称为所有者权益报酬率，是企业在一定时期内获得的报酬总额和平均净资产之间的比率。净资产报酬率的计算公式是：

$$净资产报酬率 = \frac{净利润}{平均净资产} \times 100\%$$

其中，平均净资产的计算公式是：

$$平均净资产 = \frac{年初所有者权益 + 年末所有者权益}{2}$$

净资产报酬率是反映权益资金投资收益水平的指标，它是企业盈利能力指标的核心，也是财务指标体系的中心。通常认为，净资产报酬率越高，企业权益资金获取收益的能力就越强，运营效益就越好，对企业投资人与债权人权益的保障程度也就越高。

（三）偿债能力分析

偿债能力指的是企业偿还各类到期债务的能力，具体可以分成长期偿债能力与短期偿债能力。企业偿债能力，在静态层面上，指的是用企业资产清偿企业债务的能力；在动态层面上，指的是用企业资产与经营过程创造的收益偿还债务的能力。企业是否具有现金支付能力及偿债能力是企业能否健康发展的关键。企业偿债能力分析是企业财务分析的重要组成部分。

1.长期偿债能力

长期偿债能力指的是企业对债务的承担能力与对偿还债务的保障能力。长期偿债能力分析是企业债权人、投资者、经营者以及与企业有所联系的各方面都十分关注的重要问题。长期债务能力分析的指标主要包含资产负债率、产权比率与已获利息倍数。

（1）资产负债率

资产负债率也称作负债比率，是企业负债总额和资产总额的比率。资产负债率表明在企业的资产总额中，债权人提供资金的所占比重及企业资产对债权人权益的保障程度。资产负债率的计算公式是：

$$资产负债率 = \frac{负债总额}{资产总额} \times 100\%$$

资产负债率越小，企业长期偿债的能力就越强。一般情况下，资产负债率维持在 60% 左右比较恰当。

（2）产权比率

产权比率又称为负债权益比率，是企业负债总额和所有者权益总额的比率。产权比率反映的是所有者权益对债权人权益的保障程度。产权比率的计算公式是：

$$产权比率 = \frac{负债总额}{所有者权益总额} \times 100\%$$

通常情况下，产权比率越低，企业的长期偿债能力就越强，债权人权益的保障程度就越高，但企业却不能够发挥负债的财务杠杆作用。因此，企业在对产权比率进行评价时，要从增强偿债能力与提高获利能力两方面综合考虑，也就是在保证债务偿还能力的基础上，尽可能地提高产权比率。

（3）已获利息倍数

已获利息倍数又可称为利息保障倍数，指的是企业息税前的利息和利息支出的比率，反映了获利能力对债务偿付的保障程度。已获利息倍数的计算公式是：

$$已获利息倍数 = \frac{息税前利润总额}{利息支出}$$

息税前利润总额的计算公式为：

$$息税前利益总额 = 利润总额 + 利息支出$$
$$= 净利润 + 所得税 + 利息支出$$

已获利息倍数既反映了企业获利能力的情况，又反映了企业获利能力对偿还到期债务的保障程度。它不仅是企业举债经营的前提条件，也是衡量企业长期偿债能力的主要标志。通常，已获利息倍数越高，就说明企业的长期偿债能力越强。一般情况下，企业的已获利息倍数维持在 3 时比较合适。

长期来看，想要维持正常的偿债能力，已获利息倍数至少应该大于 1，若已获利息倍数太小，企业就可能面临偿债的安全性和稳定性下降的风险。企业的已获利息倍数到底应为多少才算偿付能力强，这要结合以往的经验以及行业特点来判断。

2. 短期偿债能力

短期偿债能力指的是企业以流动资产偿还流动负债的能力，是衡量企业的财务能力，尤其是流动资产变现能力的重要指标。衡量与评价企业短期偿债能力的指标包含流动比率、速动比率和现金比率。

（1）流动比率

流动比率指的是企业流动资产和流动负债的比率，体现的是每一元流动负债有多少流动资金能够作为支付保证。流动比率的计算公式是：

$$流动比率 = \frac{流动资产}{流动负债} \times 100\%$$

通常，流动比率越高，企业的短期负债能力就越强，债权人的权益就越有保障。然而，从企业的资金使用效率与资金结构的角度考虑，流动比率最好不要太高，因为过高的流动比率可能反映了企业的负债过少，并未充分利用财务的杠杆作用，或者是资金的存量过多，资金的使用效率不高。

一般情况下，流动比率维持在200%左右较为适宜。在使用流动比率时，应注意以下问题：

① 不同行业和领域对流动比率的要求并不相同。一般而言，生产周期较短的行业，如食品加工行业，流动比率可以较低；而生产周期长的企业，如钢铁生产行业，流动比率要求较高。

② 流动比率的高低并不能准确全面地反映企业的短期偿债能力。由于流动资产中除了货币资金、应收账款以外，还包含存货、待摊费用等变现速度较慢或者不能够变现的项目。有时候流动比率高是因为大量存货以及待摊费用的存在，而真正能够用来偿债的流动资产却较为缺乏。

（2）速动比率

速动比率指的是企业速动资产和流动负债的比率。速动资产指的是流动资产减去不稳定、变现能力较差的存货、预付账款、一年之内到期的非流动资产以及其他流动资产之后的余额。

由于速动资产舍弃了存货的等变现能力较差且不稳定的资产，因此，速动比率与流动比率相比能更准确、更可靠地评价企业资产的流动性与其偿还短期债务的能力。它的计算公式是：

$$速动比率 = \frac{速动资产}{流动债务} \times 100\%$$

其中，速动资产的计算公式是：

速动资产 ＝ 货币资金 ＋ 交易性金融资产 ＋ 应收账款 ＋ 应收票据

　　　　＝ 流动资产 － 存货 － 预付账款 － 1 年内到期的非流动资产 － 其他流动资产

通常情况下，速动比率越高，企业偿还流动负债的能力就越强。一般来说，速动比率维持在 100% 较为合理。在应用速动比率时，应收账款是影响其可信度和可靠性的关键因素。因为，若企业的应收账款中有许多不易收回，极有可能成为坏账，那么速动比率就不能够真切地反映企业的偿债能力。

（3）现金比率

现金比率是指企业现金类资产和流动负债之间的比率。现金类资产具体包括货币资金与短期有价证券。它衡量的是企业及时偿还短期负债的能力。现金比率的计算公式是：

$$现金比率 = \frac{现金 + 短期有价证券}{流动负债} \times 100\%$$

通常情况下，现金比率越高，表明现金类资产在流动资产中所占比重越高，企业的应急能力越强，偿还短期债务的能力就越强。然而，若现金比率过高，则可能表明企业的流动资金未得到充分利用。通常，现金比率维持在 20% 左右最为合理。

（四）发展能力分析

企业的发展能力也称为企业的成长性，它是企业自身通过生产经营活动，不断扩大积累而形成的发展潜能。企业能否健康发展由多种因素决定，既包括外部经营环境，也包括企业的内在素质及资源条件等。衡量企业发展能力的指标主要有：营业收入增长率、总资产增长率、资本积累率以及营业利润增长率。

1.营业收入增长率

营业收入增长率指的是企业本年营业收入增长额和上年营业收入总额之间的比率，反映了企业营业收入的增减变动情况。营业收入增长率的计算公式是：

$$营业收入增长率 = \frac{本年营业收入增长额}{上年营业收入总额} \times 100\%$$

本年收入增长额 ＝ 本年收入总额 － 上年营业收入总额

如果营业收入增长率大于零，则表明企业本年营业收入有所增长。该指标值越高，就表明企业营业收入的增长速度越快，企业市场前景就越好。反过来，企业的发展能力就弱。

例2：某企业2012年营业收入总额为1 200万元，2013年营业收入总额为1 600万元，那么该企业的营业收入增长率为多少？

解析：营业收入增长率 $= \dfrac{1\,600 - 1\,200}{1\,600} \times 100\% = 25\%$

2. 总资产增长率

总资产增长率又称作总资产扩张率，指的是企业在一定时期内的总资产增长额和期初资产总额之间的比率，反映了企业资产规模的增长情况。总资产增长率的计算公式是：

$$总资产增长率 = \dfrac{本年总资产增长额}{年初资产总额} \times 100\%$$

$$本年总资产增长额 = 年末资产总额 - 年初资产总额$$

总资产增长率越高，说明企业在一定时期内资产经营规模扩张的速度就越快。但是在分析时，应关注资产规模扩张的质与量之间的关系，以防盲目扩张。

例3：某企业2015年年初资产总额为4 200万元，年末资产总额为4 800万元，该企业2014年总资产增长率为多少？

解析：总资产增长率 $= \dfrac{4\,800 - 4\,200}{4\,200} \times 100\% = 14.3\%$

3. 资本积累率

资本积累率也就是指股东权益增长率，是企业当年所有者权益增长额与年初所有者权益的比率。资本积累率反映了企业当年的资本积累能力，是评价企业发展潜力的重要指标。资本积累率的计算公式是：

$$资本积累率 = \dfrac{本年所有者权益增长额}{年初所有者权益} \times 100\%$$

资本积累率越高，就表明企业的资本积累越多，持续发展能力就越强。

例4：某企业2013年年初所有者权益是11 546万元，年末所有者权益是12 556万元，2014年年初所有者权益是12 556万元，年末所有者权益是14 190万元。试分析该企业2013与2014年资本积累率的变化情况。

解析：首先算出2013年资本积累率 $= \dfrac{12\,556}{11\,546} \times 100\% = 8.7\%$

接着算出2014年资本积累率 $= \dfrac{14\,190 - 12\,556}{12\,556} \times 100\% = 13.0\%$

以上的分析结果表明，该企业2014年的资本积累率比上一年有了大幅度的增长。

4.营业利润增长率

营业利润增长率指的是企业本年营业增长额和上年营业增长额之间的比率，反映了企业营业利润的变化情况。营业利润增长率的计算公式是：

$$营业利润增长率 = \frac{本年营业利润增长额}{上年营业利润总额} \times 100\%$$

本年营业利润增长额 = 本年营业利润总额 - 上年营业利润总额

营业利润增长率越高，就表明企业的利润增长速度较快，持续发展能力就越强。

例5：某企业2014年的营业利润总额为1 153万元，2015年的营业利润总额为1 236万元。该企业的营业利润增长率是多少？

解析：营业利润增长率 $= \dfrac{1\ 236-1\ 153}{1\ 153} \times 100\% = 7.2\%$

第四节　企业财务分析的改进措施

一、营运能力的改进

（一）存货周转率的改进措施

存货周转率指的是一段时期内的销售成本与平均存货的比率。首先，由于不是用销售成本核算全部的存货流转，因此，销售成本不能够客观体现某段时间内的存货周转总额。大致表现为：在债务重组过程中使用原料抵债、在建工程领取存货、将存货分配给投资人或者股东、捐赠存货、存货和其他资产进行非货币性交易等。以上业务的货币周转总额固定不变，但都和存货流转相关。由此可见，存货的流转总额通过销售成本来计算，通常会低估存货的周转速度，低估流转金额。虽然以原材料投资、在建工程领取产品与存货抵债等不属于企业主营业务的范畴，但随着商品经济的快速发展，企业经营的方式多种多样，存货周转速度加快，而存货周转率指标却不准确，造成管理者制定出存在偏差的存货储备额，误导其对存货使用率的估测，甚至还可能阻碍企业正常的生产经营活动。为此，存货周转金额的计算应该对销售成本中不相关的周转额进行汇总，并将汇总额和销售成本相加，作为存货周转总额。

事实上，使用存货周转率来反映企业的实际营运能力已经没有太大的意义。不同行业和企业的存货周转率之间没有可比性，即使是同类企业的存货周转率也没有可比性。毛利润为零的企业，即便拥有再高的存货周转率也是空转，唯有在盈利的情况下，周转才具有实际意义。因此，考核存货周转率时，需要计算出每周转一次的获利额。

当周转一次获利额为正数时，存货周转才有意义，获利额越高越好；当周转获利额为零时，则没有价值，也就是所谓的空转；当周转获利额为负数时，那么周转越快亏损越多。

与存货周转率极为相似的是营业收入毛利润，也就是（营业收入 – 营业成本）/ 营业收入，这一指标较为准确地反映了营业收入的获利水平，然而并没有考虑营业税金以及附加的因素。企业的应税经营项目不同，营业税金以及附加对营业收入毛利的扣除程度就会有所不同，有时差别十分明显。一般来说，承担着消费税纳税义务的企业，营业税金及附加对营业利润的扣除额比其他企业要高。

（二）总资产周转率的改进措施

总资产周转率指的是企业主营业务收入净额对资产总额的比。去除折让后的销售净额就是总资产周转率公式中的分子，分母为企业各项资产加总，具体包括长期股权投资、固定资产等。总资产中的对外投资，不能构成销售收入，它是企业投资损益的变化。我们可以看到，如果分母、分子口径不一致，该项指标对不同企业前后各时间段资产结构的不同就会失去可比价值。为此，要从总资产中剔除和主营业务收入无关的对外投资。此外，企业的总资产不仅会引来主营业务收入，还会带来其他业务的收入。经过修正，分母就是扣除资产后的营业总资产，分子则为营业收入净额，计算结果更加可靠准确。在计算总资产周转率时，还要将未参与企业生产经营活动的资产去除。这些资产有：工程物资、在建工程、长期待摊费用、递延所得税资产以及其他尚未参与或者已退出企业生产经营活动的资产等。由于季节性因素或者负债变化对企业资产总额产生的影响，在确定总资产平均余额时，不能单使用期末和期初的平均数，还要按照全年 12 个月的余额来计算。与存货周转率相似，总资产周转率的快慢自身并不能反映出企业的运营能力，还需以周转过程中价值是否增加为前提条件。

（三）应收账款周转率的改进措施

企业的商品交易与劳务供应与款项结算无论是在时间还是在空间上都是分开的，因此，应收账款就发展为企业的一项经常性流动资产。应收账款的回收期越短，资产的质量就越好。一般用应收账款周转率进行衡量，但这一指标仍然存在许多问题。

首先，因为企业季节性的生产经营活动，应收账款周转率不能够准确反映企业的销售实际情况；其次，在某些企业的产品销售活动中，存在着大量使用分期付款的方式；再次，在产品的销售过程中，有些企业仍旧使用收取现金的方式；最后，在年末，有些企业的销售量会呈现出大幅度的上升或者下降。这些因素都会影响应收账款的周转天数或者周转率。在进行分析时，投资者要将企业的前期和本期指标、行业平均水准或者其他类似企业的同类指标进行比较，便于判断指标反映财务的情况。除此之外，企业中可能会存在没有办法收回的坏账，但出于各方面的综合考虑，要将实际的坏账保留在账户中，这样会影响利益相关者对应收账款的分析和评价。例如，某企业某年的营业收入为 6 000 万元，应收账款平均余额为 3 000 万元，其中，1 500 万元的账龄已超过 4 年，那么应收账款周转率为 6 个月周转一次。计算结果显示，该企业目前实际的应收账款周转率为 6 000/（3 000-1 500）=4 次，也就是三个月周转一次。

（四）适当地增设营业收入现金保障倍数

为了更好地反映企业收入的质量，可适当地增设营业收入现金保障系数。营业收入现金保障系数反映了销售商品、提供劳务收到的现金对收入的保障程度。在销售商品以及提供劳务收到的现金中包含了向客户收取的增值税，因而营业收入现金保障倍数 = 营业收入 ×（1+ 增值税使用税率）。如果与这一指标相符就为正常；如果大于这一指标则说明企业收回了前期的应收账款或者向顾客预收了账款；如果小于这一指标就表明企业的收入并无相应的现金流入保障；若该项指标连续低于正常值，就表明企业将面临财务困境。

二、偿债能力的改进

（一）流动比率的改进措施

流动资产既包括变现能力较差的存货，也包括大量的应收账款等债权资产。如果这些资产很难如期实现，必然会误导经营者，让他们认为全部账面可以到期足额支付债务。因为信息不对称以及利益相关者关系等原因的存在，流动比率的计算数据经常被歪曲。除此之外，流动比率不能够定量地体现短期债务与潜在的变现能力。为了弥补流动比率的缺陷，客观公正地评价企业的短期偿债能力，可以使用以下指标：

1. 修正指标为企业业绩评价指标体系中的一个指标层次，用来对基本指标评价形成的资产营运状况、财务效益状况、偿债能力状况以及发展能力状况的初步评价结果进行修正，从而产生较为全面的企业业绩评价基本结果。速动资产修正是货币资金、短期证券、信誉高客户的应收款净额与应收票据的加总。速动比率 =（短期证券 + 货币资金 + 信誉高客户的应收款净额 + 应收票据）/流动负债。由于扣除了存货及流动资产中与现时现金流量不相关的项目和制约速动比率可信性，能够准确地分析企业偿债能力与变现能力。

采用何种途径确定信誉高客户的应收账款净额是问题的难点。依照惯例，可以使用三个月期限的应收账款周转率进行衡量。如某企业的年收入为 8 000 万元，按照三个月的应收账款周转率来衡量，应收账款的平均余额是 2 000 万元，若应收账款大于 2 000 万元，在计算速动比率时应将超过标准的应收账款扣除。

2. 使用负债现金流量比率来反映企业当期偿还短期负债的能力，即经营活动产生的现金流量净额与流动负债的比。从现金流动表上可以得知经营活动产生的现金流动净额，从资产负债表上可以得知年末或者年初的流动负债。为了阻止少数企业在会计期末采用延期交货、暂时偿还债务待下期初再借等措施，人为地提高流动比率和速动比率，粉饰财务报表，流动债务不能使用期初与期末的简单平均数，而应采用特定会计期间各月余额加总计算出其平均余额。因为经营活动产生的现金流量净额是以收付实现制为前提的，流动负债综合考虑了各月的实际情况，这样就能够充分反映经营活动现金净流量对流动负债的保障程度，更加谨慎和可靠。

（二）资产负债率的改进措施

资产负债率反映了企业总资产对企业总负债的偿还能力。它虽保证了企业对负债拥有一定的资产，但仍然存在以下缺点：一是资产负债率的母项内容存在问题。该项指标反映了全部负债的偿付水平，但并不是全部资产都具有偿债的物质保障作用，资产总额应该单指可变现的资产、不良资产以及不真实的资产计价等，指标的真实性和可靠性都会因此大打折扣；二是资产负债率的子项内容存在问题。不完整的虚负债、负债总额等都会影响负债总额的账面价值，导致资产负债被歪曲。为此，修正后的资产负债率 =（资产总额 – 预计负债+ 未确认的应付利息等）/（负债总额 – 长期待摊费用 – 递延所得税资产 – 其他不能变现的资产）。

资产负债率是反映企业长期偿债能力的指标，通常认为其值和偿债能力呈正相关。数值越低，自有的资金越雄厚，财务状况就越趋稳定。适度的举债经营对于企业规模的扩大与潜在的发展是大有益处的。鉴于此，在分析企业的长期偿债能力时，要将资产负债率和资产报酬率有机地结合起来。若单位资产获利能力增强，则可以允许较高的资产负债率存在。但并非全部项目一旦投资就立刻会产生报酬，对那些投资回收期限长、报酬率高的项目，不能够当期表现其获得的利润，这就导致资产报酬率无法矫正资产负债率的缺陷。可知，资产负债率是由企业价值所决定的。一方面，企业价值高表明企业偿债资金充裕、经营产生的现金流量净额较多；另一方面，企业价值高说明获得银行贷款的概率大，银行对其信誉评估等级高。

（三）利息保障倍数的改进

利息保障倍数根据损益表的材料，用经营利润支付债务利息来衡量企业长期偿债能力。但它具有以下缺点：一是该指标反映的只是企业举债经营的基本条件，仅能说明支付利息的能力，不能展现偿付债务本金的能力；二是虽然该项指标对利润因素进行考虑，但是偿付本金与利息使用的是现金而非利润。为此，在使用时，应当结合债务本金、债务期限等因素进行综合考虑；三是没有考虑未来现金流量的利息保障倍数指标。这可以用现金利息保障倍数指标来纠正。现金利息保障倍数是指经营活动产生的现金流量净额、现金利息支出与付现所得税，这三者之和与现金利息支出相除，所得的比率。它表明了企业在一定时期内经营活动所获得的现金是现金利息支出的多少倍，更清晰地表明了企业用经营活动所获得的现金偿付债务利息的能力，并能够明确地体现经营产生的现金流量对到期债务的偿付水平。

此外，应当明晰利息费用在利息保障倍数和总资产报酬率中的不同取数来源。利息保障倍数指标分母中的利息费用主要包括计入固定资产成本中的资本化利息与财务费用中的利息费用两个组成部分。因此，在计算总资产报酬率及利息保障倍数时要根据企业当期的实际利息支出。但是现行的《企业会计准则》中确定的对外出示的会计报表并没有列出相关当期利息费用的数据，损益表中只有财务费用的相关数据，致使企业的债权人、投资人以及其他利益关系人很难得到企业当期实际利息费用的相关数据。因此，有必要在报表附注中明细列出当期利息费用的数据或者用财务费用替代利息费用，当作计算上述两项指标的取数来源。

（四）增设可偿债资产负债比率的相关指标

传统的偿债能力仅能反映出相应指标的对应关系，并不能反映出真正用以偿债资产的实际规模，必须重新建立更具价值的偿债能力指标，也就是可偿债资产负债比率。可偿债资产负债比率是可偿债资产与负债的比值，该项指标的关键环节是可偿债资产的确认。可偿债资产负债比率可以划分为短期可偿债资产负债比率与全部可偿债资产负债比率两个部分。短期可偿债资产负债比率指的是可偿债流动资产与流动负债的比，可偿债流动资产 = 流动资产 − 一年内不能变现的流动资产。一年内不能变现的资产具体包括：账龄超过一年的应收款项、预计流动资产减值损失、周转期超过一年的存货也就是大于营业成本部分的存货以及其他一年内不能变现的流动资产。企业存货生产经营周转周期超过一年的可适当延长周转时间。

全部可偿债资产负债比率是指可偿债资产总额和负债总额的比，这项指标反映了企业可变现资产对全部负债的保障程度。可偿债资产总额是指资产总额与不能变现的资产的差。不能变现的资产主要包括：无法实现销售的存货、预计的资产减值损失、未提坏账准备的已发生减值的应收款项、长期待摊费用以及递延所得税资产等。

（五）增设净利润负债比率的相关指标

现行偿债能力财务指标是通过将资产与负债进行比较而得来的。事实上，若不考虑企业以吸收投资的方式来偿债的因素，企业要保持现在的生产经营规模或者要扩大再生产，最终偿债的资金来源应是企业利润，因此使用净利润负债比率更有现实意义。净利润负债比率是指负债和净利润的比，它反映企业所创造的净利润用多长时间能够偿还债务。该项指标还能分为净利润流动负债比率与净利润负债总额比率两个子指标，分别体现了净利润对流动负债和与负债总额的保障程度。

由于净利润是按照债券进行确认的结果，因此时常和现金的流入流出不一致。使用净利润负债比率来衡量企业偿债能力时，还要考虑净利润的现金流入情况。通常情况下，可以使用经营活动产生的现金净增加额与现金以及现金等价物净增加额两大要素来检验利润的现金保障程度。经营活动产生的现金净增加额应当等于净利润加上未减少现金的费用与损失，最后再加上财务费用。符合这一标准，净利润就会有相应的现金流入；超过这一标准，就说明企业收回了以往年度的应收账款或者预收账款；低于这一标准，就表明净利润并无相应的现金保障。这些详细资料都能够通过资产负债表获得。

三、盈利能力的改进

（一）净资产收益率的改进

净资产收益率的计算公式有两种表现形式：第一种分母为年初净资产和年末净资产的均值，第二种分母为年末净资产。这是因为分子都为当年的净利润，而分母使用年初及年末净资产的平均值更为恰当。在进行利润的分配时，年末净资产由现金股利决定，从而影响着净资产收益率，而股票股利对年末净资产不会造成影响，因此也就不能决定净资产收益率。评价企业当年收益的指标应对不同分配方案进行分析。因此，改变分母的年末净资产变为利润分配前的年末净资产更为恰当。

针对第一种形式的指标，在分母的净资产中，实收资本反映的并不是市场价值而是账面价值。通常情况下，通过一段时间的经营，企业的市场价值和账面价值会有较大出入，根据不同计价方式所得的净资产收益率也会存在较大差异。账面价值只能反映过去的情况，市场价值反映现时价值。根据第一种指标所得到的净资产收益率并不能反映股东资本的真实现时收益率，而根据第二种指标所得到的净资产收益率能较好地反映股东资本真实的现时使用效益。与此同时，随着现代通信技术、现代交通业的发展以及用户需求的变化，互相割裂的市场正在向一体化转变。传统的以交易价格为基础的历史成本计量属性已不再是唯一真实的信息源，公允价值的真实性和客观性已经得到了广泛的认可。用市场价值代替账面价值以衡量净资产，能够客观地量化股东资本的现时使用效率，有助于推进股东做出理性的投资决策。净资产报酬率仅能反映投资者的获利水平，因企业的资本结构使得该项指标产生较大差异，评价企业盈利能力时通常有失偏颇。例如，甲、乙两家企业的资产总额均为 8 000 万元，甲企业所有者权益总额为 5 000 万元，实现净利润为 900 万元，乙企业所有者权益总额为 1 500 万元，实现净利润为 400 万元，甲企业的盈利能力高于乙企业，但是甲企业的净资产报酬率 =900/5 000=18%，而乙企业的净资产报酬率 =400/1 500=27%，呈现出了与实际相反的状况。

（二）总资产报酬率的改进

资产是能够为企业带来经济利益的丰富资源，各项资产收益能力是不相同的，甚至可能存在巨大差别。总资产报酬率反映了企业所包含的所有者权益以及负债在内的全部资产的综合利用成效，是利润总额与平均资产总额的比率。若总资产报酬率指标和企业资产利用效果呈正相关，企业的盈利水平与管理能力就越好。虽然人们认为这是真理，但却经常失灵。

比如，甲企业的资产总额为 8 000 万元，其中在建工程为 3 000 万元，年利润为 800 万元。乙企业的资产总额为 8 000 万元，在建工程为 200 万元，年利润为 1 000 万元。则甲企业的总资产利润率：800/8 000×100%=10%，乙企业的总资产利润率：1 000/8 000×100%=12.5%。仅从指标值就可得到乙企业的资产收益率高于甲企业的结论，但实际情况恰恰相反。资产一种重要的生产要素，各类资产所发挥的生产要素能力是不同的，在建工程属于没有形成生产能力的资产，对企业的利润没有任何意义，唯有等到工程完成时才能发挥作用。倘若在计算总资产利润率时将在建工程从资产总额中去除，就会得到相反的结论。那么甲企业的总资产利润率为：800/（8 000–3 000）×100%=16%，乙企业的总资产利润率为：1 000/（8 000–200）×100%=12.82%。甲企业发挥生产要素的资产获利能力要高于乙企业。此外，资产中最为活跃的存货，假如卖不出去，就会一文不值。例如款式陈旧的服装、已遭淘汰的上一代设备、被曝光的劣质产品。应收账款中也可能存在永远收不回来的账款或者母公司永远不想归还的借款。这一列的不良资产都会对相关财务指标造成影响，在企业的实际生产中发挥的作用也千差万别。

企业的资产质量与结构不同，对总资产报酬率也会产生较大影响。应该适当调整该项指标，调整后的公式是：总资产报酬率 =（净利润 + 利息支出）/（平均资产总额 – 在建工程、工程物资、长期待摊费用、递延所得税资产等未参加生产经营的资产）。这样才能反映企业有效资产的获利能力，分开对待资产的获利能力和资产质量两个方面，公正地判断和评价企业资产的获利能力。

（三）成本费用利润率的改进

成本费用利用率指的是企业在某段时间的利润总额与成本费用的比。该项指标通过将企业支出与收益进行比较，评价企业为获取收益而付出的代价，旨在加强内部管理，开源节流。根据现行会计准则中对利润表列报方法的规定，营业成本、销售费用、管理费用、财务费用、销售税金、所得税等都属于成本费用。而营业利润、投资收益、资产减值损失、公允价值变动损益、非流动资产处置损益等都可以当作是利润总额的来源。由此可知，分子和分母的口径不一致，其所涵盖的范围就不同，不能够直接相比。以这样的方法获取的指标值去衡量同一企业不同时段或者不同企业的收益及耗费关系，显然不妥，甚至还有可能会得出相反的结论。统一规定后，成本费用利润率 = 营业利润 ÷ 成本费用总额 =（营业收入 – 营业成本 – 营业税金及附加 – 管理费用 – 销售费用 – 财务费用）÷（营业成本 + 营业税金及附加 + 管理费用 + 销售费用 + 财务费用）。

企业经营活动以市场为导向，根据市场供求关系的不断变化及时调整投资方向与经营业务，企业越来越趋向投资方向多样化、经营业务多角化、投资主体多元化的发展模式。在这种态势下，企业主营业务和其他业务间的界限将会逐渐淡化，主营业务收入的盈利能力并不能反映所有营业收入的获利能力。评价企业所有营业收入盈利能力的营业利润率指标将更为趋向一般化使用。为了概括企业全部营业成本费用以及营业收入的数据，现行的会计准则变革了利润表列报方法，明确提出单项列示"营业成本""营业税金""营业收入"等项目。企业投资者和债权人能够完全而直接地从利润表中获取全部营业收入的数据。为此，当前设置与使用营业利润率指标已经不存在任何障碍。

（四）增设净利润现金保障倍数的相关指标

每股净利并不能充分说明例如资本公积等企业其他资本项目的获利情况，只能说明股本的获利能力。净资产收益率虽然是量化企业综合获利能力的首要指标，但它反映了所有者权益的单位净利。这两项指标都只是从数量角度反映企业的盈利能力。净利润现金保障倍数从质量方面更清晰地反映了企业的盈利能力。企业收入依据权责发生制确定，大多都包含应收账款等债权资产，如果这些资产难以按期变现，将会导致企业获得含有一定"水分"的净利润。企业假如使用关联交易等方式人为形成以上资产，那么在这种途径下获得的净利润对投资者而言就是"陷阱"。该项指标能够量化企业收益的质量，就反映了有现金保障的当期净利润数量。因为经营活动现金净流量是净利润与不减少现金的费用及损失的总和，如果比率大于1，就符合这一标准，说明企业的销售回款情况较好，收益质量高；如果比率等于或小于1，甚至出现负数，就说明企业的利润中存在"水分"。

（五）增设投资利润率的相关指标

投资利润率反映了企业对外投资的质量。单一的经营业务会导致企业存在较大的风险，因此，经营模式的多元化是当今企业发展的主题。在多元化的经营模式下，一部分资产在企业的内部经营，一部分资产被投资到企业外部参与运营。投资利润率＝投资收益／对外投资资产＝投资收益／（长期股权投资＋交易性金融资产＋可供出售金融资产）。根据总资产报酬率指标，假如投资利润率等于或者高于总资产报酬率，就表明企业对外投资资产影响了企业的发展；反过来，就说明企业对外投资制约了企业的发展，应及时采取措施，调整投资结构或者收回投资。

（六）增设经营资产报酬率的相关指标

为了更好地评价企业各类资产的报酬水平，应该分别计算对外投资资产与内部经营资产的报酬率。与投资利润率相照应，还要增设经营资产报酬率指标。经营资产报酬率指标的分子为利润总额扣除投资收益，分母为资产总额中去除对外投资资产以及未参与经营的资产，用公式表示为：经营资产报酬率＝（利润总额－投资收益－公允价值变动收益＋公允价值变动损失）／（资产总额－对外投资资产－未参与生产经营的资产）。该项指标去除了对外投资资产以及未参与企业内部生产经营活动的影响，能够单独反映企业的内部经营成果，具有较高的决策价值。通过与投资利润率进行比较，更加合理地分配在内部经营以及对外投资之间的生产要素。

（七）增设经营资产盈利能力的相关指标

经营资产的报酬率与盈利能力的内涵不同，报酬率体现的是已经实现的盈利水平。经营资产盈利能力指的是作为生产要素的资产组合的增值能力，反映了企业在现有的市场环境与内部生产经营的经营管理水平下，经营资产的获利能力。用公式表示为：经营资产获利能力＝[利润总额＋利息费用－投资收益（减损失）－公允价值变动收益（减损失）＋营业外支出－营业外收入]／（资产总额－对外投资资产－未参与生产经营的资产）。在这一指标的计算过程中，排除了对外投资以及非正常经营损失等各种因素的影响，也考虑到了企业资本结构的因素，同时排除了利息费用，这样就能够如实地反映经营资产的获利能力，对企业资产质量评价的意义十分重大。

四、发展能力的改进

当下，使用资本规模扩张、资产增长率和主营业务收入增长率来分析企业的发展能力并不是最佳方案。首先，针对主营业务收入增长率指标，企业销售收入的增长只能反映企业生产规模的拓展驱使以及企业市场占有的扩张，但企业财富的增加与毛收入的增加是不存在必然联系的；其次，企业的发展与资产规模的扩展也不存在必然联系，资产规模的扩展为企业的发展提供了资源条件。由于资产的使用效率制约着企业的价值增长，即便企业资产规模持续扩张，若资产使用率较低，投入再多的资源也不能够促使企业价值的迅速增加；再次，假如是以高负债为基础的资产扩张，就体现不出企业自身发展能力的增强。由于资产账面价值制约着上市公司的固定资产扩张率，拥有较多资源的企业，其账面价值和市场价值存在着巨大的差距。此外，作为企业资本积累率指标，无法区分是留存收入的增加还是所有者加大了对企业的投入。在实际的评价过程中，应当结合所有者权益类别的增长情况进行综合分析，才能够说明企业内部所具备的持久发展动力。

第七章　企业的财务控制

随着我国经济的快速发展以及市场经济体制的不断完善，我国企业的组织形式发生了巨大的改变，由以往行政体制下的企业逐渐发展为现代企业制度下的企业集团。企业作为我国市场经济发展的产物，在一定意义上也体现了我国的经济实力与地位，对于推动经济的发展至关重要，同时基于我国企业在所属领域中的优势，在企业自身发展的同时也带动了其他行业的进步。目前，国与国之间的竞争不仅是经济实力的竞争，也是各个国家企业之间的竞争，我国的社会主义建设和国际竞争力的提升也离不开企业的发展壮大。

企业作为现代企业的主要组织形式之一，依据其雄厚的资金实力、先进的生产技术以及管理水平在全世界的经济活动中发挥着越来越重要的作用。伴随着企业规模的不断扩大，企业对于财务控制的要求也越来越高。多数企业都将财务控制作为确保企业持续健康发展的途径，通过财务控制，可以使企业形成有机的整体，有助于资源的优化配置，提升资源的使用效率。因为企业内部联系各个企业的主要纽带是资本，企业成员之间具有独立性，企业集团通过采取各项财务控制方法，能够保证企业整体的利益和成员的利益相统一，以发挥集团的规模优势。除此之外，世界经济环境变化的不定性使我国企业面临着严峻的挑战，合理的财务控制对于优化企业内部环境以及防范企业危机起到了关键作用。

第一节　企业财务控制的内涵与特殊性

一、企业财务控制的内涵

企业财务控制的内涵是在一个相当长的时间段内形成的，在控制被广泛运用到企业财务管理过程之后才真正产生了现代意义上的财务控制。传统意义上的财务控制指的是企业财务人员应用财务计划目标、财务法规、财务制度、财务定额等对资金进行组织、协调、约束与督促，以保证财务计划目标得以实现的一项管理活动。这体现了财务控制的主要目的是为了确保企业目标的达成。

在企业具体的财务控制过程中，企业的财务法规、财务制度、财务计划目标以及财务定额等都是财务控制的重要依据，企业的控制主体是财务人员，企业的控制客体是资金运动。国际会计准则对控制的定义为：控制，指统驭一家公司的经营与财务政策，由此从公司的经营与财务活动中进行获益的权力。

财务控制指的是对企业的资金投入以及收益过程与结果进行对比、矫正，是为了保证企业目标和为达成目标所制定的财务计划得以实现。在现代财务理论中，企业理财的目标与它所反映的企业目标是股东财富的最大化。财务控制的总体目标是在保证法律法规与规章制度得以贯彻落实的前提下，优化企业整体资源的综合配置效益，理清资本保值与增值的委托责任目标和其他各项绩效考核标准来制定企业财务控制的目标，这是企业理财活动的主要环节，也是实现理财计划的根本保证，因此财务控制服务于企业的理财目标和计划。

财务控制是企业财务管理中最基本也是最重要的环节。财务控制、财务预测、财务决策、财务分析和财务评价一起构成了企业财务管理的系统。财务控制在企业的整个运行体系中居于最关键的枢纽地位，起着承上启下的作用。

现代社会，无论是企业财务控制的理论体系、财务控制的环境，还是人们对财务控制的期望，都随着市场经济的发展而发生了翻天覆地的变化。因此，我们需要根据经济环境的具体情形重新定义财务控制。与传统财务控制相比，公司的董事会是财务控制的主体，客体不仅包括公司有价值的财务资源和内部的资金流转，还包括企业的内部人员和企业内部的财务关系。因此，财务控制有了如下的定义："企业在运用激励与约束措施，协调企业内部各利益主体的行为，合理配置企业各种财务资源，并有效遵守企业内部各项法律规章的基础上，以实现企业价值最大化为目标的综合管理活动。"

二、企业财务控制的特殊性

总体上看，企业多层次的委托代理关系使企业财务控制也体现出多层次性。企业财务控制的层次大体可以分为经营者财务控制与出资者财务控制两种类型。经营者财务控制具体包括母公司和子公司的财务控制；出资者财务控制可以分成企业母公司出资者的财务控制及母公司作为出资者对子公司的财务控制。企业财务控制的最突出特征就在于母公司对子公司的控制，这也是企业财务控制的难点所在。以下将从财务控制的各个要素角度进行详细探讨。

（一）从企业财务控制的主体角度分析

在企业制度下，法人治理结构的重要特点之一就是董事会对经营者的财务控制和约束的强化，董事会是企业财务控制的重要主体，全面负责企业的财务控制。因为多层次代理关系的存在，财务控制的主体也呈现出多层次的特点，董事会常常会将一部分财务控制授权于经营者，经营者依据管理的需要将财务控制权的部分再授权给财务部门以及下级管理者。逐级类推，财务控制的多次授权最终形成了多层次的财务控制主体。整体说来，单一法人的经济实体内部，财务控制的主体包括董事会、经理层以及财务部门等。

而在企业内部，财务控制的主体更为复杂。首先，由于母子公司都是独立的法人，在法律上，它们要分别独立承担经济责任、社会责任、法律责任等，还具有相对独立的财政权、经营管理权等。因此，它们是互相独立的财务管理主体，在其内部都应当建立相对独立的财务控制系统，包含董事会、经理层、财务部门等财务分层控制主体系统。其次，在企业内部，各公司的地位和职能不同，母公司处于核心地位，发挥着主要作用。而子公司以及成员企业财务管理主体地位的确立，并不能说明它们能够完全脱离公司的领导而依据自己的偏好理财。母公司能够运用法律赋予的权力，借助委派股权代表、推荐董事和监事、提名董事长和总经理等多种手段，促使能代表其利益的成员加入子公司的董事会和监事会，构建信息传递以及有效监控的渠道。子公司则在母公司的率领下行使其法人财产权。因而，在企业内部，各个成员企业内部的财务控制处于不同的立场和地位，相应地，董事会、经理层和财务部门等财务控制的主体也就具有不同的职责和权力。

从整个企业的层面上看，企业内部的财务控制主体共同构成了一个极为复杂的多层次复合结构，主要关联到母公司的董事会、经理层、企业的财务总部；子公司的董事会、经营者和财务部；分公司的经营者和财务部门等。假如是事业部型结构的企业，企业财务总部还会设置财务派出机构即事业部财务机构。各个财务控制主体在企业内部都具有不同的地位，母公司如果处于主导地位，其财务控制的主体在整个企业财务控制中也就居于主导地位。因而，各个财务控制主体共同构成了以母公司董事会为主导的多层次复合结构，依照它们在企业内部的不同地位而对其职责进行界定，是确立顺畅的财务控制机制的前提。

（二）从企业集团财务控制的目标角度分析

企业财务控制的目标是多层次的，首先是为了降低代理成本，也就是降低偏离委托人目标、代理人偷懒、不负责任或者以各种手段想方设法地从企业获取自身利益而发生的成本；其次是为了促使企业战略目标的实现，使代理人的行为与企业战略目标相符，为企业战略服务，最终达到整合资源优势、实现资源利用的最大化、促进企业价值得以实现的目标。这一目标体系在单一法人经济实体的内部主要表现在董事会对经营者的财务控制和经营者的财务控制行为中。董事会通过采取各种财务控制手段来限制经营者的自利行为，使其逆向选择减少，促使其行为与企业价值最大化目标相吻合。而在企业内部，这个目标体系主要表现在母公司对子公司等成员企业集团的财务控制及各个成员企业内部的财务控制中。母子公司在法律上独立平等的法律地位致使其难以避免地倾向于追求自身利益的最大化，如果成员企业个体的利益和企业整体利益目标发生冲突时，就会造成成员企业用个人利益最大化代替企业整体利益的最大化，也就是所谓的目标逆向选择。为此，企业的财务控制的目的在于协调各成员企业间的利益冲突，促使各成员企业谋求自身利益最大化的过程可以按照集团战略目标以及整体利益最大化的目标轨迹前行，最终达到企业的资源整合优势。

事实上，从整体利益和个体利益的层面上来说，企业财务控制的目标和单一法人经济实体内部财务控制的目标并没有实质性的差异，不论是站在企业整体的角度还是个别企业的角度，财务控制系统的构建都要适应这个目标体系。它们的区别在于个体与整体的内涵不同。对单一法人经济实体来说，个体一般是个体、单位或者部门，而对于集团而言，个体最重要的是法人。二者的根本区别是法人要独立承担各种风险和责任。为此，企业内部的财务控制事实上是协调多个更具集体意识的个体间的利益，不仅要激发各层级企业的责任感、积极性和创造性，还要将个体行为融入企业的统一规划中，以追求资源整合及管理协同效应的最大化，最终实现整体利益的最大化。

（三）从企业集团财务控制的客体角度分析

财务控制的客体最主要的是出资者、经营者、员工等与其形成的财务关系，再者是财务资源，也可以将它们分别称为第一客体和第二客体。

就第一客体来说，在单一的经济实体内部，第一客体指的是各利益相关者以及他们之间形成的财务关系。企业的利益相关者包括出资者、经营者、员工、债权人等，从理论层面上看，各类利益相关者的财务控制行为都会影响其他利益相关者的利益，还可能会引起其他利益相关者的行为。因此，各利益相关者在进行财务控制时，要考虑其他利益相关者的具体情况以及他们之间的财务关系，也就是说其他利益相关者与其财务关系是各利益相关者财务控制的客体。企业所涉及的财务主体更为广泛，就企业而言，母子公司都是互相独立的财务主体，具有相应的财权。母公司对子公司、子公司对孙公司进行财务控制，但它们之间的关系与单一企业内部的单纯的控制与被控制的关系不同，更多地倾向于一种协调与控制的关系。从母公司和子公司包含的利益相关者的角度而言，整个企业集团涉及着一个极为复杂的财务主体系统，母子公司都包括出资者、经营者、债权人、供应商、员工和顾客等利益相关者，母公司作为出资者和子公司的其他利益相关者发生利益关系。在各成员企业的内部，各利益相关者都是其他利益相关者财务控制的客体，而在企业内部，因为成员企业所处的地位不同，其利益相关者所实施的财务行为涉及到的范围不同，财务控制的客体范围也就不同。总体看来，企业财务控制的重点在于母公司对子公司的控制，这种控制主要是借助对子公司董事会、经营者和财务经理的控制来实现的。因而，子公司董事会、财务经理和经营者是母公司进行财务控制的重要客体。

就第二客体来说，企业的财务资源可能会比单一法人经济实体的财务资源更为丰富。财务资源在归属各成员企业的前提下，服从于母公司的统一调配，为此，母公司需要对各成员企业的财务资源进行必要的控制，以实现资源整合的目标。与此同时，因为企业的财务资源较为丰富，可以进入更为广泛的财务活动领域，通过使用多种多样的融资、投资以及利润分配的形式或者手段，并可以借助成员企业优势互补或者取长补短，在投资、融资和利润分配等形式或者手段方面具有更为广阔的创新空间。这对企业而言无疑是非常有利的，但也要加强财务控制，不然的话非常有可能导致资金的滥用，甚至还可能会引起企业管理的混乱，最终造成企业的衰败。母公司对子公司实施的财务资源控制并非全面控制，只不过是控制一些关键点，主要是通过对现金流的控制、对投融资以及抵押担保等重大财务事项的控制来实现。

综上所述，企业财务控制的第一客体是子公司等成员企业中的重要财务控制主体，例如子公司董事会、财务经理和经营者等；而对于第二客体的控制主要是通过对现金流以及一些重大财务事项的控制来实现。企业财务控制客体的这一系列特征会进一步影响到企业财务控制方式的选取。

（四）从企业集团财务控制的方式角度分析

财务控制的顺利实现要依靠一定的激励和约束手段，如解雇与替换表现不佳的经营者，董事会通过下设各种委员会完善对经营者的监控职能，明确界定股东大会、董事会和经营者的职权，制定出标准的财务制度和会计政策，建立有效的信息报告制度，将经营者、员工的报酬和经营业绩相联系，预算控制，建立合理的评价制度等。除此之外，财务控制还能够借助企业外部的一些手段，例如经理人与劳动力市场的调节、调控市场上潜在并购者的威胁、政府的法律监管、注册会计师等中介机构的管制等。财务控制主体应该根据实际情况选取控制方式，以便建立完善的财务控制系统，最终完成财务控制的目标。

企业的财务控制方式和单一法人经济实体内部的财务控制最大的区别在于，成员企业较为独立的法人身份决定了其不能够将行政控制作为主要方式。并且，多层次的利益主体、较为复杂的财务控制客体、千变万化的市场环境以及日益激烈的市场竞争都对财务控制提出了更高的要求。应该协调并处理好各方面的权责利关系，极大激发各成员企业的责任感、积极性与创造性，在此基础上发挥企业的规模整合效应以及竞争优势。企业财务控制需要多种方式的全力配合。由于企业内部存在全资子公司、参股子公司、控股子公司、分公司、派出机构等多种经营单位，企业经营有可能会跨行业、跨所有制、跨地区，甚至还可能会跨国发生，这要求企业对不同的经营单位，根据其经营内容以及所有制等各个方面的特征采取不同的财务控制手段和方法，以实现不同的控制程度与效果，最后形成企业的竞争优势。如对全资子公司，母公司能够直接任命管理层对其经营与财务进行全面而直接的控制；对控股子公司与参股子公司，母公司应该借助股东会、董事会和监事会参与子公司的财务控制，如委派董事和监事等，以实现实施控制的目标；对企业内部的协作企业而言，母公司大多通过企业章程以及一些契约的建立，约束这些成员企业的行为，但不能够损害企业的整体利益。

（五）从企业集团财务控制的环境角度分析

在企业的财务控制活动中，财务控制的主体需要不断对其所处环境进行评估和审视，依据所处环境的特征，实施相应的财务控制手段，以完成财务控制的目标。因此，财务控制环境对财务控制方式的选取和财务控制的效果都有着重要影响。企业财务控制的环境可以以企业治理契约为界限，主要可以分为一般环境与具体环境。一般环境指的是企业治理契约之外的条件或者因素，主要包括法律诚信、政治文化、经济市场等方面。企业由于经营规模较大、范围较广，特别是跨国企业，财务控制环境通常可能比单一法人经济实体的一般环境更为复杂，但这并非两种控制环境的最大不同。企业控制环境的特殊性主要体现在其具体环境上，也就是企业治理契约以内的因素或者条件，这些因素或者条件对财务控制主体的行为具有直接的影响作用。

企业和单一法人经济实体之间的一个重要差别在于组织结构的不同，而组织结构是财务控制必须要考虑的关键环境因素。因此，企业组织结构的特点直接决定了企业财务控制环境的特殊性。从利益相关者形成的财务关系角度上看，企业会涉及众多的利益相关者，无论是公司的利益相关者，还是其他成员企业的利益相关者，都是企业财务控制要面临的客体，它们之间错综复杂的关系组成了企业财务控制的复杂环境。

综上所述，企业的本质特征决定了企业集团的财务控制具有与单一法人经济实体内部财务控制不同的特性，这些特殊性最终要表现在企业财务控制的模式和机制上。

第二节　企业财务控制的目标

企业的财务控制目标是企业实施财务控制所要实现的目标，是进行财务控制的基点，企业由于财务管理和组织特征的特殊性，凸显出了财务控制的重大意义。企业唯有成功有效地实施财务控制，母公司才能实现对企业成员的全面控制和管理，它的经营管理才能被人们认可。与普通的单体企业相比，企业财务控制在难度上更为突出。这些难点不仅体现为财务管理在主体、客体与职能方面的复杂性的难度，还体现为企业财务管理层次性所面对的分权与集权的两难选择。

一、企业财务控制的总体目标

对企业财务控制的总体目标能够从两个角度理解企业出资者的财务控制和企业经营者的财务控制。就出资人而言，他们将资本投入到企业后，其资本就和债权资本相结合，构成了企业的资本，组成了企业的法人财产，这时出资人就丧失了对法人财产的直接控制权。出资人要实现自己的资本保值增值以及资本价值的最大化目标，唯有通过控制其资本的方法来操控法人的财产权。而资本控制不仅是产权控制的重要内容，也是财务控制的前提条件。就经营者而言，其财务控制的对象主要是其运营的法人财产，虽然法人财产的运作过程具体表现为实物资产的流动，但是其背后隐藏的价值流转过程才是资本的本质反映。为此，法人财产运作的控制实质上可以看成是经营者对企业财务控制的具体过程。就两者的关系而言，经营者的财务控制要服从并应该服务于所有者的财务控制，企业出资人对财务控制的目标要通过经营者的财务控制来实现，这最终也是由其委托代理的关系决定的。

因为出资者的目的以及资本的本质特征决定了法人财产的运作目标是实现价值增值，因此，企业财务控制的总体目标是实现企业整体财务价值的最大化。

二、企业财务控制的具体目标

企业整体财务价值最大化是一个较为笼统的概念，只能够用来判断财务控制行为是否合理有效。企业财务控制的目标应该表现为具有完整性以及有机性的目标体系。

（一）实现企业财务的协同效应

与单体企业相比，企业财务资源在时间与空间分布上的不均衡性更为突出。有些情况下，财务资源在某一子公司或者企业中的某个产业投放上存在着严重不足，但在另一个子公司某个产业却十分富余，这种矛盾一方面是企业财务管理的难题，另一方面也为企业追求财务协同效应提供了广阔空间。企业协同效应的实现要借助一个完整而有效的财务控制体系，通过充分发挥财务控制体系的激励与约束机制，使财务资源得以在企业范围内优化配置。企业全面预算管理与资金集中管理是企业实现财务协同效应的有效途径。

（二）保障企业财务战略的一体化

财务控制并不是最终目的，实施财务控制是完成企业的战略目标与支持生产经营活动的重要手段。因此，企业的战略是财务控制的基础。唯有在企业总体战略的指导下，财务活动才具有行动的目标，财务控制才会有所依据。如是否要投资或者融资、如何开展并购和重组、如何制定转移价格等，这些都是在一定战略目标下进行的财务活动。财务控制的主要任务就是为战略的实施提供有力的支持。

企业的各个子公司财务运作的具体环境具有差异性，财务战略需要适应环境必定要反映环境的要求与差异。财务战略的差异性对处在经营空间的子公司是合理的。因为子公司的数量众多，成员企业财务的战略具有放大的效应，因而，对整个企业而言存在采取战略失控的风险，其最终的结果是破坏了企业战略的一体化。企业通过采取财务控制及时处理战略上的失误，在保证各子公司战略适应性的前提下，力图达到企业战略方向的一致性。企业集团通过财务控制体系及时处理战略偏差，在保障各子公司战略适应性的基础上，力求集团战略方向的一致性。

（三）规避企业整体财务的风险

企业财务风险指的是贯穿于企业整个生产经营活动全过程的有关资金筹集、投资使用、收益分配等财务活动所面对的不确定性与可能给企业带来的损失。企业财务风险管理与控制是企业财务管理的重要内容。第一，企业是以母子关系为前提的法人复合联合体，具有财务风险的放大效应。第二，企业内部关联交易较为频繁，成员企业对外担保及相互担保十分容易积累风险，并且积累到一定程度，极有可能发生骨牌效应，威胁到整个企业的安全。最后，企业的现金流动规模庞大，不论是投资、融资还是收益分配，假如某一环节出现问题，影响的范围通常比较广泛。为此，企业财务控制的一项重要目标就是规避财务风险。

第三节　企业财务控制中的委托代理理论

一、委托代理理论的主要内容

企业本身具有地域覆盖面积广、业务范围多、行业跨度大的特征。企业是根据产权关系建立起来的，在本质上是企业集团公司对各子公司的财务控制。产权纽带是企业内部企业间最基本的联结纽带。

委托代理理论是过去几十年里契约理论中的重要理论之一，它是在深入研究企业内部激励问题以及信息不对称问题的基础上形成和发展起来的。在委托代理理论中，所有权和经营权分离公司的所有者和经营者的关系被理解为一种委托代理关系，企业所有者委托企业经营者代理行使企业的控制权。关于委托代理问题主要包括四个假设：

（一）经济人假设

在经济人假设中，企业的委托人也就是股东和代理人都追求自身利益的最大化。双方都想通过缔结契约来增加各自的利益。企业的委托人希望通过代理人的专业知识与能力以谋取更大的利润；而代理人则希望通过代理行为获取更高的薪资和闲暇时间。委托人与代理人都具备"类似权衡利弊、签订契约"这样的理性行为能力。

（二）信息不对称假设

委托人与代理人之间虽然具有契约关系，但事实上信息是不对称的。第一，委托人由于不亲自参与经营活动，无法立刻直观地了解到代理人每天的详细工作内容与具体的行为，唯有通过财务报表或者其他工具来判断和评估代理人的工作情况；第二，委托人不能够完全了解代理人的能力；第三，在实际的监督中仍然存在很大的困难。

（三）目标函数不一致假设

委托人与代理人都要追求各自利益的最大化，因为他们的需求不同，二者的利益目标会产生一定的差异。比如，在信息不对称或者利益不一致的情形下，委托人倾向于用最小的代价让代理人花费更多的精力在工作上，而代理人为追求更高的报酬与更多的闲暇时间怠于代理；此外，代理人在行使代理权的过程中可能会因为一己私利做出损害委托人利益的事情，也就是产生代理问题。

（四）不确定假设

在实际工作中尽管代理人尽职尽责地去履行其代理义务，但仍会出现代理结果不好的情况。因委托代理理论认为，代理的结果除了受其自身能力及水平的影响外还受到许多其无法把握的不确定的因素，如国家政策、竞争对手、战争等外部因素的影响。

二、委托代理关系的产生与其代理问题

在企业发展的初期，企业的资本所有者同时要担任企业的经营者角色。但随着企业规模的不断扩大，资本所有者因在专业时间、专业知识、组织协调能力等方面存在不足，制约了其独自经营的进行。如果企业所有者由于精力和能力的制约而无法同时从事风险决策以及企业管理的工作时，就有可能委托更专业的人员代替其执行企业管理的职能。委托人与代理人关系的确定，使企业所有者能够将企业管理交给专业人士以获取更高的利润。对职业经理人而言，能从代理活动中受益是对双方都有利的行为。与此同时，委托代理的产生也有助于社会资源的有效配置，让专业的人做更加专业的事情。然而，委托代理关系也不是十全十美的，因为代理行为是人的行为，人的性格秉性与素质的差异也会影响代理行为。

由委托代理关系引起的代理问题主要包括三种：道德风险、逆向选择与内部人控制。

（一）道德风险

道德风险指的是代理人为了达到自身效用极大化的目的，利用委托人不能够充分了解自己以及无法及时监督自己行为的缺陷，通过减少自己的资源投入或者采用机会主义行为，从而影响了组织效率，并损害了委托人的利益。如子公司的代理人在日常业务的经营过程中如果制度监管不到位，有可能会为了达到自身的目的，实现自身利益，与供应商相互勾结，以次充好，或者收受回扣，导致委托人的利益受损。

（二）逆向选择

逆向选择也是因为信息的不对称性而导致委托人在有限的接触中无法辨别代理人的个人信息，从而造成决策失误。因此，潜在的劣质代理人同样可能会成为最终的代理人，由于各种因素的影响而无法准确衡量代理人的工作成果和其所付出努力间的比例。

（三）内部人控制

因为委托人和代理人效用的目标不一致，企业的股东也就是委托者希望用最小的代价雇佣经营者获得更高的利润，而代理人则希望拥有更多的报酬和空闲时间。两者的目标不一致就很容易造成代理人以牺牲委托人的利益为代价来实现个人利益最大化的问题，这就是所谓的内部控制人的控制问题。

第八章 企业的并购与重组

众所周知，随着社会的发展和经济的进步，越来越多的企业如雨后春笋般拔地而起，现代的市场环境和宏观经济环境、政治环境也给更多的企业带来了更多的发展机遇。但与此同时，更多的企业在获得了更多发展机遇的同时也面临着新的挑战，企业之间的竞争变得越来越激烈。在当今时代发展的今天，如何让企业提高自身的行业地位和行业竞争力，在实际发展的过程中实现更快更好地发展，赢得更多的经济效益和社会效益，逐渐成了现代众多企业领导和相关工作人员十分关心和重视的问题。扩大企业规模无疑是一种提高企业行业竞争力的重要办法，所以，就目前情况来看，越来越多的企业通过扩大自身的规模来提高自身的竞争力，实现更好地发展，赢得更多的经济效益和社会效益。

企业并购与重组作为一种扩大企业规模的重要方式和方法，无疑成了现代众多企业十分青睐和重视的问题。正如美国经济学家 *George Joseph Stigler* 说："没有一个美国大公司不是通过某种程度某种方式的兼并成长起来的，几乎没有一家大公司是通过内部扩张成长起来的。"也就是说，在成熟的欧美市场经济国家，企业并购和重组成了更多企业家们青睐和重视的扩大企业经营范围的方法，并且也逐渐成为优化资源配置的有效手段，并一直发展和延续起来，其发挥的作用和价值也在逐渐深化。

19 世纪末至 20 世纪初，美国企业在此期间先后经历了 5 次比较大的并购浪潮，从横向并购、纵向并购，逐渐发展到混合并购、杠杆并购，而且随着国际市场竞争压力的逐渐加剧，国际并购也逐渐地成为一种有效的竞争方式和手段。同时，企业组织形式的复杂化和企业规模的扩大化也使得企业并购重组变得越来越复杂和多样。此外，在发展的过程中，新兴的发展中国家，包括我国也在各自资本市场的逐渐发展和完善过程中，逐渐加强了对企业并购与重组工作的重视程度，成了企业扩大规模、提高自身竞争力的长效机制。

而对于我国企业并购重组相关问题来说，相比于国外发达国家，我国企业并购重组的工作起步较晚，到目前为止，依旧处于完善和成熟的阶段。并购重组在我国起步可以追溯到刚刚改革开放之后的 20 世纪 80 年代，但并购重组工作在我国真正意义上的开展开始于 20 世纪 90 年代初上海证券交易所和深圳证券交易所的先后成立。随着我国资本市场的不断发展和规模扩大，上市公司并购重组逐渐成为我国并购重组市场中的主要力量，但由于我国资本市场建立初衷的畸形和制度设计上存在的缺陷，上市公司的并购重组工作在资本市场建立最初的十多年的时间内并没有切实地得以落实和开展。随着1999年《证券法》的颁布，《上市公司收购管理办法》的推出和不断完善，以及2002年相关法规的发布，2011年新版股票退市制度的建立等相关制度规范的不断完善和更新，才使得并购重组工作在我国真正地开展起来，并对公司的发展和整个资本市场的发展产生着越来越大的作用。

据清科研究中心公开统计的数据表明，从2005年到2009年的5年时间里，我国上市公司并购重组案例达到了1 984起，并购金额涉及2 651.8亿元，2010年我国上市公司并购重组案例则高达740起。此外，就目前情况来看，企业并购重组的案例也越来越多。可以说，在我国当今的发展环境和实际经营环境下，企业并购重组的案件越来越多，呈现递增的趋势，而且逐渐呈现多样化和形式化的趋势。所以说，在未来的时间里，企业并购在整个资本市场中发挥的作用越来越大，也逐渐成为更多企业家和企业领导层及其他相关工作人员十分关心和重视的课题和问题。基于此，笔者在总结了自身多年实践经验和所掌握的专业知识和技能的基础上，就如何切实地开展好企业并购工作进行了比较系统和详细地分析与研究，主要包括企业并购的实质及其动因分析；企业并购的形式、类型及阶段；企业并购的价值评估与支付方式；企业重组的分类与方式等方面的内容，具体内容如下所述：

第一节　企业并购的实质及其动因分析

一、企业并购的实质

1.企业并购的含义

概括地来讲，企业并购是随着现代市场的发展而衍生的一种现代化的企业组织形式，同时也是经济学中的一个重要概念。就目前情况来看，企业并购涵盖的形式主要分为企业的资产重组、资源的配置和利益的分配等几种基本的形式，同时，在不同的国家和不同的法律环境下，企业并购有着不同的内涵和外延。

从其组成形式来看，企业并购是兼并（*Merger*）与收购（*Acquisition*）的合称，也就是说，企业并购是企业兼并和收购的集合体，所以在实务界与理论界通常都将企业并购这个活动简称为"*M&A*"。下面就兼并和收购两个名词的定义进行简单的分析。《大不列颠百科全书》一书中对"兼并"一词进行了如下解释："即由两个或者多个相互独立的企业通过收购行为合并为一个企业，通常是由一家业绩较好的企业兼并占弱势的其他一家或多家企业。"从此定义中，可以看出，在企业经营的过程中通过兼并，企业很好地实现了规模效应，同时也有效地实现了共享资源的目的。《国际社会百科全书》对"兼并"一词也进行了解释和定义，但相对来说比较简单，其定义为："兼并是两家或多家企业通过多种形式合并为一家企业，最常见的一种是作为收购方的企业用现金、股权等方式来取得另一家企业的等价的资产。"

概括来讲，收购（Acquisition）是指一家企业主要通过收购目标企业的资产或者股权的方式来获得被收购企业的控股权，在此过程中，被收购的企业仍旧作为市场的主体存在。在此过程中，根据收购目的的不同，收购行为可以分为多种形式，就目前情况来看，根据收购指标的不同，收购活动可以分为股权收购和资产收购两种主要的形式。股权收购是收购方以取得目标企业的股权为主要目的，通过直接或间接的方式购买目标企业的股票，并根据所占股权比例享有股东权益并承担相应义务的形式的收购；而资产收购主要是以资产为标准的并购行为，在此过程中还存在接管行为，此种行为与收购比较相似，但是这种情况的发生通常是说明收购企业相对于被收购企业来说实力更加雄厚。

为了充分地理解收购这一概念，在此过程中还要明确辨析一个兼并的概念，掌握兼并与收购的主要区别。就目前情况来看，收购和兼并之间的最主要的区别就是发生兼并后并购双方主体都消失，取而代之的是通过并购组建的全新的企业；但是以收购方式来重组的企业，在收购行为发生之后，收购方和被收购方都能够在资本市场中以市场主体的形式存在，与并购前不同的是并购方对被并购方占据控制地位。但是就目前我国企业所处的宏观经济环境、政治环境和市场环境来看，比较复杂和多样，也就是说在现在企业所面临的实际市场环境比较错综复杂，所以兼并和收购这两个概念从严格意义上来讲很难进行区分，所以，在理论界和实务界都习惯将两者合在一起使用和研究。

总之，对于"企业并购"这一概念基本可以这样理解：收购方为了有效地获取目标企业的控制权，而去购买目标企业的股权或实物资产行为的发生就形成了企业并购的现象，同时企业并购行为的发生会使得被并购企业的市场主体地位和法人资格消失或者说是其控制权发生一定的转移。

2.企业并购的实质

概括来讲，企业并购的实质是公司的股权、控股权得到了转移，也就是说，只要是公司的股权或者控股权得到了转移，就说明是企业发生了并购的行为。

具体来说，企业并购的实质主要体现在以下几个方面：

（1）企业是一种商品

之所以说企业是一种商品，是因为企业股份制的过程就是一个商品化的过程。也可以说，企业存在股权，那么企业就可以商品的形式存在于资本市场，而商品的主要特征和特点就是可以买卖，相应地，企业也就可以发生买卖的行为，而买卖行为的发生也就是企业并购的过程。从微观层面来看，一方面是企业现有资产价值化、货币化的过程，另一方面又是企业所有权——产权证券化的过程。在经过股份制改造之后，企业原来有的资产及其未来的收益权就可以全部化为可以自由流通的股份，同时也代表着企业的产权在可以被分割成相等的股份的同时，还可以将这些股份拿到证券市场进行公开的出售和转让；相应地，这也意味着企业可以凭借股权的买卖行为，控制这一企业的产权。所以说，股份化的过程就是企业商品化的过程，更准确地说，企业股份化的过程是企业所有权商品化的过程。

（2）股权是企业商品化的标志

就目前情况来讲，我们所提到的企业商品化的标志主要是说企业在产权资本市场上是可以用来交易的对象。在现代资本市场中，企业的所有权主要以股权的方式来获得交易。而股权的含义在目前情况来看，主要分为共益权和自益权两个层面。具体来说，两个方面的内容如下所述：

自益权主要是指股东为自身利益所享有的权利，主要包括利润分配请求权、剩余财产索偿权以及股份出售转让权等；而共益权是股东为了公司法人的利益所享有的权利，主要是指出席股东大会参与议决的权利。由于股东大会普遍实行的是股权多数议决制，所以在整个过程中就会使得拥有多数股份的大股东得以掌握企业的支配权，控制企业的决策。

由此看来，从本质层面来看，自益权的本质就是分红权，共益权的本质可以说是支配权。依据股份公司运作原则，大股东拥有支配权，而小股东则只能体现收益权，也就是说，公司的小股东除了等待分红之外，就只有拿到股票二级市场去炒作。对于小股东来说，他从公司得到的好处全部来源于企业，形象来说，小股东从企业拿到的就是"鸡蛋"；而企业的大股东，在整个过程中就掌有整个企业的控制权和支配的权利，可以说，大股东从企业获得的就是整只"鸡"。由此看来，对于企业的小股东，既定企业的分红成了商品，而对于后者来说，整个企业成了商品。

总之，通过以上简单地分析和研究可以发现，股票既是收益证券，又是支配证券。同时，也正是因为股票代表着企业的产权，具有支配企业的特性，从而才使得通过收购公司的股权来获得公司不同程度支配权的行为得以实现和切实落实。

（3）企业资产和产权

资产和产权作为企业并购的实质性指标之一，无疑也是更多企业家和相关工作人员十分关心和重视的问题。我们所说的资产，主要是指企业的个别资源，例如公司所有的机器、厂房、土地、专利、特许权和商誉等资产；而我们所说的企业产权，主要是指企业作为一个整体所拥有的全部或者说是部分的权利。也可以说，企业作为一个有机的整体和运转着的活的组织，是一个独立存在的受到法律保护，需要享受权利履行义务的主体，所以说，企业应当并且可以享受法人拥有的一切权利。而当我们购买一个企业的部分资产时，我们是在购买这个企业中的个别资源，所以说，在此过程中与企业的权利无关。更为准确地说，我们是从这个企业购买东西，而不是购买企业，这与购买企业的产品没有多大区别。而当我们购买一个企业的产权，与从企业购买产品不同的是，我们购买的是一个企业的全部或者部分的产权，所以在发生购买企业的产权的行为时就购买了拥有企业、控制企业、支配企业的权利，而且购买到了企业拥有的权利，在这个过程中我们也就获得了该企业本身所具有的各种法人权利。同时，这也是企业资产和产权的最大不同。

二、企业并购的动因及效应

由上述分析可知，企业并购行为是一种比较复杂的行为，并且也逐渐成了企业扩大规模、提高自身竞争力的主要行为，所以就企业并购的相关内容进行深入地分析和研究就显得尤为重要和必要了。基于此，笔者在比较详细地分析了企业并购的内涵的基础上就企业并购的动因和效应两方面的内容进行了比较系统地分析和研究，具体内容如下所述：

（一）企业并购的动因

就目前情况来看，企业并购重组的动因是多方面的，而且企业并购行为的发生也不是由于某一方面的因素造成的，是由于多种因素共同造成的。就目前情况来看，企业并购动因的发生主要表现在以下几个具体的方面：

1. 从微观经济学的层面来看

微观经济学认为，所有企业都有适合它的最佳生产规模，当低于这个临界点时，生产成本会随着产出水平的增加而减少，而当超过这个临界点时，企业的投入很难随着规模的扩大转变为更多的产出，在此过程中企业的生产成本反而会有所上升。在这个过程中，以利润最大化为原则，企业就会研究如何将有限的资源进行合理的配置，从而寻找到扩大生产规模，实现规模经济。

在这个过程中，并购就发挥着不可小觑的重要作用，主要表现在以下几个方面：第一，企业调整资产目标的实现就可以通过并购的方式来实现，从而更好地达到调整资产的目标，这样一来，就能够在更好地满足企业生产规模的同时，将所需的成本尽可能的降到最低；第二，企业可以通过并购的行为确保某个产品实现单一化的生产，这样一来，不仅能够在整体上丰富产品的结构，而且又可以避免单个工厂产品品种转换带来的额外成本，达到降低成本的目标；第三，生产的过度专业化会导致其他流程的成本过高，而通过纵向并购活动的实现，就可以充分利用企业的生产能力确保既定目标的实现。此外，通过市场营销、研究开发、管理费用等方面同样也可以达到规模经济的目标，从而就可以有效地提高企业的收益和效益，促进企业实现更快更好地发展和进步，同时也使得企业的市场竞争力得到有效提高。

2.从市场势力的层面来看

众所周知，企业并购行为的存在是为了有效地提高企业的市场占有率，同时，不可否认的事实是，企业对市场的控制力越高，获得利润的空间也就越大。这就是因为，企业的垄断程度越高，在行业内的权利和特权也就越大，从而就可以将产品价格定在远远高于平均利润的水平，获得可观的超额利润。而且这种集中程度越高，企业可以维持超额利润的时间也就会相应地有所增高，强度也就有所增加，在这个过程中，转化的垄断利润数额也愈多。而且从众多的并购案例中可以发现，很多企业选择并购是为了增强实力，从而有效地获得行业内的垄断优势。

3.从交易成本的层面来看

交易成本理论的产生主要是考虑到人的有限理性以及未来的不确定性而产生的。也就是说，由于人获得信息能力的有限性以及处理信息能力的有限性，同时企业在签订各种合约和从事监督工作的过程中会产生一定的成本费用，这就在很大程度上导致了市场交易费用增高问题的发生。所以，为了切实地降低企业的交易成本，就常常会使用企业来代替市场，而并购就是其中一种比较常用的方式，特别是当企业的交易活动比较频繁，涉及的资产专用性比较高时，不确定性就会相应地有所增加。在这个过程中，市场的成本也会相应地增加，企业也就更加倾向于并购，或者说是更多的企业也就比较倾向于选择用企业内的组织协调来代替市场的协调。

4.从协同效应的层面来看

协同效应的概念来自于效率理论，就目前情况来看，协同效应主要包括管理协同和财务协同两个方面的内容。也就是说，企业并购活动的落实主要是以协同效应为根基的，进而更快更好地达到"1+1>2"的效果。而之所以说协同效应能够确保企业实现"1+1>2"的效果，是因为协同效应中两个理论的实现和落实，具体内容如下所述。

管理协同理论主要是说：如果 A 企业的能力比较弱，而 B 企业的能力比较强，那么在 A 企业和 B 企业并购之后，B 企业就可以带动 A 企业，从而有效地提高 A 企业的能力，同时，合并之后企业的产出与收益也会得到一种帕累托改进，这样一来，不仅能够增加单个企业的效率，又在很大程度上提高了整体的福利水平。而财务协同理论的观点认为：如果 A 企业拥有较多的资金但是拥有的投资机会比较少，而 B 企业与其恰恰相反，那么，这样一来，两家企业并购之后，A 企业正好能够给予 B 企业资金支持，而 B 企业也能够给 A 企业提供一定的发展机遇，二者能够优势互补，互利共赢，这样一来，也就有效地达到了促进二者协同发展的目标，同时也能够达到"1+1>2"的效果，而这两个因素的存在也是在很大程度上促进了企业并购行为的发生。

（二）企业并购的效应

就目前情况来看，企业并购活动的开展和落实虽然说是一个相对复杂的过程，但是企业并购工作的开展确实能够得到一定的效益，诸如福利效应、发展促进效应、技术创新效应等，最终不仅能够促进并购企业和非并购企业实现更好更快地发展和进步，而且能够对整个资本市场的完善和发展都起到一定的促进作用。上述几种效应的具体内容如下所述。

1. 福利效应

之所以说并购重组活动的开展和落实能够实现福利效应，是因为并购重组活动的效果符合福利效应的两个基本评判标准，一是帕累托最优，也就是说在不降低既有福利的前提下，能够在一定程度上提高他方的福利，确保他方实现更好地发展和进步，而企业并购行为的发生就能够达到这一目标，所以说其具有一定的福利效应；另一个标准是，以社会净剩余为原则来衡量企业的并购行为，那么并购活动的规模经济效应和各种协同效应能够有效降低产品的价格，从而提高社会总体效应。也就是说，企业并购行为的开展和落实符合对社会的总体效应做出贡献的原则，所以说，企业并购活动的落实具有一定的福利效应。

2. 发展促进效应

之所以说企业并购活动的开展和落实具有发展促进效应，是因为企业并购活动的开展和落实确实能够达到发展促进效应的标准和指标。就目前情况来看，发展促进效应的衡量标准是指如果企业的持续发展指标和耦合度指标不减，并且能够为企业的发展提供一定的促进作用，主要有促进企业持续发展、资源的合理配置和积累与消费的比例能够达到最优的状态，并购企业的经济过程与生态过程的耦合度问题得以实现，那么就说完全达到了这种效应，而企业并购活动的开展和落实确实能够实现上述标准，也能够获得上述效果，所以说企业并购活动的开展和落实能够实现发展促进的效应。

3. 技术创新效应

企业并购行为的落实之所以能够达到技术创新的效应，是因为企业在并购的过程中不仅能够更好地引进新的产品、技术，而且还能够创新生产方式，使得生产技术也能够得到有效地提高，有助于企业在既有的资本市场中开辟出新的方向和道路，实现更好地发展，不仅使得组织形式得到有效地完善和创新，同时，更好地促进企业实现更快更好地发展和进步。由此看来，企业并购活动的开展，通过并购的协同效应，有效地促进企业技术机会、技术能力、融资能力、技术创新的效率和市场销售的配套资产等基本要素的创新和发展，从而更好地达到技术创新效应。

第二节　企业并购的类型及流程

在充分掌握了企业并购的内涵、动因和效应的基础上，为了更好地掌握企业并购这一概念，并且能够确保其实现价值最大化，促进企业实现更好地发展和进步，对企业并购的类型及基本的流程进行掌握就显得尤为重要和必要了。同时，这也是相关工作人员必须掌握的专业知识和技能。基于此，笔者就企业并购的类型及流程的基本内容进行了比较系统地分析和研究，具体内容如下所述：

一、企业并购的类型

根据企业并购的国际和国内经验来看，并购的方式是纷繁复杂、多种多样的，依据各种不同的分类标准，企业并购活动也可以分成多种形式。就目前情况来看，我们按照不同的分类标准将企业并购进行了如下分析：

1. 以支付方式为分类标准

（1）现金购买式并购

现金购买式并购主要是指并购公司通过支付现金或现金的等价物等方式来完成并购工作，从而取得目标公司绝大部分或者是全部的资产或者是公司的股票，进而使得并购公司能够对目标公司的控制权进行不同程度的把握，但是并购之后，需要明确的是目标公司在得到一定的现金的同时其法人地位将会消失。

（2）换股式并购

换股式并购方式的实现主要是通过并购公司的股票来实现的，也就是说并购方通过发行本公司的股票，进而来取得目标公司部分或者全部的股权。换股式并购方式的实现主要是通过两种方法来实现的，一是股票互换式，即并购公司向目标公司通过本公司的股票换取对方公司股票的做法；第二种是股票换资产式，即并购公司向目标公司发行股票以换取对方的资产的做法。

（3）承担债务式并购

承担债务式并购方式的实现主要是通过并购公司在被并购公司资不抵债的形式下开展并购工作的。在此过程中，并购公司能够主动地承担被并购公司的全部或者部分债务，从而获得对目标公司的全部资产的所有权和经营权。相比现金购买式并购，承担债务式并购方式的开展和落实的整个过程中并不涉及现金交易，也就是说承担债务式并购方式在实现债务转移的同时也有效地解决了股权的问题。

2.按并购态度来分

按照企业并购的态度来划分的话，那么企业并购的类型就可以分为敌意并购和善意并购两种，其具体内容如下所述：

（1）善意并购

善于并购主要是指公司整个并购过程中，只要并购公司开出了相对来说比较合理的价格，目标的管理层对其提出的收购条件比较满意的话，那么这样的收购行为就是比较受欢迎的，而且善意并购行为的开展也是有很多好处的，比如有利于并购双方相互交流、沟通，有利于降低并购的风险和成本等。但是，善意并购的过程中也存在一定的不足和缺陷，比如说，善意的并购过程一般来说是比较漫长的，那么漫长的谈判和协商过程就很可能会降低并购活动的时效性，从而就使得并购的价值有所下降。

（2）敌意并购

敌意并购主要是指并购方对被并购方工作的开展是强行来实行的，也就是说被并购方无论是对其持反对意见还是否定意见，都要强行并购。所以，相对于善意并购来说，敌意并购在对被并购方进行估价时就是一个比较漫长的过程，而且整个工作在开展的过程中就比较困难，很多时候公司重要的内部信息根本无法掌握清楚。所以在这种并购方式下，被并购公司不管是员工还是管理层都有强烈的抵触情绪，对于并购公司来说存在着很大的风险。

3.按是否通过证券交易来划分

（1）要约收购

要约收购主要是指目标公司董事会在不知道情况的前提下，并购公司直接通过证券交易所购买股票的形式来获得被并购公司的股权，从而达到扩大自身规模和竞争力的目的。一般情况下，要约收购的形式是在证券市场进行，所以要约收购的成功与否还在很大程度上受到市场的制约，但这种并购行为也是存在一定的优点的，比如显而易见、自主性强且行动迅速快等。

（2）协议收购

协议收购主要是指并购公司直接与目标公司取得联系，当二者的协商达成一致时，来实现收购目标公司的目的。一般情况下，协议收购是被并购公司比较理解的方式，所以被并购公司也较愿意与并购公司进行合作，从而有利于风险的降低，但是也存在一定的缺点，比如需要花费到较高的契约成本等。

4. 根据并购双方的关联性质来分

根据并购双方行业之间的关联性质来区分，就目前情况来看，主要可以分为横向并购、纵向并购以及混合并购三种类型。具体每种类型的具体内容如下所述：

（1）横向并购

横向并购主要指的是两个或者是多个生产、销售相似或者相同产品的公司之间的并购。横向并购主要有以下的几个特点：第一，能够扩大同类产品的生产规模，降低生产成本，达到规模效益；第二，能够促进市场份额的扩展，消除不必要的行业内部竞争，扩大垄断能力；第三，不利于整个市场的公平发展，容易导致垄断的形成，所以很多国家经常通过反垄断法来限制横向并购行为的发生；第四，运用横向并购模式的公司，主要是为了本身有能力扩大而且基于扩大自己的生产和销售，与被并购的公司有着相同或者相似的生产和销售的地方。所以说，横向并购有利有弊，具体企业采取哪种并购方式是需要按照具体情况来定的。

（2）纵向并购

纵向并购主要是指公司与其上游供货厂商或下游客户之间的并购，同一种产品不同生产阶段的公司之间的并购都可以归类为纵向并购。纵向并购的特点主要表现在以下几个方面：一是纵向并购能够使公司的生产流程扩大，生产速度加快，同时运输、设备、仓储、资源和费用等得到节省。这样就保障了原材料以及零部件等能够及时供应，还有销售渠道得到疏通，大大减低了企业并购的交易成本；第二，能够加强生产过程同经营各环节的有效配合，适宜于协作化的生产，不容易受到国家反垄断法法则的限制；第三，纵向并购也会带来组织结构臃肿、业务领域狭窄、整合难度大等问题；第四，对于经营产业比较广、包括建立和形成自己核心价值链的集团公司来说非常的适合。

（3）混合并购

混合并购主要是指既不是竞争对手也不是实际或潜在的客户或供应商的公司间的并购。在此种并购方式下，公司间生产经营的产品或服务几乎没有关联，也可以将其理解为跨门类、跨行业的并购。就目前情况来看，相比于其他的并购方式，混合并购方式的特点主要表现在以下几个层面：第一，混合并购是为了让并购公司分散来自单个市场或者行业所面临的风险，强化公司对经营环境的变化适应能力，同时多元化投资提升综合效益；第二，混合并购达到原有公司之间的技术和市场的共享，同样也很少受到各国反垄断法规的限制；第三，让公司多余的资金寻找到了良好的出路，同时也为公司成长寻找到了新的增长空间；第四，公司在一个新的领域，一切都还稍显陌生，要求缜密的筹划和整合，一旦整合不力，会让并购成为一个陷阱；第五，混合并购比较适合拥有大量资金的公司采纳，如果这些公司在本行业中无法再继续扩大规模，或者是想寻找增长性更高的行业，那么混合并购就非常适合。同时，混合并购也在跨国公司中广泛应用。

二、企业并购的流程

企业并购工作的开展和落实是需要通过一个系统和完善的过程来实现的。概括来讲，企业并购工作的开展和落实分为准备阶段、谈判阶段、签约成交阶段三个主要的阶段，具体每个阶段的内容如下所述：

（一）准备阶段

1.明确并购动机和目的

明确企业的并购动机是说企业在进行并购的时候需要明确为什么要进行并购，就目前情况来看，企业并购工作的开展无疑有以下几种目的，即扩大市场份额、排挤竞争对手、提高利润率、分散投资风险、获取品牌和销售渠道等。所以，企业在确定并购动机的时候一定要结合自身的实际情况和实力来确定，与此同时也需要做好内部收购团队组建和自身战略的、运营的、财务的能力分析等工作，掌握本公司和所在行业今后的发展趋势，进而以确保既定的并购目的的可行性、实用性和科学合理性。

2.制定并购战略

并购企业在制定并购战略时一定要在充分明确企业并购的动机和目的的基础上加以落实和开展，同时也要选定目标公司的行业及其产品、目标公司所在的国家及目标公司的规模，在这个过程中一旦发现合适机会，企业就应该将可能遇到的风险和失误做好规划和处理工作，确保企业并购工作的开展能够顺利地得以开展和落实，能够将各种可以预见的风险降到最低，尽可能地减少企业并购的损失和风险。

3. 成立内部并购小组

内部并购小组的成立需要本着公平、公正、人尽其责的态度来执行，其主要构成结构需要由公司领导挂帅、各有关部门领导组成。并购小组应熟悉评估过程中涉及的法律、会计、财政等各方面的知识，以保障快速应变和决策及对外联络的畅通。

4. 选择并购投资总顾问

在成立并购小组之后需要完成的就是选择并购投资总顾问，因为在并购的过程中如果收购价格过高，股东的投资回报就受到一定程度的影响。所以说，在选择并购公司时一般选择知名的咨询公司、会计公司或律师事务所担任并购投资总顾问，如果是大型跨国并购，则需聘请投资银行担任并购总顾问。这样一来就可以将可能遇到的风险和损失降到最低。

（二）谈判阶段

在做好准备工作之后，接下来需要进行的工作就是谈判工作，而就目前情况来看，谈判阶段的开展和落实主要分为八个基本的步骤，具体内容如下所述：

第一，寻找目标公司，在寻找目标公司的过程中一般需与并购总顾问签约，委托其在规定的期限内寻找目标企业。

第二，与并购总顾问讨论初选名单，从中筛选出 3 至 5 家较为理想的目标公司。

第三，让并购总顾问出面了解被并购公司的股东背景、股权分配和董事会意向及心理价位等情况，并向股东发出正式的接洽邀请。

第四，聘请相关的税务、审计顾问和律师来参加和被并购公司的谈判工作。

第五，签订并购意向书。此过程作为比较重要和关键的过程，决定着并购工作的成败，所以在签订的过程中一定要明确并购意向书的内容，主要涵盖并购意向、非正式报价、保密义务和排他性等条款。但是需要注意的是，目前企业的并购意向书一般不具法律效力，但保密条款具有法律效力，所有参与谈判的人员都要恪守商业机密，以保证即使并购不成功，并购方的意图不会过早地被外界知道，目标公司的利益也能得到维护。

第六，制定对目标企业并购后的业务整合计划。整合计划包括对目标公司并购后的股权结构、投资规模、经营方针、融资方式、人员安排等内容。整合计划是赢得政府担保和商业银行贷款的关键因素。新公司应具备一个双方都认可的明确的远景规划。规划应尽早做出，并附有详细计划。

第七，开展尽职调查。尽职调查工作的开展主要从财务、法律、技术、税务、制度控制、合同、养老金和知识产权等方面对目标公司进行资产评估与财务审查，摸清目标公司的负债结构、偿还能力、盈利来源与前景等真实情况，以降低并购风险。在开始做尽职调查前，应准备好给目标公司的问题清单，并协商好进入资料室及实地考察的时间。

第八，与目标公司股东谈判，主要讨论尽职调查报告的相关内容，并起草并购协议。

（三）签约、成交阶段

签约、成交阶段作为最重要的阶段之一，也是需要相关工作人员十分关心和重视的阶段。在此阶段中，需要买卖双方就并购合同达成一致后，即可安排合同的签署时间和地点等细节。并购有限责任公司的合同文本需经公证机关公证。并购合同应对资产移交手续有明确的规定。并购方一般先将合同款项汇入公证师的账下，待全部资产和文件经清点和核准无误后，方通知公证师付款，同时将资产转移到并购方名下。在完成以上工作之后，企业并购才算正式结束。

第三节　企业并购的价值评估与支付方式

一、企业并购的价值评估方法

1. 资产基础法

一般情况下，资产基础法指的是通过一种或者是多种的评估方法，根据企业的财务报表，得出企业的总资产与企业负债资本之间的差值，这种差值通常称作企业的净资产价值，再根据这个净资产价值确定企业所有者的权益及股票价值的一种评估方式。

2. 市场法

市场法指的是通过在市场上寻找相似或者是类似的企业或者是企业的收购案例，比较本企业的财务指标与市场上已经发生过交易行为的相似或者是类似公司的指标，再结合本企业的发展情况，调整相关的因子，最终确定被并购企业的价值。

3. 收益法

收益法是按照企业的预期收益能力的大小的标准来对被并购企业进行价值评估的一种评估方法。在使用收益法的时候，有一个重要的前提就是，收益法需要考虑资金的时间价值，也就是说，企业在评估被并购企业的时候的资金的多少是要考虑企业资金的时间价值和风险价值的。其中，现行的《企业价值评估指导意见（试行）》中对采取收益法的具体评估方法进行了具体的规定，即收益资本化法，有时候也可以被称为未来收益现值法。

二、企业并购的支付方式

在市场上进行的任何交易行为都会产生支付行为，购买者在具体支付的时候可以选择不同的支付方式。在企业并购的时候，企业的并购者也可以选择恰当的支付方式进行支付，最大限度地提高本企业的并购绩效。

（一）企业并购的主要支付方式

1.现金支付

现金支付指的是主动进行并购的公司在并购交易完成后，选择用现金的支付方式来进行支付对价，然后获得被并购公司的相关权益或资产等。当支付行为完成的时候，企业的整个并购交易也就完成了。在现实企业的并购过程中，现金支付的支付方式比较容易受到被并购公司的青睐，所以现金支付在现代企业并购案中的比重是非常大的，这和现金支付的许多优点是分不开的，如便捷、费用支出少等。

2.股票支付

股票支付通常情况下指的是主动进行并购的公司在并购交易完成后，选择用股票或股权的支付方式来进行支付对价。其中，股权主要分为两种形式：一种是主动进行并购的公司增发的新股；另一种是动用其库存股。在运用股权进行支付对价的时候，需要主并公司对股权的所有权进行变更。随着经济的发展和社会的进步，企业间进行并购的规模是越来越大的，因此，很多公司选择股票或股权支付的形式来完成支付对价，这样对于主并公司或者是被并公司来说都是十分方便的。

3.混合支付

混合支付主要指的是主动进行并购的公司在完成并购交易后，并不单纯地选择一种支付方式进行支付，而是同时使用现金和股票的支付方式进行支付。主并公司采用混合支付的方式完成并购交易的主要原因在于：第一，随着经济的发展，企业并购的规模是越来越大的，因此并购需要支付的金额也是越来越大的，单一的现金支付或者是股票支付的支付形式可能无法完成并购交易；第二，随着世界资本金融市场的进一步发展和完善，金融工具和金融产品也不断进行创新，这个局面的出现为主并公司选择股票支付提供了实际操作的可能；第三，主并公司选择混合支付的支付形式可以最大限度地降低单一的现金或股票支付带来的不利影响，对主并公司的发展也是有利的。因为采用现金和股票相结合的支付方式，一方面不会影响企业的日常运营，另一方面对股东在主并公司中实际的控制权也不会产生太大的影响。这两个方面无论是哪个方面对主并公司来说，都是一种非常有利的选择。需要注意的是，主并公司在选择何种支付方式进行支付的时候，要考虑企业选择并购公司的最终目标，同时结合本公司的发展现状以及各种支付方式的特点，选择最有利于公司长远发展的并购支付方式。

（二）影响企业并购支付方式的影响因素

1.控制权因素

Martin 的《企业兼并、投资机会与管理层持股中并购支付方式》提到控制权理论假说。他指出，在影响上市公司并购支付方式选择中的重要因子之一就是控制权比例。原因在于股票支付在一定程度上可能会引起主并公司控股股东的控制权的丧失，而在此种情景之下，主并公司就会用现金支付作为支付方式来避免危险局势的出现，但由于持股比例不一样，产生的结果也不尽相同。在国外的大多数研究中，认为当上市公司的控股股东所持的控股比例处于中间水平时，如果选择股票支付将会威胁到股东手中的控股权，因此会对股票支付方式产生强烈的排斥。然而当控股股东所持有的控股比例处于两极水平时，则选择股票支付将不会威胁到控制权。

2.信号传递因素

信号理论的基础是交易双方的信息不对称。该理论认为，企业的经营管理者与投资者各自拥有的对方信息是不对称的，在企业的内部信息的了解与认识上，企业的经营管理者拥有的比投资者更多。如果拥有较多信息的一方将内部信息给予投资者，这时投资者就会基于获得的信息进行正确的判断与决策；而如果经营管理者没有将其所知晓的全部信息告知投资者，这时的投资者就只能根据其所知道的市场信息进行分析与决策，逆向选择将会在这时产生。

3.投资机会因素

投资机会理论认为，企业未来投资机会影响并购支付方式的选择。*Martin* 运用三个变量来衡量评价投资机会，这些变量中最主要的就是托宾 Q 值。托宾 Q 值由著名的诺贝尔经济奖获得者詹姆斯·托宾提出，它是指上市公司市场价值与账面价值之间的比值，可作为衡量上市公司的成长机会的重要指标，也可作为政府及相关经济监管部门制定宏观经济政策的重要参考因素。

4.可持有现金因素

这种假说认为，拥有较强的现金积累能力、较强的筹资能力、充足的现金的企业，当在进行并购交易时选择现金支付方式的可能性较大。这一假说与有序融资理论存在相似之处，后者所认同的企业选择融资方式的顺序是：内部融资——考虑举债——发行股票筹资。这一假说与 *Martin* 的研究基本吻合，然而收购方的债务水平以及现金流量水平对并购支付方式的影响并不明显。

第四节　企业重组的方式

我国国有企业企业重组主体主要有两个，一个是政府，另一个是企业。根据主体的作用不同，可以将企业重组分为政府主导的企业重组和企业主导的企业重组。

1.政府主导的企业重组，即行政划拨

行政划拨就是靠政府的行政手段来实现企业重组。行政划拨是一种非常重要的方式。从理论上讲，政府以行政手段对国有企业进行重组是理所应当的，因为国有经济属于国家，所有者是一元化的，因而可以进行行政划拨。即使是成熟的市场经济国家，也不乏政府对国有企业进行行政性重组的事例。如欧洲客车公司，它是通过英、法两国政府以行政手段，将国有的 *AeorPsatn* 公司和 *Bar* 公司合并为空客公司，从而缔造一个可以同波音公司竞争的大型企业。由于市场经济中，重组往往是市场优胜劣汰力量的结果，但自发重组可能是一个相当长的缓慢过程，对于在国际竞争中处于劣势的国家来说，漫长的自发重组无异于投降认输。

2.企业主导的企业重组，即市场交易

市场交易就是通过市场的方式进行企业重组。本文根据我国上市公司企业重组的实践，将企业重组根据重组目的不同分为四大方式，即扩张式企业重组、收缩式企业重组、控制权转移式企业重组和内部重整式企业重组。

（1）扩张式企业重组

通常情况下，扩张式企业重组指的是扩大公司资产规模与经营规模的一类重组行为。主要包括：

一是购买资产。也就是购买房地产、债权、生产线、业务部门、商标等有形或者无形的资产。购买资产的特性在于收购方不需要承担和该部分资产有联系的债务和义务。购买资产通常以多角化发展为目标，不采用收购房产而大多使用收购公司的途径来进行。由于缺乏有效组织的资产，一般不能够为公司带来新的核心能力。

二是收购公司。收购公司一般是指获取目标公司的所有股权，使其成为全资子公司，或者获取大部分的股权使公司处于绝对控股或者相对控股地位的重组行为。购买公司不仅能够获得公司的产权以及相关的法人财产，也是所有因契约而发生的权利及义务的转让。因此，收购公司能够获得目标公司所拥有的某些专有权利，比如专营权、经营特许权等，能快速而准确地获取由公司的特有组织资本而产生的中心能力。

三是收购股权。收购股权通常是指不获取目标公司控股权的股权收购行为，公司只是处于参股低位。收购股权一般属于试探性的多角化经营的开始以及策略性的投资；或者是为了加强上下游企业之间的联系，比如参股原材料的供应商为了保证原材料供应的速度及时以及价格优惠，参股经销商力求产品销售的畅通、贷款回收的及时等。

（2）收缩式企业重组

收缩式企业重组主要包含以下几种：第一，部分经营性或者非经营性资产的剥离，其中，非经营性资产剥离和过去的"大而全""小而全"的企业组织存在一定的关联；第二，种子公司股权剥离；第三，公司股份回购缩股。收缩式重组只限于单纯的资产或者股权剥离及回购，资产的置换并不在考虑的范围之内，控制权转移类型的公司资产剥离也是该类型重组的完整组成部分，并不计入收缩式重组中。

（3）控制权转移式企业重组

控制权转移式企业重组指的是公司控股权的转移，也就是指第一大股东自动放弃控股权，新的企业主体通过净资产溢价的方式有偿获取公司的控股权或者在政府的干预下无偿取得国家股以此来获取控股股东地位，这也包括原非控股股东变为控股股东。控制权转移主要是由两个交易过程构成的：第一个过程是收购上市公司的控股权，第二个过程是上市公司反向收购新的控股股东的资产。我国的上市公司控股权转移活动极其复杂。根据股权转移是否有明确的支付价格进行分类，可以分成控股股东所持股权无偿划拨以及股权收购两种；根据收购的主体进行分类，可以分为民营企业与国有或者国有控股企业收购上市公司控股股权两种类型；根据收购的方式进行分类，可以分为国有股或者法人股协议转让以及二级市场收购两类。

（4）内部重整式企业重组

企业内部业务重整式企业重组指的是重整公司的主营业务。内部重整式企业重组具体分为部分资产置入与置出以及整体资产置入与置出两种类型。

部分资产置入与置出也就是指部分资产置换，具体做法是：交易双方，通常是指关联方，也就是指控股公司及重组目标公司，将评估后的资产进行等值置换，控股公司置入的资产为优质资产，被重组公司置出的则称为劣质资产。整体资产置入与置出也就是指企业的整体资产置换，一般出现在控制权转移类型的公司重组中或者公司主营业务难以继续维持的公司中。

总的来说，就目前情况来看，企业的并购重组工作主要发生在国有企业，但是随着经济体制的不断深入和发展，企业并购重组将逐渐成为各大企业提高自身竞争力、获得更多经济效益和社会效益的主要方式，在未来的日子里，企业并购重组也将成为各大企业家、领导层及相关工作人员十分关心和重视的问题。同时，我国的企业并购重组工作也将逐渐迎合现代国际化的发展趋势，企业并购重组的方式也将更加国际化和专业化，其面临的财务风险、经营风险等也将有所降低。可以说，就目前我国企业所处的宏观经济环境、政治环境、市场环境和法律环境来看，企业并购重组的工作必将逐渐被提到议事日程中来，并且并购重组工作也将得到更多专业人士的关心和重视，同样，其也将更加符合国际化的发展趋势和形式，在确保企业并购重组活动实现价值最大化的同时实现更快更好的发展，也将会为企业的发展和进步以及经济效益、社会效益的获得和自身战略目标的实现贡献一己之力。

第三篇　案例篇

第九章　五粮液公司的实际理财行为

一、摘要

股东财富最大化是西方企业的理财目标，"为股东创造价值"也往往是我国上市公司的理财目标，但是在我国资本市场制度尚不完善的背景下，这种理财目标往往异化为实际控制人利益最大化。本案例从五粮液公司巨额关联交易入手，揭示五粮液股份有限公司通过关联交易向五粮液集团输送利益，损害其他利益相关者利益的行为，说明五粮液公司的实际理财目标是"实际控制人利益最大化"，这种异化的理财目标使中小股东利益受到损害，对于我国证券市场的健康发展是有害的。本案例对理解我国上市公司的实际理财目标及其对应的理财行为具有借鉴价值。

二、正文

（一）引言

五粮液股份有限公司（000858，简称五粮液）号称"中国酒王"，是著名的白酒类上市公司，从 1994 年至 2005 年，五粮液连续 11 年蝉联中国酿酒行业头把交椅，规模效益均居同行业之首。长期以来，五粮液也一直是中国资本市场绩优股的代名词。然而，在五粮液公司的经营管理中，我们看到了不少令人匪夷所思的现象：一是上市公司将本已供不应求的五粮液酒的销售权让渡给了五粮液集团下的销售公司，还美其名曰"销售环节受淡季影响是有风险的，我们不想承担这样的风险"；二是五粮液尽管每年均有丰厚盈利，但是它的投资者却很少能够从中获得分红，即使在股东大会上很多小股东强烈要求分红，上市公司却丝毫不为所动。

2009 年 4 月上市公司与小股东的斗争进入了高潮。4 名上海小股东以五粮液年报造假和 2006～2008 年涉嫌偷税漏税 19.51 亿元为由，向成都市中级人民法院提起诉讼，然而此案最终因起诉人未提供"行政处罚决定或公告"未被法院受理而告终。2009 年 9 月 9 日午间，五粮液突然发布公告，称公司收到中国证监会的调查通知书，因公司涉嫌违反证券法律法规，证监会决定对其立案调查。一纸突如其来的调查公告，又把五粮液推向舆论的风口浪尖，五粮液的迷局也由此揭开序幕。同年 9 月 23 日，证监会发出正式通报，称"五粮液涉嫌三宗罪"。（1）涉嫌存在未按规定披露重大证券投资行为及较大投资损失。这第一宗罪主要是与几年前其控股子公司四川省宜宾五粮液投资有限责任公司（简称宜宾五粮液投资）投资损失有关，未调整利润，虚假记载。（2）未如实披露重大证券投资损失。这第二宗罪仍与其子公司宜宾五粮液投资有关，未计提相应的减值准备，虚增利润。（3）披露的主营业务收入数据存在差错。第三宗罪与其另一控股子公司五粮液供销有限公司的营业收入数据差错有关。证监会称将依法按程序做出行政处罚。至此，五粮液事件终于浮上水面，成为当日中国资本市场的头条新闻。

（二）公司简介

1. 五粮液集团

1998 年五粮液上市时，四川省宜宾国资委将五粮液酒厂的部分核心资产拿出来上市，形成了已经上市的五粮液股份有限公司，而其他周边产业则组建成目前的五粮液集团有限公司（简称五粮液集团）。

五粮液集团下辖 15 个子公司。五粮液集团有限公司大力实施"一业为主、多元发展"的战略，形成了以五粮液及其系列酒的生产经营为主，同时生产经营精密塑胶制品、成套小汽车模具，以及生物工程、药业、相关服务业等多元发展的现代企业集团。2011 年实现销售收入 487.29 亿元，实现利税 139.18 亿元；荣列中国企业 500 强第 204 位、中国制造业 500 强第 100 位、中国企业效益 200 佳第 72 位。五粮液集团的股东是四川省宜宾市国资委。

2. 五粮液

五粮液是 1997 年 8 月 19 日经四川省人民政府以川府发（1997）295 号文批准，由四川省宜宾五粮液厂独家发起，采取募集方式设立的股份有限公司，发起人所持资产折合为 24 000 万股，占公司总股份的 75%，同时发行 8 000 万股流通股，发行价格为每股 14.77 元，筹得资金 11.816 亿元，并于 1998 年 4 月在深圳证券交易所上市。五粮液的第一大股东为宜宾市国有资产经营有限公司，经过历年配股分红、股权分置改革支付流通股股东对价，截至 2009 年末其第一大股东宜宾市国有资产经营有限公司持股比例为 56.07%，仍处于绝对控股地位，第二大股东仅持股 0.61%。

3. 二者之间的关系

宜宾市国有资产经营有限公司是宜宾市国资委的全资子公司，因此五粮液集团与五粮液并非母子公司关系，而是拥有共同控制人的关联企业。尽管五粮

185

液与五粮液集团并无股权关系，但是由于地方政府已经将五粮液托管给五粮液集团，五粮液集团取得了对五粮液的实际控制权。这种控制权突出地表现在五粮液集团对五粮液的人事控制上。

事实上，这两个公司的管理层系同一个领导班子，五粮液上市公司的前任总经理王国春同时还兼任五粮液集团董事长、党委书记的职务，时任五粮液的董事长唐桥也同时兼任五粮液集团的总裁、董事和党委副书记。2009 年，在五粮液的 20 位高管中，有 7 位是在五粮液集团兼职的。

表 1-1 　　　　　　　　　五粮液与五粮液集团高管重叠情况

人员	在五粮液的职位	在五粮液集团的职位
唐桥	董事长	总裁、董事、党委副书记
王国春	董事	董事长、党委书记
陈林	董事、总经理、总工程师	董事、党委委员
郑晚宾	董事、副总经理、财务总监	董事、党委委员
龙文举	监事会主席	党委委员、纪委书记、工会主席、监事会主席
叶伟泉	副总经理	董事、党委委员
刘中国	副总经理	董事、党委委员

（三）主题内容

1. 五粮液董事长

（1）前任董事长王国春

王国春，1946 年 12 月出生于四川，中国酿酒大师。从 1998 年至 2007 年一直担任五粮液集团党委书记、董事长、总裁，五粮液董事长。2007 年 3 月卸任五粮液董事长和五粮液集团总裁职务，担任五粮液股份公司董事。实际上，从 1985 年至 2007 年，王国春一直是五粮液的当家人。他凭借品牌买断的经营模式将五粮液从一个地方中等规模的国有企业变身为国内白酒业老大。年均 40% 的增长速度、连续 10 多年的全国产销量第一、累计为国家上缴 98 亿元税金、资产达到 160 亿元、品牌价值达 306.82 亿元。

王国春开创了五粮液发展的黄金时代。在中国白酒"蹿红"多年前，王国春就预见到未来优质白酒资源短缺，当时不惜投入大量资金于扩建产业链上原材料储备库、尝评勾兑中心、质量管理中心、包装生产线等重要环节。五粮液产能上的优势，是其后与对手茅台竞争不可或缺的筹码。

五粮液从一个几万块钱产值的小作坊发展到现今的过 200 亿元的规模，离不开王国春的功劳，在五粮液集团内部的组织架构中，大多数重要岗位也都是和王国春一起"打江山"的人。五粮液第二把手总经理陈林以及负责销售的股份公司副总经理、五粮液进出口公司总经理刘中国，都是王国春一手提拔上来的。

（2）现任董事长唐桥

唐桥，1954 年 6 月出生于四川，2007 年由宜宾市副市长空降五粮液，接替王国春出任五粮液董事长，同时兼任四川省宜宾五粮液集团总裁、董事、党委副书记。

唐桥其人低调平稳，自 2000 年开始就任宜宾市副市长，主抓工业。他不仅有一定的政府经历和背景，而且在资本运作上积累了丰富经验。唐桥上任后，外界对其进行公司治理创新寄予很大期望。在唐桥走马上任当天，已在其任内首个年度报告上，承诺逐步收购"与白酒生产相关度较高的资产"。这显示了唐桥对解决公司治理顽症的决心。然而，虽然上市公司明为唐桥掌控，但在解决一系列具体细节问题上，还涉及与集团公司的协调。唐桥新官上任，开展工作难度可想而知。如何应对证监会的调查，如何解决关联交易、酒类资产整体上市、股权激励等历史问题成为新任董事长面临的一个严峻考验。

2.五粮液的实际理财目标的本质、表现形式与实施过程

（1）本质：实际控制人利益最大化

根据法人治理结构的设计原则，股东是企业的所有者，对企业的经营决策和财务决策具有最终的决策权或投票权，同时也具有对公司董事和其他高级管理人员的任免权，因此管理层在理财决策时对股东负责，以股东财富最大化为公司理财目标似乎天经地义。

然而，上市公司五粮液的现实理财行为却偏离了股东财富最大化，更多地表现为实际控制人利益最大化，证据有两个方面：一是非股东的托管人五粮液集团成为五粮液的实际控制人，并利用巨额关联交易通过五粮液向五粮液集团输送经济利益。据了解，五粮液通过原材料采购与产品销售、商标使用费支付以及资产置换等方式，从 1998 年到 2003 年，共向五粮液集团支付了 97.17 亿元的现金，平均每年超过 16 亿元；远远超过五粮液上市以来累计实现的净利润（41 亿元）及累计从资本市场募集的现金（18.1 亿元）。二是五粮液尽管年报业绩优良，却一直吝啬于分红，严重地损害了中小股东的利益，遭到了中小股东在股东大会上的集体抗议，引发了以"堂吉诃德战风车"而知名的五粮液分红事件。

五粮液在拥有充足现金流的同时，进行了大规模的投资。即使一些投资项目的发展前景并不看好，五粮液也不愿意支付现金股利。尽管五粮液大股东也没有拿到现金股利，但通过管理者之手，五粮液集团实际直接控制着公司的全部货币资金的使用权。由于实际控制人未持有五粮液股权，所以五粮液集团从五粮液的全部货币资金使用中获得的满意度显然大于来自现金股利形式的部分现金使用的满意度。因此，不分配现金股利，采用股票股利对五粮液集团控制五粮液的货币资金是十分有利的。

表 1-2 五粮液 2001 ~ 2009 年股利分配情况

年度	股票股利（股）	现金股利（元/股）	每股收益（元/股）	股利支付率
2009	—	0.15	0.855	17.54
2008	—	0.05	0.477	10.48
2007	—	0.05	0.387	12.92
2006	送 0.4	0.06	0.432	13.89
2005	—	0.1	0.292	34.25
2004	—	—	0.305	0
2003	送 0.8 转 0.2	0.2	0.52	38.46
2002	转 0.2	—	0.54	0
2001	送 0.1 转 0.2	0.03	0.942	3.18
2000			1.6	0

（2）表现形式：关联交易

五粮液以实际控制人（五粮液集团）利益最大化作为理财目标，其表现形式是五粮液与五粮液集团之间的巨额关联交易。关联交易的具体形式包括原材料采购与产品销售、资产置换以及由五粮液向五粮液集团支付商标使用费等各种费用。五粮液与五粮液集团之间的利益输送为何集中地表现为关联交易？其原因主要有三个方面：一是关联交易与股利等理财行为相比较，更符合五粮液集团的利益，与直接侵占货币资金相比，手段更加隐蔽。二是五粮液和五粮液集团的业务经营特征使得关联交易似乎具有天然的"合理性"。三是五粮液高管人员的任职和考核制度是其巨额关联交易能顺利实施的重要原因。

1）对五粮液集团而言，从关联交易获取的收益要远远大于从上市公司股利分配获取的收益。假设上市公司五粮液发放现金股利 100 万元，由于五粮液集团没有持有五粮液的股份，因此其反映在报表里的直接收益是 0；但是如果作为实际控制人的五粮液集团设计一笔交易，将畅销的五粮液酒低价销售给五粮液集团，五粮液集团因此获得的转卖收益为 100 万元。针对上述两种五粮液的理财行为，对于上市公司而言，都意味着利益流出 100 万元，但是前者的利益流入到上市公司的股东，包括中小股东，后者则全部流入到上市公司的实际控制人五粮液集团手中。

在利益输送过程中，有些上市公司的实际控制人，包括控股股东，采取直接挪用上市公司资金，或者利用上市公司为实际控制人的公司提供担保。相比上述利益输送的形式，关联交易可谓更加隐蔽。在中国证监会严厉打击"控股股东占用上市公司资金"行为的相关法律出台之后，挪用上市公司资金的行为在中国资本市场已经显著减少，但是关联交易作为隐蔽的利益输送形式仍然有其生存空间。

2）五粮液和五粮液集团的关联交易有其天然"合理性"。这种合理性表现为双方在业务经营中的相互依赖性。前已述及，在五粮液酒厂分拆上市的方案设计中，是将白酒生产业务放在五粮液上市公司，而将其他业务均剥离到五粮液集团，这就使得五粮液上市公司的业务结构不完整，自身没有独立的采购部门和销售部门，其与五粮液集团发生关联交易自然是天经地义的。经过多年的高速发展，五粮液集团及其下属子公司已构建形成了一个为酒类生产企业提供配套产品和服务的产业链群体，具备大规模生产塑胶瓶盖、瓶子、商标、玻璃酒瓶、包装纸箱、包装物品、原辅材料，并提供物流运输和后勤保障服务等等，这就更使得其与五粮液的关联交易欲罢不能。需要指出的是，这种所谓的合理性是由上市公司业务安排的"不独立"所引起的，是五粮液上市公司的先天缺陷。

3）五粮液和五粮液集团之间的交叉任职现象十分普遍，五粮液的全部执行董事都由五粮液集团领导担任，五粮液集团对五粮液的实质控制，为关联交易和利益转移，提供了便捷的操作空间。而由于在业绩考核方面，国资委只对五粮液集团进行考核，导致了公司高管更加看重五粮液集团的利益。年报显示，五粮液与五粮液集团 2008 年关联交易高达 64.82 亿元，其中，向集团及其下属单位采购货物及接受劳务金额约为 23.17 亿元，销售货物及提供劳务金额约为 41.65 亿元。全部下游业务中，对五粮液集团进出口公司（以下简称"进出口公司"）的销售金额达 41.33 亿元，占比超过 99%。

（3）关联交易的实施过程

1）原料采购与产品销售

2006 年公司采购货物等关联交易金额达到 24.93 亿元，占主营业务成本

34.93 亿元的 71.36%，2007 年与 2008 年比重略有下降，但关联交易金额仍然超过主营业务成本的五成以上。2009 年关联交易比重下降近一半，其主要原因是五粮液收购了五粮液集团旗下为其提供包装、酒瓶等配套产品的子公司（3D 公司、普光公司、普拉斯、神州玻璃以及格拉斯公司），大幅度降低了关联交易金额，但并没有完全解决采购货物及接受劳务的关联交易。2009 年五粮液该部分关联交易仍然占到主营业务成本的 1/4 以上。

表 1-3　　　　　　　五粮液 2006 ~ 2009 年原料采购关联交易情况　　　　　　单位：元

项目	2009 年	2008 年	2007 年	2006 年
采购货物及接受劳务关联交易额	1,045,745,498	2,132,500,944	2,340,818,244	2,493,311,866
主营业务成本	3,860,659,982	3,618,072,871	3,377,979,573	3,493,996,530
关联交易额比重	27.09%	58.94%	69.30%	71.36%

五粮液近半数以上的采购和销售是通过和关联方的交易完成的，交易量巨大。2007 年销售货物等关联交易金额 41.72 亿元，约占主营业务收入 73.29 亿元的 56.93%。一直以来，五粮液的产品只有不到一半由上市公司控股的供销公司进行销售，更多是由集团控股的进出口公司销售。2009 年对进出口公司的酒类销售占同类交易的 44.51%，2008 年为 52.92%。尽管在五粮液近几年年报中，监事会认为公司所发生的重大关联交易事项都是公平合理的，然而五粮液关联交易价格真的是公允的吗？事实上五粮液关联交易价格并不如公司所宣称的那样公允。五粮液与进出口公司的交易价格为成本加成 30%（相当于这部分毛利率为 30%），而 2007 年公司毛利率为 53.9%，2008 年为 54%，2009 年则高达 65%。五粮液的利润直接被进出口公司吸收，这是集团公司实现利润转移的第一条途径。

表 1-4　　　　　　　五粮液 2006 ~ 2009 年产品销售关联交易情况

项目	2009 年	2008 年	2007 年	2006 年
销售货物及提供劳务关联交易额	4,602,541,266	4,164,863,482	4,171,861,058	3,577,100,010
主营业务收入	11,129,220,550	7,933,068,723	7,328,555,842	7,397,006,489
关联交易额比重	41.36%	52.50%	56.93%	48.36%

2）向集团支付巨额费用

五粮液每年分别要向五粮液酒厂、五粮液集团支付 1 亿多元的商标及标识使用费，而且有的商标使用费为相应销售收入的数倍。此外，五粮液公司每年还要向五粮液酒厂、五粮液集团支付诸如警卫消防、环卫绿化、维修服务、房屋物业管理及其他项目等综合服务费。1999 年、2000 年两年共向五粮液酒厂支付综合服务费 1.09 亿元左右，2004 年、2005 年共向五粮液集团支付综合服务费 2.55 亿元左右，而且从 2006 年以来一直维持在 1.1 亿元左右。按 2009 年年报披露数据计算，五粮液从五粮液集团租赁的经营区域每平方米租金高达 89.89 元／月，五粮液向五粮液集团支付的警卫消防、环卫绿化、维修服务、房屋物业管理等综合服务费高达 1.17 亿元，按照租赁面积（经营区域面积＋厂房面积）计算，相当于物业管理费高达 129.63 元／（平方米·月）。五粮液在年报中披露综合服务费的定价依据为协议价，这类软性费用的定价权完全掌握在控股股东手中，非常容易沦为控股股东向自己输送利益的工具，这是实现利润转移的第二条途径。

3）资产置换

通过五粮液历年的年报发现，2000 年该公司与五粮液酒厂进行了一次资产置换：五粮液将所属的"宜宾塑胶瓶盖厂"的全部资产与五粮液酒厂所属的"酿酒生产车间"的资产进行置换，换出资产评估值为 3.88 亿元，净值为 3.61 亿元，换入资产评估总价值为 20.18 亿元，置换差额为 16.57 亿元，五粮液公司以货币资金的形式分批支付给五粮液酒厂。

2001 年，在五粮液公布的公告中，对这一问题做了进一步的说明：经双方协商，本公司实际应向五粮液酒厂支付置换补差款 15.59 亿元，根据本公司货币资金情况，截至 2001 年 6 月 30 日已支付 10.50 亿元，余额 5.09 亿元拟于 2002 年 4 月 28 日前全部付清。但 2001 年五粮液公司经营活动现金净流量为 10.73 亿元，投资活动现金流入仅为 0.19 亿元，显然，自有现金流入难以支撑如此大的现金流出。

那么，五粮液公司是怎么做的呢？ 2001 年，五粮液公司股权筹资部分较重要的一项是配股募集资金为 7.8 亿元，扣除发行等费用后，实际募集资金 6.15 亿元，正好弥补资产置换事项的资金余缺。在此次资产置换过程中，评估价格和置换差价的变化也值得关注。根据广发证券有关此次资产置换的独立财务报告书披露的信息，四川新源资产评估事务所对五粮液公司所属的"宜宾塑胶瓶盖厂"的资产评估采用的是重置成本法，而对五粮液酒厂所属的"酿酒生产车间"的资产评估则采用收益现值法，后者的价格通常会高于前者。换入资产评估总价值为 20.18 亿元，但其账面价值仅为 9.02 亿元，评估溢价高达 124%。虽然五粮液公司一再声称无论是配股还是资产置换，都是为了维护非关联股东特别是中小股东的利益，但事实上，五粮液集团通过此次资产置换直接从上市公司获益 15.59 亿元，这是集团公司实现利益转移的又一途径。

三、理论依据及分析

（一）财务管理目标理论

对于财务管理目标流行的观点有：利润最大化；股东财富最大化；企业价值最大化。

1. 利润最大化

这种观点认为，根据经济学原理，利润表示新创造的财富。企业利润越大，表明企业所创造的财富越多，整个社会财富亦会因此而增加。所以，应该把追求利润最大化作为企业财务管理的目标，把利润作为评价企业管理当局经营管理业绩的依据。随着我国经济体制改革的不断深入，经济体制从高度集中的产品经济转向商品经济，企业的经营权限不断扩大。企业的经济利益得到确认，这使得企业不得不关心市场，关心利润。在经济体制改革过程中，把利润作为考核企业经营情况的指标，企业职工的经济利益同实现利润的多少联系在一起，这样追求利润最大化就很合理了。另外，企业如果追求利润最大化，就必须讲求经济效益，加强管理，改进技术，提高劳动生产率，降低产品成本。但利润最大化作为财务管理的目标也有其缺点：

（1）利润多少未考虑投入资本的多少。

（2）没有考虑利润取得的时间。

（3）没有考虑获取利润同所承担风险的关系，这可能会使财务人员不顾风险的大小去追求最大的利润。

（4）利润是按照会计期间计算出来的短期阶段性指标，追求利润最大化容易导致企业财务决策带有短期行为的倾向。

2. 股东财富最大化

股东财富最大化是指通过财务上的合理经营，为股东带来最多的财富。这种观点认为，股东投资企业的目标是以获得高额回报来扩大财富，作为企业的投资者，企业价值最大化，就是股东财富最大化。因此，企业应把股东财富最大化作为财务管理目标。

其优点是：

（1）考虑了获取利润所承担的风险大小。风险的高低会对股票市价产生影响。

（2）在一定程度上能够克服企业在追求利润最大化上的短期行为。因为股市不仅体现的是现在，更重要的是让投资者看到未来。

（3）容易定量化。

其缺点是：

（1）股东的权益通过市价体现，但影响股价的因素很多，如企业业绩、经营品种、国家的经济政策、政治环境、投资者心理预期等。这样在股东的权益衡量下很难有一个系统、客观的尺度。

（2）只强调股东的利益，而忽视企业其他关系人的利益，不利于充分调动企业经营者和广大职工的积极性。

3.企业价值最大化

企业价值不是账面资产总价值，是企业全部财产的市场价值，它反映了企业潜在的或预期的获利能力。

企业价值最大化目标的优点是：

（1）强调货币时间价值和投资风险价值，有利于统筹安排长短期规划，合理选择投资方案，有效筹措资金，合理制定股利政策。

（2）反映了企业资产价值的增值。

（3）有利于资源的有效合理配置。

（4）注重在企业发展中与各方的利益关系，在注重协调企业与股东关系的同时，关心企业职工的利益，加强与债权人的联系，讲求信誉，注重社会形象。

但其也存在着许多缺点：

（1）企业价值这个概念不明确，可以做多种解释。从性质上看，企业价值有企业经济价值、企业社会价值、企业人文价值之分；从时间上看，企业价值有过去价值、现在价值和未来价值之别。这里所讲的企业价值究竟指的是哪种企业价值并不十分清楚。

（2）企业价值的计算复杂而不确定。如果按"企业未来报酬的现值"的概念来理解企业价值，企业未来报酬的本身就具有极大的不确定性，贴现所使用的贴现率同样难以确定；如果按"资产评估值"来理解企业价值，资产评估也是一个庞大的工程。

（3）企业价值最大化目标在实际运行时可能会导致企业所有者与其他利益主体间的矛盾。

（二）上市公司关联交易侵害中小股东利益的表现形式

在控股股东控制上市公司理财决策和资本市场制度不完善的背景下，控股股东往往利用与上市公司的关联交易实现利益的转移，有以下几种较为常见的表现形式：

1. 控股大股东与上市公司进行不公平的资产买卖

不公平的关联交易已屡屡成为大股东掠夺中小股东利益的一种隐蔽手段，其中主要有两种情况：上市公司向控股大股东输出资产和控股大股东向上市公司注入资产。据资料统计，在关联方之间进行的资产买卖中，上市公司向控股大股东输出资产的比例达到78%，并且输出的资产大多是以低价出售的优质资产，很少能真正地把其劣质资产处理掉；而控股大股东向上市公司注入的资产只有22%，但注入的却是以高价出售的劣质资产。

2. 上市公司为控股大股东提供担保

这种担保不是以相互间存在互惠条件为前提，而是由处于控股地位的股东利用其表决权优势而取得的，它不仅使公司徒增经营风险，也增加了中小股东权益受损的可能性。据深圳证券交易所统计，在深圳市上市公司中，2006年为大股东担保的有155家，占总数的30.1%，上市公司为大股东或其下属公司提供担保总金额近300亿元，占相关上市公司净资产的10%以上。一旦出现借款因到期无法偿还的问题，担保人和债务人都要承担连带责任，中小股东的利益就可能受到损害。

3. 上市公司向控股股东付费

控股股东利用向上市公司输出商标使用权、出租厂房设备、输出管理技术等方式向上市公司收取各种形式的费用，而这些费用的定价往往由控股股东确定，很难评价其公允性。

4. 大股东挪用上市公司配股筹集来的资金或无偿拖欠公司货款

上市公司配股筹来的资金，应按配股说明书予以使用，但有的却被其控股公司挪作他用。在上市公司与其母公司的关联交易中，也存在母公司拖欠上市公司货款而不付逾期违约金的情况，该货款在公司的账簿中长期体现为应收款项。这些不公平的关联交易，必然损害其他中小股东的利益。

当上市公司经营业绩下滑，不符合上市或配股条件时，母公司通过关联交易向上市公司输入利润，实现"保牌""配股"成功，然后再通过关联交易将从中小股东那里募集的资金套回集团公司使用，这一过程受损害最大的仍然是中小投资者。

四、五粮液后来发生的情况

（一）关联交易

为了减少采购关联交易，2008年7月30日五粮液实施酒类相关资产整合（即购买五粮液集团所属"四川省宜宾普拉斯包装材料有限公司、四川省宜宾普什3D有限公司、四川省宜宾普光科技有限公司、四川省宜宾环球格拉斯玻璃制造有限公司、四川省宜宾环球神州玻璃有限公司各 100% 股权")。交易标的经过审计评估，并经国资部门批复同意，本公司股东大会批准，2009 年 4 月 13 日、21 日向普什集团和环球集团合计支付现金 260 000 万元（占应付总金额 381 777.36 万元的 68.10%），其余款项在 2009 年度内已全额付清。上述五家公司的收益自 2009 年 4 月 1 日起并入本公司会计报表。本次交易后五粮液集团中为五粮液提供配套产品的产业链群体进入五粮液，降低了五粮液的采购成本、管理成本等，产业链一体化经营的协同效应得到充分发挥。

表 1-5　　　　　　五粮液 2010 ～ 2012 年原料采购关联交易情况　　　　　　单位：元

项目	2012 年	2011 年	2010 年
采购货物及接受劳务关联交易额	292,748,598.16	297,494,086.11	294,467,085.37
主营业务成本	8,015,724,440.85	6,895,411,289.13	4,863,189,610.83
关联交易额比重	3.65%	4.31%	6.06%

为了解决销售方面与五粮液集团进出口公司间的关联交易，2009 年 7 月，五粮液与五粮液集团共同出资设立"宜宾五粮液酒类销售有限责任公司"。2009 年 12 月，五粮液单方对该酒类销售公司增资 1.5 亿元，酒类销售有限责任公司注册资本由原来的 5 000 万元增加至 2 亿元，占 95% 股份，五粮液集团占 5% 股份。由此，大大减少了销售环节的大额关联交易。

表 1-6　　　　　　五粮液 2010 ～ 2012 年销售关联交易情况　　　　　　单位：元

项目	2012 年	2011 年	2010 年
销售货物及提供劳务关联交易额	596,648,526.63	502,173,144,.93	413,901,836.88
营业收入	27,201,045,951.34	20,350,594,468 71	15,541,300,511
关联交易额比重	2.19%	2.47%	2.66%

（二）股利分配

五粮液在 2009 年之前不愿意支付现金股利，而自 2009 年之后，五粮液每年的现金分红力度在不断增强，2012 年达到每 10 股派现金红利 8 元（含税）的高红利利润分配方案。通过高额的现金股利，满足了股东的利益诉求。

表 1-7 　　　　　　　　　　　　五粮液股利分配情况 　　　　　　　　　单位：元

年度	现金股利（元/股）	每股收益（元/股）	股利支付率
2012 年	0.8	2.617	30.57
2011 年	0.5	1.622	30.82
2010 年	0.3	1.158	25.91

（三）股份划分

五粮液原控股股东宜宾市国有资产经营有限公司依据四川省政府国有资产监督管理委员会《关于宜宾五粮液股份有限公司国有股东所持股份无偿划转有关问题的通知》（川国资产权 [2012]88 号）、国务院国有资产监督管理委员会《关于宜宾五粮液股份有限公司国有股东所持股份无偿划转有关问题的批复》（国资产权 [2012]889 号），于 2012 年 10 月 10 日将其持有的本公司 761，823，343 股股份无偿划转给四川省宜宾五粮液集团有限公司。

本次股权无偿划转后，宜宾市国有资产经营有限公司仍持有五粮液 36% 的股份（即 1，366，548，020 股），为五粮液第一大股东，四川省宜宾五粮液集团有限公司持有五粮液 20.07% 的股份（即 761，823，343 股），为五粮液第二大股东。

五、案例总结

（一）五粮液的实际理财目标是实际控制人收益最大化，其形式是实际控制人五粮液集团通过设计五粮液与五粮液集团的关联交易，向五粮液集团进行利益输送。

（二）五粮液向五粮液集团利益输送的方式：

1. 提高采购价格及降低产品销售价格，实现利润转移。

2. 通过租赁、商标使用费等方式支付巨额费用。

3. 通过提高换入资产评估价值实现利益侵占。

（三）五粮液实际理财目标的异化对公司价值产生的影响，以及外部投资者对五粮液实际理财行为做出的反应。

（四）上市公司完善公司治理结构、加强中小投资者利益保护的重要性。企业理财目标应向企业价值最大化或股东财富最大化转变。

第十章　蒙牛引入投资

一、摘要

快速成长的企业往往把风险投资基金作为重要的筹资渠道，然而与风险投资相伴随的对赌协议又像一把双刃剑，使企业家对风险投资又爱又怕。蒙牛乳业是引入风险投资较为成功的一个范例。本案例主要阐述了蒙牛乳业通过引入PE投资，实现公司的快速增长，成为中国乳业龙头企业并成功在中国香港上市的过程。

二、正文

（一）引言

1999年5月成立的蒙牛，在短短9年时间里，取得了中国乳制品发展史上前所未有的完美成绩。蒙牛销售收入从1999年的0.37亿元飙升至2009年的257.1亿元。增长了695倍！在中国乳制品企业中的排名由第1116位上升为第2位。从最初900万元注册的"内蒙古蒙牛乳业股份有限公司"，到成为中国乳业界在海外上市的第一家企业，其超常规的发展速度和骄人的业绩为世人所惊叹。

蒙牛之所以能够快速发展，除了天时、地利、人和等因素之外，借助现代化的资本运营手段是其根本原因——蒙牛通过吸收风险投资，公开上市，在市场上迅速获得竞争优势和实现快速增长。

（二）公司简介

1999年8月，内蒙古蒙牛乳业（集团）股份有限公司（简称蒙牛乳业或蒙牛）成立，总部设在中国乳业核心区——内蒙古和林格尔经济开发区，拥有总资产100多亿元，职工近3万人，乳制品年生产能力达600万吨。到目前为止包括和林基地在内，蒙牛乳业已经在全国16个省区市建立生产基地20多个，拥有液态奶、酸奶、冰淇淋、奶品、奶酪五大系列400多个品项，产品以其优良的品质覆盖国内市场，并出口到美国、加拿大、蒙古、东南亚及港澳等多个国家和地区。本着"致力于人类健康的牛奶制造服务商"的企业定位，蒙牛乳业集团在短短十年中，创造出了举世瞩目的"蒙牛速度"和"蒙牛奇迹"。从创业初"零"的开始,至 2009 年底,主营业务收入实现 257.1 亿元,年均递增超过 100%,是全国首家收入过 200 亿元的乳品企业。其主要产品的市场占有率超过 35%;UHT 牛奶销量全球第一,液体奶、冰淇淋和酸奶销量居全国第一;乳制品出口量、出口的国家和地区居全国第一。

据 2006 年 9 月国家统计局发布的"中国大企业集团首届竞争力 500 强",蒙牛乳业集团位居第 11 位,名列全国同行业之首。另据权威机构公布的数据显示,蒙牛乳业集团跻身 2009 年全国大企业集团 500 强第 241 位,2009 年全球乳业 20 强第 19 位,居全国同行业之首。蒙牛股票被国际著名金融服务公司摩根士丹利评选为至 2012 年全球 50 只最优质股票之一。

(三)主题内容

1.蒙牛的资本运作

1999 年,牛根生遭到伊利董事会免职,从此选择了自己创业的历程,同年 8 月成立"内蒙古蒙牛乳业股份有限公司"。最初的启动资金仅仅 900 万元,通过整合内蒙古 8 家濒临破产的奶企,成功盘活 7.8 亿元资产,当年实现销售收入 3730 万元。

据蒙牛相关人员介绍,他们在创立企业之初就想建立一家股份制公司,然后上市。除了早期通过原始投资者投资一些资金之外,蒙牛在私募之前基本上没有大规模的融资。如果要抓住乳业的快速发展机会,在全国铺建生产和销售网络,对资金有极大的需求。对于当时蒙牛那样一家尚不知名的民营企业,又是依靠重品牌轻资产的商业模式,银行贷款当然是有限的。从 2001 年开始,他们开始考虑一些上市渠道。首先他们研究当时盛传要建立的深圳创业板,但是后来创业板没做成,这个想法也就搁浅了。同时他们也在寻求 A 股上市的可能,但是对于蒙牛当时那样一家没有什么背景的民营企业来说,上 A 股恐怕需要好几年的时间,蒙牛根本等不起。

他们也尝试过民间融资。不过国内一家知名公司来考察后,对蒙牛团队说他们一定要 51% 的控股权,对此蒙牛不答应;另一家大企业本来准备要投资,但被蒙牛的竞争对手给劝住了;还有一家上市公司对蒙牛本来有投资意向,结果又因为该公司的第一把手突然被调走当某市市长而把这事又搁下了。

2002 年初,蒙牛股东会、董事会均同意,在法国巴黎百富勤的辅导下上中国香港二板。为什么不能上主板?因为当时蒙牛历史较短、规模小,不符合上主板的条件。这时,摩根士丹利与鼎晖(私募基金)通过相关关系找到蒙牛,要求与蒙牛团队见面。见面之后摩根士丹利等提出来,劝其不要去中国香港二板上市。众所周知,中国香港二板除了极少数公司以外,流通性都不好,机构投资者一般都不感兴趣，企业再融资非常困难。摩根士丹利与鼎晖劝蒙牛团队应该引入私募投资者，资金到位，帮助企业成长与规范化，大到一定程度就直接上中国香港主板。

牛根生是个相当精明的企业家，对摩根士丹利与鼎晖提出的私募建议，他曾经征询过很多专家意见，包括正准备为其做中国香港二板上市的百富勤朱东（现任其执行董事）。眼看到手的肥肉要被私募抢走，朱东还是非常职业化地给牛根生提供了客观的建议，他认为先私募后上主板是一条可行之路（事实上，在这之前，朱东已向蒙牛提到过中国香港主板的优势）。这对私募投资者是一个很大的支持。

（1）蒙牛的第一轮资本运作

1）初始股权结构

1999 年 8 月 18 日内蒙古蒙牛乳业股份有限公司（上市公司主营子公司）成立，股份主要由职员、业务联系人、国内独立投资公司认购，股权结构也十分简单。当时注册资本 1 398 万股，筹集到的资金仅为 1 000 多万元。

2）首轮投资前股权结构

为了成功地在海外上市，首先要有资金让它运转过来，然而原始的资本结构过于僵硬，对大量的资金注入以及资本运作活动都将产生桎梏作用，因此蒙牛在 PE 投资团队的指导下，从 2002 年起就开始逐步转变股权架构，以便为日后的上市创造一个灵活的股权基础。

蒙牛在避税地注册了 4 个壳公司，注册在维京群岛的金牛公司、银牛公司、开曼群岛公司及毛里求斯公司。其中，金牛公司的发起人主要是股东，银牛公司的发起人主要是其他投资者、业务联系人员和职员等，这样使得蒙牛管理层、其他投资者、业务联系人员、职员的利益被悉数注入两家公司中。透过金牛和银牛两家公司对蒙牛乳业的间接持股，蒙牛管理层理所当然成为公司股东。开曼群岛公司和毛里求斯公司为两家典型的海外壳公司，作用主要在于构建二级产权平台，以方便股权的分割与转让。这样，蒙牛不但可以对风险进行一定的分离，更重要的是可以在不同情况下根据自己需要灵活运用两个平台吸收外部资金。

3）首轮注资

2002 年 9 月 24 日，开曼群岛公司进行股权拆细，将 1 000 股每股面值 0.001 美元的股份划分为同等面值的 5 200 股 A 类股份和 99，999，994，800 股 B 类股份（根据开曼公司法，A 类 1 股有 10 票投票权，B 类 1 股有 1 票投票权）。次日，金牛公司与银牛公司以每股 1 美元的价格认购了开曼群岛公司 4 102 股 A 类股票（加上成立之初的 1000 股，共 5 102 股），而 *MS·Dairy*、*CDH* 和 *CIC* 三家海外战略投资者则用约为每股 530.3 美元的价格分别认购了 32，685 股、10，372 股、5，923 股 *B* 类股票（共 48，980*B* 股），总注资约为 25，973，712 美元。

至此，蒙牛完成了首轮增资，三家战略投资者被成功引进，而蒙牛管理层与 *PE* 机构在开曼群岛公司的投票权是 51%：49%（即蒙牛管理层拥有对公司的绝对控制权）；股份数量比例分别是 9.4% 和 90.6%。紧接着开曼群岛公司用三家金融机构的投资认购了毛里求斯公司的股份，而后者又用该款项在一级和二级市场中购买了蒙牛 66.7% 的注册资本，蒙牛第一轮引资和股权重组完成。

值得一提的是，伴随首轮注资的引入，还有一份 *PE* 和蒙牛管理层的协议也随之产生：如果蒙牛管理层没有实现维持蒙牛高速增长，开曼公司及其子公司毛里求斯公司账面上剩余的大笔投资现金将要由投资方完全控制，届时外资系将拥有蒙牛股份 60.4%（90.6%×66.7%）的绝对控制权。如果蒙牛管理层实现蒙牛的高速增长，一年后，蒙牛系可以将 *A* 类股按 1 拆 10 的比例转换为 *B* 类股。这样，蒙牛管理层可以实现在开曼群岛公司的投票权与股权比例一致。即蒙牛系真正的持有开曼群岛公司的 51% 的股权。2003 年 8 月，蒙牛管理层提前完成任务，同年 9 月 19 日，金牛公司、银牛公司将所持有的开曼群岛公司 *A* 类股的 5 102 股转换成 *B* 类股（51,020 股），持有开曼公司 51% 股权和投票权。至此，蒙牛系通过自身及开曼群岛公司共持有蒙牛股份的股权为 67.32%（51%×66.7%+（1-66.7%）），外资持有蒙牛股份为 32.68%（49%×66.7%）。

（2）蒙牛公司的第二轮资本运作

为了促使三家战略投资者的二次注资，2003 年 9 月 30 日，开曼群岛公司重新划分股票类别，以 900 亿股普通股和 100 亿股可换股证券分别代替已发行的 *A* 类、*B* 类股票，每股面值 0.001 美元。金牛、银牛、*MS·Dairy*、*CDH* 和 *CIC* 原持有的 *B* 类股票对应各自面值转换成普通股。

2003 年 10 月，三家战略投资者认购开曼群岛公司发行的可换股证券，再次注资 3523 万美元，认购"蒙牛乳业"发行的 3.67 亿可换股证券，约定未来转股价为 0.74 亿港元（2004 年 12 月后可转换 30%，2005 年 6 月后可全部转换）。9 月 18 日，毛里求斯公司以每股 2.1775 元的价格购得蒙牛股份的 80,010,000 股。10 月 20 日，毛里求斯公司再次以 3.038 元的价格购买了 96,000,000 股蒙牛股份，对于蒙牛乳业的持股比例上升至 81.1%。至此，二次注资完成。

二次增资最大的特点显然是发行可换股证券。根据当时的协议，*PE* 在开曼群岛公司股份首次公开售股（*IPO*）完成后第 180 天以后最多可转化 30% 的可换股证券，而 *IPO* 完成一年后则可转化剩余部分。此次增资方案没有在发行同期增加公司股本规模，并且同时暗藏了三大玄机：其一，暂时不摊薄管理层的持股比例，保证管理层的绝对控制与领导。其二，确保公司每股经营业绩稳定增长，做好上市前的财务准备。其三，可换股计划锁定了三家风险投资者的成本。

首先，这笔可转债是以蒙牛海外母公司——毛里求斯公司的全部股权为抵押的，如果股价不尽如人意，那么此可转债将维持债券的模式，蒙牛有义务还本付息，这在最大限度上减少了三家机构的投资风险。其次，本金为 3 523 万美元的票据在蒙牛上市后可转为 3.68 亿股蒙牛股份，按 2004 年蒙牛的 *IPO* 价格 3.925 港元计算这部分股票价值达 14.4 亿港元。三家机构取得巨额收益的同时还获得增持蒙牛股权、巩固控制权的机会。此可换股证券还设有强制赎回及反摊薄条款，可以说是在最大限度上维护了投资者的利益，因此，这种可换股证券更像是一种延期换股凭证，也从另一个角度反映了 *PE* 和蒙牛管理层在博弈过程中的优势地位。

随后，牛根生又与三家海外投资商签署了一份被媒体称之为"对弈国际投资巨头，牛根生豪赌 7 千万股权"的协议。大致内容是：如果蒙牛股份今后三年的复合增长超过某一数值，三家海外投资商将赔偿金牛公司 7 800 万股的蒙牛乳业股份；否则金牛公司要向三家海外投资商赔偿同样数量的股份或相当数量的资金。

（3）蒙牛公司的第三轮资本运作

2004 年，蒙牛乳业为上市做了最后的准备。2004 年 1 月 15 日，牛根生从谢秋旭手中购得 18,100,920 股蒙牛股份，占蒙牛总股本的 8.2%。2004 年 3 月 22 日，金牛与银牛扩大法定股本，由 5 万股扩至 10 万股。同日，金牛和银牛向原股东发行 32,294 股和 32,184 股新股，金牛、银牛分别推出公司"权益计划""以酬谢金牛、银牛的管理层人员、非高级管理人员、供应商和其他投资者对蒙牛集团发展做出的贡献"。

2004 年 3 月 23 日，"牛氏信托"诞生，牛根生本人以 1 美元／份的价格买下了绝大部分金牛"权益计划"和全部银牛"权益计划"，分别购入 5 816 股、1 846 股、1 054 股的蒙牛乳业的股权。这些股份的投票权和绝对财产控制权信托给牛根生本人。至此，牛根生直接控制了蒙牛乳业的 6.1% 的股权。

（4）蒙牛公司的第四轮资本运作

2004 年 6 月 10 日，"蒙牛乳业"（2319. *HK*）在中国香港挂牌上市，并创造出一个奇迹：全球公开发售 3.5 亿股（包括通过中国香港公开发售 3 500 万股以及通过国际发售的 3.15 亿股），公众超额认购达 206 倍，股票发行价高达

3.925 港元，全面摊薄市盈率 19 倍，IPO 融资近 13.74 亿港元。

摩根士丹利称："蒙牛首次公开发行创造了 2004 年第二季度以来，全球发行最高的散户投资者和机构投资者超额认购率。"事实上，2005 年 4 月 7 日，蒙牛乳业宣布，由于公司表现超出预期，三名外资股东已向"金牛"公司提出以无偿转让一批价值约为 598.8 万美元的可换股证券作交换条件，提前终止"千万豪赌"的协议。这则报道应该可以解读为三家海外投资商已经承认了失败。牛根生先后两次与国际资本进行博弈，最终大获全胜。

三、理论依据及分析

（一）PE 的概念

私募股权投资，即 PE（Private·Equity），是指投资于非上市股权，或者上市公司非公开交易股权的一种投资方式。私募股权投资的资金来源，既可以向社会不特定公众募集，也可以采取非公开发行方式，向有风险辨别和承受能力的机构或个人募集资金。由于私募股权投资风险较大，信息披露不充分，故往往采取非公开募集的形式。近年来，出于对流动性、透明度和募集资金的考虑，上市的私募股权投资基金数量有所增加，2007 年 6 月 22 日在纽交所上市的黑石集团就是一个例子。

私募股权投资基金的投资方向是企业股权而非股票市场，即它购买的是股权而非股票。PE 的这个性质客观上决定了其投资回报周期较长。私募股权投资基金主要通过以下三种方式退出：一是上市（IPO）；二是被收购或与其他公司合并；三是重组。投资者需要注意，私募股权投资基金与私募证券投资基金（也就是股民常讲的"私募基金"）是两种名称上容易混淆但实质完全不同的两种基金。

私募股权投资基金的主要组织形式是有限合伙制，其中，私人股权投资公司作为普通合伙人，基金整体作为有限合伙存在。基金主要从有限合伙人处募集款项，并由普通合伙人做出全部投资决策。基金在其存续周期中一般会做出 15 ~ 25 项不同的投资，每项投资的金额一般不超过基金总额的 10%。普通合伙人报酬的主要来源是基金管理费和业绩佣金（一般情况下，普通合伙人可获得基金总额 2% ~ 4% 的年度管理佣金以及 20% 的基金利润）。私人股权投资基金的投资回报率常超过 20%，如从事杠杆收购或早期投资则回报率有望更高。

（二）IPO 的概念

IPO（Initial·Public·Offerings）就是首次公开发行股票，是指一家企业第一次将它的股份向公众出售。通常，上市公司的股份是根据向相应证监会出具的招股说明书或登记声明中约定的条款通过经纪商或做市商进行销售。一般来说，一旦首次公开上市完成后，这家公司就可以申请到证券交易所或报价系统挂牌交易。

对于企业为何要进行 *IPO*，学者提出了各种理论进行解释，比较有名的有以下三种理论。第一，生命周期理论。生命周期四个阶段即创业期、早期成长期、稳定成长期和成熟期。*IPO* 成为成长期中风险资本剔除的最佳选择。一方面，通过二级市场实行股份转让，风险资本可以退出；另一方面，进入稳定发展期的企业也便于成为上市公司。所以，企业一般在成长期谋划上市。第二，控制权理论。这一理论认为企业上市能够给企业家提供资本扩张的平台。对于有风险资本支持的企业，企业家通过 *IPO* 从风险投资家手中重新获得控制权，同时 *IPO* 使得所有权更加分散，使得经理层不易被逐出公司。第三，价值提升理论。上市能够提升企业的竞争优势，增强其他投资者、顾客、债券人、供应商等对企业的信心。

（三）*IPO* 的利弊

大多数的企业都会发现随着公司的成长，规模的扩大，他们在筹资能力方面存在诸多限制，这时他们会倾向于通过 *IPO* 并在交易所挂牌交易成为上市公司，获得上市公司所具备的更强的融资能力和公司治理方面的优势。但是并不是所有的公司都适合上市，对于公司来说 *IPO* 有利也有弊。

上市的优势在于：第一，*IPO* 便于筹措新的资金。由于信息不对称、风险规避等因素的存在，私有化公司在筹措新资金时，可供其选择的融资方式十分有限。公司上市后，受到一些政府部门的监管，并执行有关财务披露和股票上市的很多规定，从而使以上影响问题大大减少，大众也乐意购买其发行的股票。第二，*IPO* 便于确定公司的价值。证券市场上，投资者认为企业的价值超过当时的市价，他就会购买，否则就会抛出股票，并且这种评估体系是相对较好的。通过上市就可以知道自己公司的市场价值，便于经营者及时发现经营中的不足，及时调整经营方针，使企业稳定发展。第三，*IPO* 便于原始股东分散投资风险。上市后，公司的创办人员可以将其持有的部分股票转售给其他投资者，再将他们所得资金投资到其他资产上去，如此一来，原来的股东就可以通过投资组合达到分散投资风险的目的。第四，*IPO* 可以提高股权的变现能力。私有化公司的股权由于无法在股票市场上公开交易，所以变现能力差，上市后持有的股票可以公开交易，大大提高了股权的变现能力。

上市的不利之处有：第一，*IPO* 会稀释原有股东的控制权。上市后，原有股东的控制权会被稀释，从而威胁到老股东对公司的控制，原来的控制者要想继续维持对公司的控制，可能要付出更高的成本。第二，维持上市地位需要支付很高的费用。上市公司必须依法定期将财务报表或有关报告提交给证券管理部门、政府主管机关及大众投资者，印制并发送这些报表的成本相当高昂，对于小公司而言，信息披露成本更是一种沉重的负担，从而加大公司成本的支出。第三，IP0 后公司必须对外公开公司的经营状况与财务资料。对外公布公开的经营状况与财务资料使竞争对手有机可乘，他们可以通过这些资料了解公司的情况并制定出相应的应对策略。此外，法律规定，上市公司的一些内部人员，如公司的董事、经理及主要股东等，必须对外公布持有的公司股份，这就使这些人所拥有的财富因此而曝光。第四，降低公司决策的效率。上市后，公司决策时必须考虑到对股价等因素的影响，因此会降低决策的效率。公司是否上市，都是根据自己的实际情况对 IP0 的利弊进行权衡。

（四）资本全球化背景下的 IPO

1991 年，在沪深两市发行的人民币特种股票（B 股）拉开了我国利用股票到国际资本市场融资的序幕，之后有更多的公司以各种方式直接或间接地在境外上市。中国证监会的数据显示，自 1993 年到 2009 年 7 月底，已有 154 家境内企业发行境外上市外资股并到境外上市，筹资总额 1 137.79 亿美元。国内企业比较青睐的资本市场有中国香港、美国、新加坡等地。此外，伦敦证券交易所、德意志证券交易所等也包括在国内企业上市的选择范围之中。目前，中国企业上市的总市值仅次于美国，为全球第二。据 COLCA 的不完全统计，目前在海外资本市场上市的中国公司有 1 000 多家，市值超过 6,000 亿美元（40,000 亿元人民币）。

目前，境外上市的主要方式包括境外直接上市、通过控股公司境外间接上市、境外买壳上市、利用存股证（DR）间接上市等。

境外直接上市即直接以国内公司的名义向国外证券主管部门申请发行的登记注册，并发行股票（或其他衍生金融工具）向当地证券交易所申请挂牌上市交易，如青岛啤酒、上海石化、广船国际、浙江玻璃等。

通过控股公司境外间接上市，也叫境外造壳上市，是指预先在境外注册一家控股公司并由其实现对国内企业的控股，而后通过控股公司的公开上市募集资金，并将所募集资金投资于国内企业，从而达到境外间接上市的目的，如华展汽车、蒙牛乳业等。

境外买壳上市，是指国内企业通过收购已在境外上市公司的全部或者大部分股权，再注入国内资产和业务，实现间接在境外上市的目的，如首钢等。

存股证（DR）间接上市，是指在一国证券市场流通的代表外国公司有价证券的可转让凭证，是金融领域内的衍生工具。

（五）蒙牛和风险投资机构的对赌协议

对赌协议就是收购方（包括投资方）与出让方（包括融资方）在达成并购（或者融资）协议时，对于未来不确定的情况进行的一种约定。如果约定的条件出现，投资方可以行使一种权利；如果约定的条件不出现，融资方则行使一种权利。所以，对赌协议实际上就是期权的一种形式。

当时的对赌协议中的融资方为蒙牛乳业，投资方为摩根士丹利等三家国际投资机构，对赌协议于 2003 年签订，协议的主要内容：2003 ~ 2006 年，如果蒙牛业绩的复合增长率低于 50%，以牛根生为首的蒙牛管理层要向外资方赔偿 7 800 万股蒙牛股票，或以等值现金代价支付；反之，外方将蒙牛股票赠予以牛根生为首的蒙牛管理团队。结果蒙牛业绩超额完成对赌协议的标的，蒙牛高管获得了价值数十亿元股票，该对赌协议于 2005 年终止。

四、蒙牛 PE 投资后的情况

（一）PE 投资后的管理

对蒙牛的二次注资完成标志着 PE 机构对于蒙牛的投资交易基本完成，接下来则是交易后的管理，包括为蒙牛上市前重组了企业法律结构与财务结构，摩根士丹利等等私募品牌入股提高了蒙牛公司的信誉，处理上市进程中的法律、政策、财务等各项疑难等等。而其中对管理层的激励——"对赌协议"是 PE 在对蒙牛的管理中是最著名的。

在 PE 二次注资后双方立即签订了对赌协议。所谓盈利复合增长 50%，即 2004 ~ 2006 年每年的盈利平均增长 50%。BNP 百富勤报告指出，蒙牛 2003 年盈利为 1.64 亿元人民币，也就意味着管理层若想赢得 7 830 万股票，蒙牛 2006 年的盈利必须达 5.5 亿元以上。此契约一出在当时就引起轩然大波，众多评论都认为：蒙牛此举为自己套上了"紧箍咒"，这是外方资本对中国企业的明显欺压等。究竟蒙牛的资本狂奔能否创造奇迹，但更多的人拭目以待。事实上 2004 年蒙牛公布的盈利为 3.19 亿元，以 1 900 万元险胜当年的需要达到的业绩基准 3 亿元，而此时摩根士丹利等外资股东却意外的提前终止了与管理层之间的对赌，代价是将其持有的本金额近 5 000 万元的可转股证券（这接近于机构投资者所持票据的 1/4）转给蒙牛管理层控股的金牛公司。这些票据一旦行使，相当于 6 260 万余股蒙牛股票，如以当时平均每股 6 港元的市值计算，合计约折合 3.75 亿港元。

（二）PE 的收益

2004 年 6 月 10 日，蒙牛在香港联交所实现上市，发售价定在最高端（3.925港元），发行新股 2.5 亿股。作为第一家在海外上市的内地乳制品企业，蒙牛共募集国际资本 13.74 亿港元，约折合人民币 14.56 亿元。

第一次套现。上市首日，*PE* 机构即实现了退出收益，因为在蒙牛乳业 *IPO* 发行的 3.5 亿股股份中，2.5 亿股为新股，另外 1 亿股则来自三家境外投资机构的资金减持。经此操作，境外资金已经收回大约 3.9 亿港元。

第二次套现。在蒙牛乳业上市六个月之后的 2004 年 12 月 16 日，*PE* 机构行使当时仅有的 30% 的换股权，获得 1 亿多股，同时，三公司以每股 6.06 港元的价格，减持 1.68 亿股股份，套现 10.2 亿港元。

第三次套现。2005 年 6 月 13 日，*PE* 在剩余的 70% 可转债换股权刚刚到期三天，就迫不及待地转换成股份，并减持完成了第三次套现。此番，三家以每股 4.95 港元的价格，抛售了 1.97 亿股股份，套现又近 10 亿港元。三次主要的资金退出后，*PE* 机构还持有蒙牛股份大约 131 万股，持股比例降至不到总股本的 0.1%。这是出于一项对三家机构在蒙牛乳业上市 12 个月至 18 个月之间的禁售协议限制，三家机构在未来半年还必须保留这些股份不能出售。

从 2002 年的初始正式投资到 2005 年的主要退出，三家 *PE* 机构在对蒙牛的投资中最终收益为 20 多亿港元，相比总投资的资金（约合 4.78 亿港元），回报率达到了 500%。还有一个重要的隐含的收益：*PE* 机构获取了蒙牛股份的认购权。2004 年，三家国际投资机构取得了在十年内一次或分多批按每股净资产（摊薄前为 1.24 港元／股）购买上市公司股票的权利，这一权利显然也要算为 *PE* 机构的投资收益。

五、案例总结

（一）现代经济中，资本运作能帮助企业在较短的时间内实现超常规的高速发展，牛根生及他的团队成功运用资本运作帮助蒙牛在短短的几年时间内发展成为业界老大。重点分析蒙牛资本运作上市的模式。

（二）蒙牛上市既是成功的资本运作，也是 *PE* 投资的成功案例，蒙牛团队通过引入 *PE* 投资，通过一系列在海外资本市场的运作，最终成功上市，实现各方的多赢重点。

（三）蒙牛选择在中国香港上市有制度、资本市场和 *PE* 投资者要求等多方面因素，蒙牛上市模式的选择对于快速成长的中国企业具有重要的借鉴价值。

第十一章　巴菲特的投资思想

一、摘要

股神巴菲特以其独特的价值投资思想闻名于全球资本市场，更以其骄人的投资业绩跻身于全球顶级富豪榜。本案例首先介绍了巴菲特的投资历程，然后比较全面地概括了巴菲特的投资策略、投资精髓、选择股票的标准和主要依据以及给投资者的投资忠告。

二、正文

（一）引言

随着《福布斯》2008 全球富豪榜的排名出炉，比尔·盖茨雄踞了 13 年的世界首富的位置让给了巴菲特。从《福布斯》的分析可以看到，巴菲特的身价暴涨主要是因为其旗下公司的股价飙升。旗下伯克希尔公司股票的单股价格超过 10 万美元，成为世界上最昂贵的股票。巴菲特对优质股票投资的执着，及价值投资的长线经营理念，终于使其取得了卓越非凡的成果。

（二）内容

1.巴菲特的投资经历

1941 年，11 岁的巴菲特购买了自己的第一只股票，赚到了 5 美元。这个年龄的孩子，大多数都还在玩过家家的游戏。1947 年，他到宾夕法尼亚大学攻读财务和商业管理专业。2 年后，他抛弃了那些只会讲些空头理论的教授，转而进入哥伦比亚大学，师从著名投资学理论家本杰明·格雷厄姆。这是他人生中最重要的一次转折，他从反投机的格雷厄姆那里学到了价值投资的理念，并且对这一理念坚信不疑。1951 年，21 岁的巴菲特以 A 的好成绩学成毕业。

1956 年，巴菲特的合伙人公司成立，总投入资金 105 万美元，其中，只有 100 美元属于巴菲特，但他在公司拥有绝对的权威，支配每一分钱的使用。1964 年，合伙人公司的总资本涨到 2 200 万美元，巴菲特的个人财富是 400 万美元。短短 8 年，火箭一样的速度，空前快速地扩张。

1966 年，美国股市大牛，股票飞涨，人们都在拥入股市。巴菲特却感到了不安，因为他很难再找到符合标准的廉价股票。"在别人贪婪时变得恐惧"，巴菲特的这一特质凸显无疑。1968 年，合伙人公司的股票创造了历史上的最好成绩，增长率为 59%，而道琼斯指数的增长率仅为 9%。这使得巴菲特的个人资产达到了 2 500 万美元，而合伙人公司的资本首次过亿——1.04 亿美元。1968 年，看似最美好的时光来临了，巴菲特却解散了合伙人公司。1969 年，随后的事实验证了巴菲特的预感，股灾发生了，每种股票的价格都下降了 50%，甚至更多。

1970 ~ 1974 年，这 4 年之间的美国股市毫无生气，经济低增长，通货膨胀持续上升，然而，巴菲特却看到了即将滚滚而来的财源。"在别人恐惧时贪婪"，巴菲特发现了太多的便宜股票，他又开始进市。

1972 年，巴菲特对报刊业产生了兴趣，他比喻说："一家名牌报刊就像一座收费的桥梁，谁过都得留下买路钱。"1 年之后，他以蚕食的方式开始收购华盛顿邮报和波士顿环球。此时，正是这两家报刊最困难的时候。而在 10 年后，巴菲特投入华盛顿邮报的 1 000 万美元变成了 2 亿美金。

1980 年，巴菲特买进了可口可乐 7% 的股份，每股单价 109.6 美元，总金额为 12 亿美元。1985 年，可口可乐的股票单价涨到了 515 美元，翻了 5 倍。

1992 年，巴菲特以每股 74 美元的价格购入 435 万股美国通用动力公司的股票，这是一家高科技国防工业公司，当年年底，该公司股价就升到了 113 美元。

1994 年，伯克希尔公司已经不再是一家濒临破产的纺织厂，而是拥有 230 亿美元的工业王国，是巴菲特旗下的空前庞大的投资金融集团。在此之前的 30 年间，巴菲特的股票平均的年增值率为 26.77%，比道琼斯指数高出了 17 个百分点。

2006 年，伯克希尔公司创下经营佳绩，利润增长为 292%，盈利达到了 1 102 亿美元，其中每股的盈利为 7 144 美元。截至 2006 年，伯克希尔公司净资产的年均增长率达到了 214%，同期的标准普尔 500 指数年均增长率仅为 104%。数据再次证明了巴菲特的巨大成功。

2008 年 3 月 6 日，《福布斯》全球富豪排行榜公布，巴菲特超过了霸占王座 13 年的前世界首富比尔·盖茨，成为全球财富界的新王者。

2. 巴菲特的投资策略

（1）没有什么比赌博心态更影响投资

巴菲特说："股票不应该是我们人生的全部，因此，带着赌徒心态走进交易大厅的行为是极为危险的。"他主张股民把股票当作一种正当的投资行为，而不是幻想通过短期的冒险投机达到一夜暴富的效果。

（2）把自己当作持股公司的老板

这是巴菲特投资策略最核心的理念。买股票就是投资企业，要把自己作为企业的老板，而不单是某只股票的主人。"最聪明的投资方式，就是把自己当成持股公司的老板。"因此，在确定投资之前，要把自己当成企业分析师，而不是市场分析师或什么证券分析师，这一点尤其重要。

巴菲特旗下的伯克希尔公司所购买的每一只股票，几乎都贯彻了这一原则：研究企业发展能力，管理人员的素质和此项购买可能支付的价格。巴菲特的投资生涯，所遵循的投资策略中最本质的东西就是买公司而不是买股票，要把股票当成公司的附属品，投资的本质是经营，而不是单纯的买进和卖出。

（3）永远不要做自己不懂的事情

巴菲特经常说的一句话是：如果你不了解这个产业，那么就不要买太多的股票。

（4）买股票时，应假设明天股市要休市 3 ~ 5 年

巴菲特曾作过一个精妙的比喻："股票从短期看是投票机，而从长期看则是称重机。"买入一只公司的股票，需要耐心持有，在一定的时间内，不要去关注价格的变动，甚至要忘掉股市的存在。要相信这一点，股市的资金永远只流向好股票，只要你选对了一只股票，就不要有任何犹豫，更不要把眼睛盯在交易大厅的数字上，不能因为价格的波动而惊慌。选择一只好股票后，只要事情没有变得很糟，那么原封不动地保持该股票 5 年以上。巴菲特的成功经历也告诉我们，专注于长远回报，不受短期价格波动的影响，才是正确投资者的应有心态。

（5）如果无事可做，那就什么也不做

巴菲特在一次股东大会上说："我们已经好久没找到值得一提的股票了，还要等多久呢？我们要无限期地等！我们不会为了投资而投资，别人付你钱不是因为你有积极性，而是因为你能做出正确的决策。"这是巴菲特的警世名言。如果无事可做，就什么也不做，宁可一直等待，也不要单纯为了投资而出手。他告诉投资者：最重要的是寻找符合标准的投资机会，不能盲目妄动，要善于等待时机的出现。很多人花几十万美金竞拍和巴菲特一起吃顿饭的机会，向他请教如何投资，但从他那里得到的就是这句话。

（6）购买价格远低于实际价值的企业，并且永远拥有它

巴菲特的这个理念从根本上解决了股票回报的来源问题。投资的回报来自市场价格对其内在价值的兑现，也就是增值，而不单纯是价格的波动。

3. 巴菲特挑选股票的主要依据

每个投资者都梦想找到价格能涨 10 倍的股票，巴菲特是这样做的：看企业，重成长，选时机。就是从对企业的分析入手，重在判断企业的成长潜力，然后选择最佳的投资时机。

（1）选择熟悉的企业——只做自己擅长的领域

巴菲特有句名言：我只做我完全明白的事。他喜欢简单的企业，致力于在他擅长的领域内找到高成长价值的股票，而不是跟风炒作那些相对陌生的高科技和网络股。巴菲特把他的投资范围限制在少数几个易于理解的行业中。

（2）选择权威的企业——最优秀的名牌公司

巴菲特认为好公司一句话就能讲清楚，就是那些有"护城河"的公司，有巨大的品牌价值，有核心竞争力的伟大公司，像可口可乐、吉列、华盛顿邮报。而对权威企业进行选择的最简单的要诀，就是通过日常生活细节的观察，寻找那些最有可能成为最大范围内百姓日常生活必需品的名牌公司，进行长期的投资。

（3）选择高成长股——最有潜力的公司股票

股票给你的唯一价值，是这家公司未来的利润增长，而不是股价本身。公司的潜力从根本上决定着股价的成长，除此之外，找不到任何一个投资的理由。除了成长性的贡献可以让投资者兴奋，股票再无任何其他价值，股票所有的数据，都与背后的公司的情况相关联。选择高成长股，是找到价格能涨 10 倍的股票的必要条件之一，它关注的是公司未来利润的高增长，而市盈率等传统的价值判断标准，有时往往不能体现出这一点。

（4）最好的投资时机——优秀企业出现危机时

最好的投资时机在哪里？巴菲特认为：当优秀的公司暂时遇到困难，就会导致这些公司的股票被错误低估，这时就是巨大的投资机遇。在他看来，股价大跌恰好会形成巨大的安全边际，是投资者低价买入的最好时机。当企业解决问题以后，市场重新认识到它的实际价值，股价就会大幅回升，从而让投资者立于不败之地。就像一首歌里唱的："阳光总在风雨后。"巴菲特总是在寻找这样的优秀企业。

4.巴菲特的投资精髓

（1）购买并长期持有优秀公司的股票

"我最喜欢持有一只股票的时间是：永远。"巴菲特用这句话来表明自己长期持有的态度，他奉劝投资者在购买股票以后不要再把目光放在短期的股价波动上。巴菲特从不把自己当作市场分析方面的专家，而是坚持作为企业的经营者去选择投资对象。他从不打算在买入股票的次日就赚钱，他甚至先假设第二天股票交易市场就关门，一直到许多年以后才重新打开，恢复交易。他反对短线的操作，认为那只是无谓地浪费金钱和时间，那种行为享受不到投资带来的乐趣，操作绩效并不理想，甚至会影响人的身体健康。他的 7 只重仓股，都是在买入后一直持有，十几年甚至几十年都一动不动。

（2）集中投资

就是当遇到比较好的市场机会时，集中投资，长期持有。巴菲特建议手中的股票控制在 5 只以内，以便于跟踪。集中投资策略的另一个特点是把大量的资金投到自己熟悉的公司上，因为这类公司的基本面的信息容易收集，易于了解，它具体的经营情况也较好掌握。巴菲特认为，持有的股票越少，组合业绩也就越好，而且是在赢的概率最高时投下最大的赌注，它带来的回报也是惊人的。

（3）安全边际是投资永不亏损的秘诀

如何投资才能获得安全的回报？巴菲特说："我的第一条投资原则是，永远不要亏损；第二条是，牢记第一条！"这句话被华尔街人称为经典的"一号投资法则"。巴菲特认为，在购买一家公司的股票之前，要确保该股票长期内可以获得至少15%的年复合收益率，如此才能保证自己的投资安全，这就是巴菲特神奇的"15%法则"。怎样才能做到？巴菲特的办法是尽可能地来对该股10年后的交易价位进行估计和预测，并在测算平均市盈率和公司的盈利增长率的基础上，与当前的价格进行比较。

（4）巴菲特的"三不要"信条

一不要迷信华尔街和听信谣言。巴菲特劝诫人们不要迷信华尔街，不要听信谣言，要坚持内心的投资原则。二不要担心经济形势和股票涨跌。巴菲特的信条之一，就是当股市猛涨时，要与之保持距离。在他看来，灾难同时意味着机会。巴菲特早就提醒过他的股东，想要投资成功，就必须对企业具有良好的判断，并且使自己免受"市场先生"控制的"市场情绪"的影响。三不要投机、切忌冲动。巴菲特认为，投机是最危险的行为。巴菲特从不让个人感情影响其对市场的判断。投机者的投机行为源自于人性的贪婪。贪婪是人性的弱点，要克服贪婪的心理，唯一解决的办法就是强制设定盈利目标。当投资收益率达到心理预期的时候，马上出局，不要回头，更不要犹豫。

（5）巴菲特的投资心态

第一，情商比智商更重要，要有足够的耐心。纵观巴菲特的投资历史，挖掘他的经验总结，分析他的投资策略，也没见他有多少让人无法理解的高智商的投资逻辑。相反的是，他的投资哲学恰恰通俗易懂，犹如在纸上信手拈来，几乎就是一些生活基本常识，却是放之四海皆准的道理。那么为何只有巴菲特能够执着地坚守这些品质，并把它们运用于投资领域？因为高情商的他比我们更了解生活，更了解人性的优点和弱点，所以他成功了，我们还在观望。第二，投资不应该受感情、希望和恐惧以及时尚的摆布。巴菲特在1950年读到了格雷

211

厄姆的《聪明的投资者》。后来他坦言：这是对他一生影响最大的一本书。正是这本书使巴菲特建立了一个最主要的信条：投资不应该受感情、希望和恐惧以及时尚的摆布。第三，投资必须理性，要保持清醒的头脑。格雷厄姆在自己的两部著作——《证券分析》和《聪明的投资者》中，都用大量的篇幅解释了投资者的群体感情是如何像传染病一样影响着股价的上下波动，以及感性的投资情绪是如何使股价波动变得不正常的。巴菲特同样看透了这一极具欺骗性的市场现象，正是无数投资者的热情使得市场出现了这种非理性的状况。第四，像乌龟一样投资，如兔子那般获利。投资就像龟兔赛跑，跑得最快的不一定会率先到达终点，更不一定是最后的赢家。

5.巴菲特的投资忠告

（1）做适合自己的股票

巴菲特认为如果投资者能够做到真正熟悉几个行业后，再进行大量的投资，就会获得巨额的利润。这句话告诫人们投资的前提是真正熟悉几个行业。认识自己的愚蠢才能利用市场的愚蠢。因为市场是会骗人的，它从来不会将最真实的一面展现给投资者。巴菲特非常推崇格雷厄姆在市场方面的看法——投资者只有把握市场的正确与错误，认识自己的愚蠢，才能够抓住市场的愚蠢来赚钱。

（2）改变错误的投资信念

一是迷信权威。巴菲特为了避免自己受到华尔街专家们的影响，甚至把伯克希尔公司的总部设在远离纽约的奥马哈市。他说："如果那些分析家们猜测得那么准，他们早就赚大钱了，而且保准不会告诉你。"另一位被称为"股圣"的基金管理人彼得·林奇更直接："如果华尔街专家真有这个本事，为何还从事这项工作呢，岂不早成了富翁？"二是迷信工具。股民们迫切希望找到一个正确的公式，然后就可坐享其成。然而，这些炒股工具会让人远离公司的经营情况。我们应该看看巴菲特是怎么做的，要学会控制自己对股票分析工具的心理亲近感，克制自己远离这些短期波动的信息，避免自己的决策受到"工具"的影响。三是迷信内部消息。巴菲特最喜欢的投资消息，往往来自于免费渠道。他喜欢通过实际调查和看免费年报，发现大部分人都没有注意到的重要信息。而那些从股市内部传出来的隐秘情报，巴菲特称之为谣言，认为是靠不住的。四是迷信冒险。巴菲特一直坚持接近零风险理论，他的投资策略从来都是尽量避免风险，但他的回报率是世界上最高的。五是迷信分散化投资。巴菲特如此惊人的财富是怎么来的？是集中投资、长期持有带来的。他重点持有的只是少数几家特别优秀的大企业的股票，并与它们终生相伴。集中投资将投资变成了艺术，将股票和公司变成了亲人。

三、理论依据及分析

（一）证券投资理念

1. 价值发现型投资理念

价值发现型投资理念是一种风险相对分散的市场投资理念。这种投资理念的前提是证券的市场价值是潜在、客观的。价值发现型投资理念所依靠的工具不是大量的市场资金，而是市场分析和证券基本面的研究，其投资理念确立的主要成本是研究费用。

价值发现型理念为广大投资者带来的投资风险要小得多。其一，价值发现是一种投资于市场价值被低估的证券的过程，在证券价值未达到被高估的价值时，投资获利的机会总是大于风险。其二，由于某些证券的市场价值直接或间接与其所在的行业成长、国民经济发展的总体水平相联系，因此在行业发展及国民经济增长没有出现停滞之前，证券的价值还会不断增加，在这种增值过程中又相应地分享着国民经济增长的益处。其三，对于某类具有价值发现型投资理论的证券，随着投资过程的进行，往往还有一个价值再发现的市场过程。

2. 价值培养型投资理念

价值培养型投资理念是一种投资风险共担型的投资理念。其投资方式有两种：一种是投资者作为战略投资者，通过对证券母体注入战略投资的方式，培养证券的内在价值与市场价值；另一种是众多投资者参与证券母体的融资，培养证券的内在价值和市场价值。在中国，前者如各类产业集团的投资行为，后者如投资者参与上市公司的增发、配股及可转债融资等。

（二）证券投资策略

1. 保守稳健型

保守稳健型投资风险承受度最低，安全性是其最主要的考虑因素。

2. 稳健成长型

稳健成长型投资者希望能通过投资的机会来获利，并确保足够长的投资期间。

3. 积极成长型

积极成长型投资者可以承受投资的短期波动，愿意承担因获得高报酬而面临的高风险。

（三）证券投资分析的主要流派

1. 基本分析流派

基本分析流派是指对宏观经济形式、行业特征以及上市公司的财务数据进行分析。它是西方的主流派别，其分析方法体系体现了以价值分析理论为基础，以统计方法和现值计算方法为主要分析手段的基本特征。基本分析流派的两个假设为：股票的价值决定其价格，股票的价格围绕价值波动。因此，价值成为测量价格合理与否的尺度。

2.技术分析流派

技术分析流派是指以证券的市场价格、成交量、价格量的变化以及完成这些变化所经历的时间作为分析对象进行分析。

3.学术分析流派

学术分析流派的主要方法是选择价值被低估的股票并长期持有，即在长期内不断吸纳、持有所选定的上市公司股票。其代表人物是本杰明·格雷厄姆和沃仑·巴菲特。现代投资理论兴起之后，学术分析流派投资分析的哲学基础是"效率市场理论"，投资目标为"按照投资风险水平选择投资对象"。学术分析流派的重要观点之一，即效率市场理论，其思想是：当给定当前的市场信息集合时，投资者不可能发展出任何交易系统或投资战略，从而可以获取超过由投资对象风险水平所对应的投资收益。"长期持有"投资战略以获取平均的长期收益率为投资目标的原则，是学术分析流派与其他流派最重要的区别之一。其他流派大多都以"战胜市场"为投资目标。

4.行为分析学派

行为分析流派认为，现代金融理论是建立在资本资产定价模型和有效市场假说两大基石上的。这些经典理论承袭经济学的分析方法与技术，其模型局限在了"理性"的分析框架中，忽视了对投资者实际决策行为的分析。随着金融市场上各种异常现象的累计，模型与实际的背离使得现代金融理论的理性分析范式陷入了尴尬境地。

（四）证券投资分析的主要方法

1.基本分析法

基本分析法又称基本面分析，是指证券分析师根据经济学、金融学、财务管理学及投资学等基本原理，对决定证券价值及价格的基本要素（如宏观经济指标、经济政策走势、行业发展状况等）进行分析，评估证券的投资价值，判断证券的合理价位，提出相应的投资建议的一种分析方法。基本分析的理论基础在于：

（1）任何一种投资对象都有一种可以称之为"内在价值"的固定基准，且这种内在价值可以通过对该种投资对象的现状和未来前景的分析而获得。

（2）市场价格与内在价值之间的差距最终会被市场所纠正，因此市场价格低于（或高于）内在价值之日，便是买（卖）机会到来之时。

基本分析的内容主要包括宏观经济分析、行业分析和区域分析、公司分析三大内容。

2. 技术分析法

技术分析法是仅从证券的市场行为来分析证券价格未来变化趋势的方法。技术分析法的三个重要假设是：

（1）市场行为包括一切信息。

（2）价格沿趋势移动。

（3）历史会重复。

可以将技术分析法的理论基础分为 K 线理论、切线理论、形态理论、技术指标理论、波浪理论和循环周期理论等。

3. 证券组合分析法

证券组合分析法是根据投资者对收益率和风险的共同偏好以及投资者的个人偏好来确定最优的投资组合，并进行组合管理的方法。证券组合分析的理论基础主要是：证券或证券组合的收益由它的期望收益率表示，风险则由其期望收益率的方差来衡量；证券收益率服从正态分布；理性投资者具有在期望收益率既定的条件下选择风险最小的证券和在风险既定的条件下选择期望收益率最高的证券这两个共同特征。

四、案例总结

（一）学习巴菲特证券投资的经验应当首先注重学习其投资理念和思想。

（二）注重明确巴菲特的投资思想在中国股市的适用性。巴菲特的投资思想符合投资的本质，具有普遍适用性。所有智慧的投资都是价值投资。价格是你付出的，价值是你得到的，你得到的比你付出的多，这就是价值投资。

（三）要全面坚持巴菲特投资方略中的基本原则，不可偏废。

第十二章 苏宁云商的现金营运管理

一、摘要

现金周转期是测量企业现金管理有效性的一个关键指标，依靠负的现金周转期提升经营业绩的企业战略被称为 *OPM* 战略。本案例从苏宁云商现金周转期的视角，分析了其以 *OPM* 战略为特色的资金营运管理模式。苏宁云商借助自身优势通过 *OPM* 战略，不断提升负现金周期和负净现金需求，从而以较小的净资产实现了较大的销售规模。

二、正文

（一）引言

近年来异军突起的以国美电器和苏宁云商为典型代表的"大卖场"，打破了我国家电行业里制造厂商与其客户的力量平衡，使家电制造厂商在一定程度上丧失了在定价上的"话语权"，价格战的主导权有被"大卖场"取而代之的趋势。事实上，过去几年家电市场的很多价格战都是由"大卖场"挑起的，"大卖场"也因此被戏称为家电市场上的"价格屠夫"。那么，"大卖场"为何能够在空前惨烈的价格战中生存？国美电器和苏宁云商的盈利模式又有何奥秘？本文着重对苏宁云商以 *OPM* 策略为主要特征的盈利模式进行介绍。

（二）公司简介

1.苏宁云商简介

1990 年创立于江苏南京，是中国 3C（家电、电脑、通讯）家电连锁零售企业的领先者，是国家商务部重点培育的"全国 15 家大型商业企业集团"之一。截至 2009 年，苏宁云商连锁网络覆盖中国内地 30 个省，300 多个城市以及香港地区，拥有 1 000 家连锁店、80 多个物流配送中心、3 000 家售后网点、经营面积 500 万平方米，员工 13 万多人，年销售规模 1 200 亿元。品牌价值 508.31 亿元，蝉联中国商业连锁第一品牌。名列中国上市规模民企前三，中国企业 500 强第 54 位，入选《福布斯》亚洲企业 50 强。

2004 年 7 月，苏宁云商（002024）在深圳证券交易所上市，公司名称为苏宁电器股份有限公司，凭借优良的业绩，苏宁电器得到了投资市场的高度认可，是全球家电连锁零售业市场价值最高的企业之一。苏宁电器股份有限公司被巴菲特杂志、世界企业竞争力实验室、世界经济学人周刊联合评为 2010 年（第七届）中国上市公司 100 强，排名第 61 位。2013 年 2 月 19 日，苏宁电器发布公告称，基于线上线下多渠道融合、全品类经营、开放平台服务的业务形态，苏宁电器拟将公司名称变更为"苏宁云商集团股份有限公司"，简称苏宁云商。2013 年胡润民营品牌榜，苏宁云商以 130 亿元品牌价值，排名第 9 位。为统一起见，均称公司为苏宁云商。

2. 公司实际控制人以及产权和控制关系

公司实际控制人是张近东。1984 年毕业于南京师范大学中文系。1990 年，他和哥哥张桂平创办了一家空调专卖店，后兄弟分家，张近东继续经营电器连锁。1990 年，在南京宁海路一家不起眼的门店里，苏宁云商诞生了。2004 年 7 月，深圳证券交易所中小企业板上市，成为国内首家 IPO 首发上市的家电连锁企业。2008 年，张近东担任全国政协委员、全国工商联副主席、苏宁云商集团董事长。

苏宁云商从个人创业发展到国内民营企业三甲之一，从个人企业到公众认同已经走过了 20 年的路。这 20 年既是苏宁不断发展的过程，也是张近东不断与团队和社会分享苏宁财富的过程。2004 年苏宁电器在中小板上市，并且随着全流通改革和定向增发，张近东的股权已经稀释到公司的三分之一左右。在 2006 年中国资本市场的财富统计中，前 50 位个人财富榜单中，苏宁电器占据 5 席，除张近东本人外，还有 4 名中高层管理人员入选。尽管如此，张近东还在规划一个更加大手笔的造富计划，进一步稀释手中的股权，实施员工股权激励。根据相关规定，股权激励计划最高涉及的标的股票可达公司股本总额的 10%，业内人士分析，此计划如果得以实施，在未来 5 年内，苏宁将打造出 1 000 个千万富翁。

作为中国家电连锁行业唯一的民族企业，前国务院总理温家宝曾勉励苏宁电器"成为中国的沃尔玛"，在这一使命下，张近东坚持企业本土化特性，不断壮大企业规模和国际化管理能力，多次在政协会议上提出关于"壮大中国现代零售业"的提案。他始终坚信"13 亿人的中国市场一定能够培育出世界 500 强的现代零售企业"，并正在朝这一目标不断前进。

（三）主题内容

1. 苏宁云商的财务状况

表 4-1　　　　　苏宁云商 2007 ~ 2009 年部分财务指标

项目	2009 年	2008 年	2007 年
盈利能力			
毛利率	17.35%	17.16%	14.46%
净资产收益率	20.02%	24.80%	31.55%
流动资金结构			
货币资金比	72.73%	61.52%	54.90%
预付账款比	3.14%	6.29%	7.52%
应收票据比	0.02%	0	0.18%
应收账款比	1.15%	0.64%	0.79%
存货比	20.95%	28.56%	33.48%
流动负债结构			
短期借款比	0	1.25%	1.23%
预收账款	1.34%	1.48%	2.47%
应付账款	24.15%	29.12%	27.62%
应付票据	67.57%	56.87%	57.79%
一年内到期的非流动负债	0.47%	1.23%	0.94%
偿债能力			
经营活动现金流量净额对流动资产比率	18.40%	22.21%	25.71%
经营活动现金流量净额对流动负债比率	26.81%	30.61%	30.70%
资产负债率	58.36%	57.85%	70.25%
流动比率	1.46	1.38	1.19

从表中（表 4-1）看出，苏宁云商净资产收益率大于 20%，盈利能力较好；流动资产中 80% 以上是由货币资金和存货构成，其中，货币资金占流动资产的 50% 以上，应收款项（包括预付账款）所占比例较少，说明公司采取了较好的销售结算方式，流动资产质量很好。流动负债中占比例最大的是应付票据和应

付账款，其中，应付票据占流动负债的一半以上，说明公司采购上处于有利地位，无偿占用了供应商资金。在盈利能力较好的情况下，为何有大量货币资金的同时，又不及时付款给供应商呢？

相比于公司较好的资产负债率，流动比率显得过低，主要原因很可能是较之流动资产，流动负债较高。如果供应商集体索要账款，公司将面临较大资金风险。

2.苏宁云商的财务弹性

所谓财务弹性，是指企业对市场机遇和市场逆境的应变能力。对于拥有充裕经营性现金流量和现金储备的企业而言，一旦市场出现投资机会，它们就可迅速加以利用，而一旦市场出现意想不到的市场逆境，它们也可以游刃有余，坦然应对，还本付息和股利支付的能力也有保障。反之，对于经营性现金流量捉襟见肘、现金储备严重匮乏的企业，面对再好的投资机会和其他机遇也只能望洋兴叹，对于始料不及的市场逆境，它们很可能丧失还本付息和股利支付的能力，从此一蹶不振。

表4-2 苏宁财务弹性指标

财务弹性指标	2009 年	2008 年	2007 年
现金流量充裕率	3.10	1.32	2.12
经营性现金流量对流动负债比率	0.27	0.31	0.31
经营性现金流利息保障倍数	—	57865.77	12181.84
经营性现金流对资本性支出比例	4.65	1.56	2.57
流动负债占总负债总额比例	99.06%	99.78%	99.90%

现金流量充裕率 = 经营活动产生的现金流量 /（构建固定资产的现金流出 + 偿还银行借款额的现金流出 + 支付股利的现金流出）

从表中（表4-2）可以看出，除经营性现金流量对流动负债比率以外的指标都显示财务弹性较好，但是由于公司银行负债和资本性支出较少而公司负债几乎为流动负债，所以经营性现金流量对流动负债比率显得尤为重要。经营性现金流量对流动负债比率都偏低，这意味着苏宁云商的财务弹性不理想，但这显然与它们的 *OPM* 战略有关。

3.苏宁云商的OPM战略成就负现金周期和负净现金需求

研究财务弹性与现金流之间的关系时，除了考虑企业的经营性现金流量和现金储备这两个重要因素外，还必须充分考虑企业运营资本管理中 *OPM*

（*Other·People's·Money*）战略的影响。所谓 *OPM* 战略，是指企业充分利用做大规模的优势，增强与供应商的讨价还价能力，将占用在存货和应收账款的资金及其资金成本转嫁给供应商的运营资本管理战略。简言之，*OPM* 战略本质上是一种创新的盈利模式，是"做大做强"的生动实践。衡量 *OPM* 战略是否卓有成效的关键指标是现金转化周期，亦称现金周期，其计算公式如下：

现金周期 = 应收账款周转天数 + 存货周转天数 − 应付账款周转天数

现金周期越短，表明企业在运营资本管理中所采用的 *OPM* 战略越成功。成功的 *OPM* 战略不仅有助于增强企业的财务弹性，还可增加经营活动产生的现金流量。在财务流动性概念中，还有一个"净现金需求"概念，该需求并不是一般意义上的流动资金需求，是指企业生产经营过程中的资金占用（流动资产的部分项目）与生产经营过程中的资金来源（结算性流动负债的部分项目）的差额。决定企业生产经营过程现金需求的因素主要是：存货（包括原材料、在产品、产成品等）、预付账款、应收账款。而决定生产经营过程结算性资金来源的因素有：预收账款、应付票据、应付账款等。其计算公式为：

净现金需求 = 存货 + 预付账款 + 应收账款 − 预收账款 − 应付账款 − 应付票据

表 4-3 　　　　　　　　苏宁云商的现金周期和净现金需求　　　　　　　单位：千元

项目	2009 年	2008 年	2007 年
营业收入	58，300，149	49，896，709	40，152，371
营业成本	48，185，789	41，334，756	34，346，740
预付账款	947，924	1，081，882	1，021，992
应收票据	6，874	0	24，447
应收账款	347，024	110，127	107，844
应收账款周转天数（含预付账款和应收票据）（天）	7.70	8.46	—
存货	6，326，995	4，908，211	4，552，543
存货周转天数（天）	41.97	41.20	—
预收账款	276，792	184，822	281，805
应付账款	5，003，117	3，633，327	3，146，318

项目	2009 年	2008 年	2007 年
应付票据	13，999，191	7，096，536	6，582，678
应付账款周转天数 （含预收账款和应付票据） （天）	112.79	91.12	
现金周期	-63.12	-41.46	
净现金需求	-11，650，283	-4，814，465	-4，303，975

上述"净现金需求"为负数，表明公司占用供应商的资金超过公司在存货和应收账款上被"客户"占用的资金，也就是善于利用供应商在货款结算上的商业信用政策，用别人的钱经营自己的事业。"现金周期"为负，绝对值增大，表明公司占用供应商的资金规模越来越大、时间也越来越长。2009 年，近 120 亿元资金被沉淀 63 天，财务潜在收益十分诱人。但这种诱人的"负现金需求"和"负现金周转期"财务现象并非连锁商业经营企业独有，像电脑生产经营商戴尔公司、我国一些房地产公司、资源性生产经营企业，还有美的、格力等公司都有类似的财务表现。无论何种行业或者哪类公司，只要有很强的利用供应商或者顾客资金的能力，就很容易出现"负净现金需求"和"负现金周转期"。"负净现金需求"和"负现金周期"是集"高收益与高风险"为一体的资金策略。当然，这种财务数据隐含的高风险（易遭到供应商挤兑），可能是公司财务上唯一的但是绝对致命的风险，也就特别需要多样性、组合化的风险防范策略。

4. 构造现金运营风险防范体系

针对"负现金需求"和"负现金周期"的潜在财务风险，苏宁公司已经构造了风险防范举措和财务安排，比如：较低的银行有息负债率、数额充足的现金储备、流动负债比例较高，但长期负债比例较低。高比率的应付账款必须有一些"高"（如现金储备）和"低"（如低有息负债）来组合、匹配。这种组合的理念与技术值得那些利用上下游供应商或者顾客资金进行产业规划和经营运作的公司复制使用。不过，上述风险防控举措并非完全治本的措施，甚至有些是被动意义上的财务安排。主动的、治本的对策就是要持续改进公司的运营速度，从改善物流配送、采购库存管理等业务运营入手，持续改进经营效率，以从根本上防范财务风险。

三、理论依据及分析

（一）财务弹性

财务弹性（Financial·Flexibility）也叫财务适应能力，是指企业适应经济环境变化和利用投资机会的能力，具体是指公司动用闲置资金和剩余负债能力，应对可能发生的或无法预见的紧急情况，以及把握未来投资机会的能力，是公司筹资对内外环境的反应能力、适应程度及调整的余地。例如，当企业突然需要一笔现金时，企业如何有效采取行动以筹得款项。

财务弹性的这种能力来源于现金流量和支付现金需要的比较。当企业的现金流量超过支付现金的需要，有剩余的现金时，企业适应性就强。因此，通常用经营现金流量与支付要求（指投资需求或承诺支付等）进行比较来衡量企业的财务弹性。

一般来说，一个企业如果完全通过权益资本筹集资金显然是不明智的，因为其筹集方式使之不能得到负债经营的好处，但是风险随着过度举债比例的增大而增加，相应的企业的危机成本及代理成本的增加，使债权人风险加大，从而使其在债务契约中加入诸多限制性条款，使得公司在投资、筹资及股利分配等财务决策方面丧失部分弹性。而保持适度的财务弹性，是灵活适应资本市场变动的必要条件；是合理运用财务杠杆收益的前提；是调整筹资规模、筹资结构的基础。

在市场经济下，企业若不能适应经济环境的变化必然会陷入重重危机之中，最终被市场所淘汰。当经营现金流量超过需要，有剩余的现金，企业适应经济环境变化的能力和生存能力就强。财务弹性包括以下几个指标：

1.现金股利保障倍数

即每股营业现金净流入/每股现金股利。该指标表明企业用年度正常经营活动所产生的现金净流量来支付股利的能力，比率越大，表明企业支付股利的现金越充足，企业支付现金股利的能力也就越强。该指标还体现支付股利的现金来源及其可靠程度，是对传统的股利支付率的修正和补充。由于股利发放与管理当局的股利政策有关，因此，该指标对财务分析只起参考作用。由于我国很多公司（尤其是ST公司）根本不支付现金股利，导致这一指标的分母为零，所以在预测我国上市公司财务危机时该指标可不做考虑。

2.资本购置比率

即经营活动现金净流量/资本支出。其中，"资本支出"是指公司为购置固定资产、无形资产等发生的支出。该指标反映企业用经营活动产生的现金流量净额维持和扩大生产经营规模的能力。比率越大，说明企业支付资本支出的能力越强，资金自给率越高。当比率达到 1 时，说明企业可以靠自身经营来满足扩充所需的资金，若比率小于 1，则说明企业是靠外部筹资来补充扩充所需的资金。

3. 全部现金流量比率

即经营活动现金净流量/（筹资现金流出 + 投资现金流出）。其中，筹资活动的现金流出主要是偿还债务，分配股利、利润和偿付利息所支付的现金；投资现金流出包括购建固定资产、无形资产和其他长期资产所支付的现金，以及进行其他投资所需支付的现金。这是一个非常重要的现金流指标，可以衡量由公司经营活动产生的现金净流量满足投资和筹资现金需求的程度。

4. 在投资现金比率

即经营活动现金净流量/（固定资产 + 长期证券投资 + 其他资产 + 营运资金）。其中，长期证券投资包括长期债券投资和长期股权投资；营运资金指流动资产减去流动负债。该指标反映企业经营活动现金流量用于重量资产和维持经营的能力，体现了企业的再投资能力，国外学者认为，该指标较为合理的理想水平为 7% ~ 11%。

（二）现金周期

现金周期，即现金循环（转化）周期（*Cash · Conversion · Cycle*），是企业在经营中从付出现金到收到现金所需的平均时间，该周期决定了企业资金的使用效率。按照法罗斯（*Farris*）教授提出的现金周期模塑，在分析了 *DELL* 和杰西潘尼的现金周期和美国主要产业现金周期的过程，他得出结论认为，现金周期缩短是企业效益提升的一个关键指标。

现金循环周期的变化会直接影响所需营运资金的数额。现金循环周期包括应收账款周转期、存货周转期和应付账款周转期三个期间。其长度等于自公司购买（生产所需资源）原材料及人工支付现金之日起，至销售产品收回价款之日止所经过的天数，可以衡量公司的现金冻结在流动资产上的时间长短。

一般来说，存货周转期和应收账款周转期越长，应付账款周转期越短，营运资金数额就越大；相反，存货周转期和应收账款周转期越短，应付账款周转期越长，营运资金数额就越小。此外，营运资金周转的数额还受到偿债风险、收益要求和成本约束等因素的制约。用公式表示为：

现金循环周期 =（应收账款周转天数 + 存货周转天数）– 应付账款周转天数

其中：应收账款周转天数，是指应收账款收回现金所需时间，又称日销货悬账天数。应收账款周转率 = 销售收入/应收账款。应收款周转率越高表示企业收账的速度及效率越佳。应收账款周转天数为 54 天，其意义为销货发生的应收账款转换为现金，需 54 天之久。

存货周转天数，是指把原物料或零组件制造为产品，并将产品售出所需之时间。存货周转率＝销售成本／存货。存货周转次数越多，代表该企业推销商品的能力及经营绩效越佳，因此存货转换期间不宜太长。存货周转天数与应收账款周转天数合称为营业循环周期。

应付账款周转天数，是指自购进原料或雇用人工至支付价款及工资的平均天数。

四、苏宁云商后续发展情况

（一）将 OPM 战略与发展商业地产相结合

2009 年，对苏宁云商集团来说，是一个特殊的年头。这一年，无锡、威海、连云港、南京四地的苏宁广场、苏宁云商广场，相继开工。2010 年 1 月 8 日，威海苏宁云商广场提前完成结构封顶。尽管目前还没有任何一个广场落成，但苏宁云商集团的商业地产王国，正在逐渐浮出水面。

"当零售业公司涉足商业地产，它可以利用零售业的资金周期差，通过大量关联交易等手段使得现金流得以最充分地被利用。"盛达资本有限公司高级副总裁康红恩表示。零售和地产一体化运作在国际和国内都不少见，如乐购、国美等。2009 年，宜家也在北京大兴购得地块，迈入商业地产开发。

作为国内零售企业的代表，苏宁云商集团在商业地产开发上的现金流优势，自然不言而喻。零售商对供应商的付款，在中国通用的是"先销售、后付款"的方式。销售与付款之间的时间差内，这些资金，成为零售商免费的午餐。据上市公司苏宁云商年报显示，2008 年底，其持有的现金及现金等价物为 68.9 亿元，2007 年、2006 年这个数字分别为 35 亿元、15 亿元。现金持有量逐年上升幅度约 100%。另外，2008 年底，其经营活动产生的现金流量净额 38.2 亿元，远高于其利润总额 29.5 亿元。出现现金流净额高于净利润的情况，一个原因就是企业在买卖中处于强势地位，在产品销售出去以后，能长时间占用供应商的资金。苏宁云商的应付账款也从 2007 年的 31.5 亿元，上升至 2008 年的 36.3 亿元，正好印证了这一点。这对于上市公司来说是有利的，能够长时间赊账，就是将别人的钱当作自己的运营资金使用，相当于是免息的银行贷款。

此外，苏宁云商集团本身作为零售商，在招商方面也有着自己的优势。以威海苏宁云商广场为例，该项目建筑面积 4 万平方米，2009 年 9 月底开工，2010 年 8 月开业。这意味着从开始施工到开业，耗时将不到 1 年。"这个速度是非常快的。"张家鹏表示，按正常情况至少需要 2 年的时间。

康红恩表示，单纯从回报率来看，商业地产的投资回报率并不高，中国大部分商业地产，现阶段的投资回报率可能都不足 8%。"为什么大家还是趋之若鹜地去做？因为很多开发商把它当作一个具有杠杆效应的融资工具。"康红恩说，如开发贷，很快就能转化成为经营性物业贷款，而这笔钱通过低成本从银行套出来之后，又可用于投资回报率更好的项目。

"苏宁的优势还在于，它可以通过苏宁云商本身这个强有力的商业品牌与当地政府或者物业方进行谈判。所以在拿地成本方面也有一定的议价能力。"康红恩说。但这里面存在一个风险：轻资产公司向重资产公司转型过程中，如何控制风险。资金沉淀太多，一旦遭遇宏观调控，某个环节资金链发生问题，很可能就是牵一发而动全身。

截至 2009 年 9 月，苏宁云商已在全国拥有 885 家连锁店，经营面积达到 377.5 万平方米。随着连锁店数量的增加，苏宁云商对销售渠道的控制能力加强，同时对供应商的控制能力也在加强。这些能力的增强，都是对苏宁云商集团商业地产版图的莫大支持。

（二）苏宁云商的商业模式创新

2013 年对苏宁是重要的一年，苏宁 2013 年 2 月 19 日公告称，基于线上线下多渠道融合、全品类经营、开放平台服务的业务形态，苏宁拟将公司名称变更为"苏宁云商集团股份有限公司"，以更好的与企业经营范围和商业模式相适应。此次更名可看作是苏宁的科技转型战略迈出的又一大步，也宣告着苏宁"云商"新模式的正式面世。在苏宁的变革背后，可以看到的是电商时代的崛起，网购规模逐年提升，网络交易额占社会消费品零售总额的比例也在大幅上升。此外，电商已经开始冲击传统零售业，导致百货、超市、家电连锁、家居建材等各行业都纷纷涉足电商。

张近东在内部讲话中统一思想，他指出，面对苏宁的互联网零售战略，既不能"左"倾地认为要舍弃店商、发展电商，更不能右倾地认为要保护店商、遏制电商，店商＋电商＋零售服务商＝苏宁云商，实现云商的根本出路在于店商的全面互联网化。

2013 年 6 月 8 日，超乎很多人的想象，苏宁的云商战略迅疾进入第二阶段，宣布全国所有苏宁门店、乐购仕门店销售的商品将与苏宁易购实现同城同品同价，以打破实体零售在转型发展中与自身电商渠道的左右互搏。"双线同价的终极目标是实现苏宁互联网零售的转型。"张近东在之前的内部动员誓师大会上指出，双线同价是苏宁实现"O2O"融合，转型互联网零售的根本性突破、中国零售业变革的里程碑事件。

2013 年 9 月 12 日晚间，被定义为 3.0 模式的苏宁开放平台正式于北京揭开神秘面纱，平台被命名"苏宁云台"，其拥有四大核心特点：双线开放、统一承诺、精选优选和免费政策。开放平台的落地，标志着苏宁全面转型互联网零售企业的步伐在继续深化。

苏宁不大不小，既有零售基础又有互联网基因，所以能够将二者结合起来。"我们绝对不会照搬。也不会跟随，而是吸收他们的理念和思路，走出自己的一条路。前无古人，后无来者，我们就是要做出个标杆。"张近东说。

五、案例总结

（一）理解 OPM 战略的利与弊。这种商业模式为企业带来充裕现金流的同时，会使企业财务弹性降低，因此，企业必须建立风险防范体系，做好风险防范工作。

（二）理解现金周期、净现金需求和财务弹性的含义和作用。要学会通过这些指标计算评价企业现金使用效率。一般来讲，现金周期越短，净现金需求越小，财务弹性越高，企业的资金使用效率越高。但是正如苏宁所示，在实行 OPM 战略后，现金周期和净现金需求出现了负数，财务弹性却减弱了，因此，需要总体权衡企业的营运策略。

第十三章　法国 SEB 并购苏泊尔

一、摘要

法国 *SEB* 并购苏泊尔是国内首例外资并购我国 *A* 股上市公司的成功案例。本案例描述了法国 *SEB* 并购苏泊尔的并购方案、并购动机、并购遇到的障碍、解决方案以及并购所产生的效益。

二、正文

（一）引言

2006 年 7 月，国家允许外资并购国内 *A* 股公司。一个月后，中国炊具龙头浙江苏泊尔股份有限公司（简称苏泊尔，股票代码：002032）与法国从事炊具和小家电生产的大型跨国公司 *SEB* 国际股份有限公司（*SEB* 集团的全资子公司，*SEB·Internationale S·A·S*，简称 *SEB*）"闪婚"整个谈判只用了 1 个月的时间。2006 年 8 月 14 日，苏泊尔公告，其与 *SEB* 签署了战略合作的框架协议：通过"协议股权转让""定向增发"和"部分要约"三种方式，引进法国 *SEB* 的战略投资；同时，在市场、技术等多方面开展全面合作。2006 年 9 月 1 日，苏泊尔召开临时股东大会，高票通过与 *SEB* 的战略合作方案。2007 年 12 月 20 日，*SEB* 对苏泊尔股票的部分要约收购终告完成，*SEB* 以持有 52.74% 的股权对苏泊尔实现控股。作为首例外资并购国内上市公司案，无论是从并购方还是从被并购方看，至少在并购完成这个时点上实现了双赢。

（二）并购双方简介

SEB 是在家用电器和炊具业务领域内享有盛誉的国际集团，是全球最大的小型家用电器和炊具生产商之一。*SEB* 具有近 150 年的历史，成立于 1857 年，1975 年在巴黎证券交易所上市。*SEB* 先后创立或拥有 *TEFAL*、*Moulinex* 等世界知名电器和炊具品牌，在不粘锅、厨房用电器、熨斗、电扇、移动电热器和洗衣机等家用电器以及浴室用体重计、脱毛器和吹风机等个人护理电器等产品领域拥有世界领先的技术与知名产品，业务遍布全球 50 多个国家和地区，在欧洲、美洲、亚洲拥有 20 家生产厂家。2006 年，*SEB* 的销售收入为 26.52 亿欧元。

227

苏泊尔是中国最大的炊具研发、制造商之一，拥有浙江玉环、湖北武汉、广东东莞、浙江杭州四大生产基地，并以600多个规格的单品销售成为家喻户晓的炊具名牌，2004年公司在深交所上市，成为炊具行业首家上市公司。

表5-1　　　　　苏泊尔前五大股东（截至2006年6月30日）

股东名称	股本性质	合计持股数（万股）	持股比例（%）
苏泊尔集团有限公司	流通受限股份	7065.94	40.14
苏增福	流通受限股份	2986.70	16.97
全国社保基金一零四组合	A股流通股	397.75	2.25
苏显泽	流通受限股份	300.02	1.70
华夏中小企业交易型开放式指数基金		283.47	1.61

（三）主题内容

1.并购方案

根据SEB和苏泊尔签署的要约收购协议，SEB收购苏泊尔控股权计划分三步完成：

第一步，SEB以每股18元的价格协议受让苏泊尔集团持有的苏泊尔股份17,103,307股、苏增福持有的苏泊尔股份7,466,761股、苏显泽持有的苏泊尔股份750,048股，合计25,320,116股（占苏泊尔现有总股本的14.38%）。

第二步，苏泊尔向SEB全资子公司以每股18元的价格定向增发4 000万股股份，增发后SEB持股数将占苏泊尔总股本的30.24%。

第三步，触发要约收购义务，即以协议价收购公众股份，达到所需要的控股比例。

2006年11月，商务部就SEB收购苏泊尔事宜向中国五金制品行业协会和中国轻工业联合会征求意见，随后正式发函，向涉及并购案的行业协会、竞争对手、上游供应商、下游销售商和消费者等征求意见，开始对该并购案展开全面反垄断调查。2007年4月12日，SEB与苏泊尔的战略合作框架协议获商务部原则性批复。2007年8月3日，苏泊尔向SEB定向增发4 000万股股份获得证监会通过。2007年11月21日，SEB正式开始部分要约收购苏泊尔股票，以每股47元的价格收购不多于49,122,948股股票。SEB提出的部分要约收购苏泊尔股票的计划收到投资者良好反响，预售股票数量超过计划。2007 年 12 月 20 日，*SEB* 对苏泊尔股票的部分要约收购终告完成，*SEB* 以其持有的 52.74% 股权对苏泊尔实现控股。

表 5-2　　　　　苏泊尔前五大股东（截至 2007 年 12 月 31 日）

股东名称	限售股份（万股）	股本性质	合计持股数（万股）	持股比例（％）
SEB	11，392.89	流通受限股份	11，392.89	52.74
苏泊尔集团有限公司	5，312.99	流通受限股份	5，312.99	24.59
苏增福	2，240.03	流通受限股份	2，240.03	10.37
苏显泽	224.01	流通受限股份	224.01	1.04
鹏华股票型证券投资基金	0	*A* 股流通股	105.77	0.49

2.并购动机

这是一起产业资本以协议股权转让，定向增发和部分要约收购方式进行的横向收购。闪电式战略合作协议达成的背后是并购后可能形成的巨大协同效应以及双方的各取所需。

（1）并购方角度分析

1）此次收购是实现 *SEB* 全球产业布局战略的一部分。一位 *SEB* 的高级管理人员这样说："在法国，我们的处境十分尴尬，因为家庭用品市场的萎缩让我们的处境非常糟糕，销量出现了急剧下降。"而且，*SEB* 预计其在法国糟糕的销售情况还会持续 2 ~ 3 年。因此，必须拓展发展中国市场，维持公司业务增长，提升其全球竞争地位。为了寻找出路，*SEB* 寻找全球产业布局就成了必然的选择。对于 *SEB* 来说，斥巨资收购苏泊尔的控股权，意味着拥有整条中国销售渠道、占领了超过 20% 的市场份额，并且中国消费升级的速度很快，面对一个庞大市场的诱惑，通过收购中国企业将产能、销售中心"外迁"至中国，同时借机打入中国市场，就成了 *SEB* 寻找新的利润增长点的重要手段。

2）获取低成本的竞争优势

由于发达国家劳动力成本上升，*SEB* 在欧洲的经营已显露困境。2006 年，*SEB* 在法国的业务增长只有 0.6%，在其全球业务增长中处于最低水平。2007 年年初，*SEB* 的一份研究报告指出，由于全球小型厨具主要在中国生产制造，同时中国的劳动力成本只有法国的 1/50，所以在欧洲维持现有的产能水平是没有必要的。为获取低成本优势，*SEB* 将欧洲的两条生产线搬迁至中国，并解雇了在法国当地的工人。

3）获取优秀的管理团队

外国资本在中国的发展实践早已表明，在劳动密集型行业里如果完全照搬外资在发达国家的管理思路，肯定是做不好中国市场的。炊具行业是劳动密集型行业，*SEB* 无法沿用它在欧洲的经验，独资经营的亏损结局几乎成为必然。

而在炊具行业，苏泊尔则一枝独秀。苏泊尔的团队是在竞争缝隙中打拼出来的铁军，在各方力量的围追堵截中能将一口锅做成全国老大，其执行力可想而知。况且苏泊尔很早就已经成为 *SEB* 的 *ODM* 客户，所以双方有着良好的合作基础。保留苏泊尔原有的团队，最大限度地利用现有管理层的行业经验，就成了 *SEB* 的不二选择。

（2）从被收购的角度分析

1）居安思危主动出击

从接手苏泊尔以来，苏显泽经历了"特富龙事件"之虚惊、股价跌破发行价之懊悔、原材料大涨之压力，最终都一一从容度过。但是对于这次的选择，苏显泽所承受的压力显然更大。苏显泽在面对媒体时，对于自己为何舍弃控股权做了如此解释："重要的不是谁控股的问题，而是企业是否能做大做强，是否能为消费者贡献更多的有价值的产品，企业的长远稳健发展比企业由谁控股更重要。"

"可以说苏显泽让出企业控股权是一种迫不得已的做法，但这也是一种居安思危的战略。"某业内人士表示，现在很多民营企业在国内处于行业领先地位，但随着外资的不断进入，生存的威胁越来越大，与其等到做不好时被别人收购，不如以合适的价格及时退出。

2）核心能力互补

SEB 并购苏泊尔可以形成核心能力的两个方面互补：

第一，*SEB* 的技术、资金优势与苏泊尔的成本优势互补。"资金和技术的渴求，使得苏泊尔与 *SEB* 走在一起，"公司董事长苏显泽表示，"当我们看 *SEB*150 年积累下来的专利，那真叫人心动。用 *QQ* 图像来表达，眼睛里肯定是两颗心。"言谈中苏显泽掩饰不住对新技术的渴求。

从 2004 年开始，苏泊尔的发展遇到瓶颈，出现了业务增长停滞的局面。为了寻找新的增长点，苏显泽选择走上了专业领域多元化外向发展的路径，围绕厨房做文章，一方面进入小家电领域，另一方面以贴牌方式积极拓展海外市场。

SEB 的强项恰好在厨房小家电领域，拥有不粘锅、厨房用电器、熨斗、电扇、移动电热器、脱毛器和吹风机等多个世界领先的知名产品及相关先进技术。这样的特长和苏泊尔的战略方向形成了完美互补。

第二，苏泊尔的国内市场营销网络与 SEB 的国际市场营销网络互补。尽管苏泊尔的外销份额在逐年扩大，产品出口到欧美、日本、中东、东南亚等国家和地区，2005 年苏泊尔出口额达到 15 亿元人民币（约合 1.47 亿欧元），为总销售额的 31%，但是"像中国同类企业进军东南亚还行，在欧美，消费者对品牌的认知感太强，光靠自己进军是不现实的。"苏显泽表示，苏泊尔在国际市场上希望能够打出自有品牌，而不是仅仅赚点加工费。SEB 并购苏泊尔后有望借助 SEB 丰富的国际市场营销经验开拓国际市场空间。苏泊尔由此借船出海。

第三，消除竞争对手。与其让 SEB 选择同其他国内企业（如爱仕达）合作变成苏泊尔强大的竞争对手，不如抓住契机在放弃控股权地位的前提下与 SEB 联手把苏泊尔发展成炊具小家电领域的航母。对于只有苏泊尔的创始家族放弃控股权，SEB 才会输入商标、技术和国际渠道，苏显泽是这样分析的："一个选择是自己握住控股权不放，看有机会自己发展；另一个选择是放弃控股权，联手 SEB，把企业做大，缩短迈向国际化的进程。这就如同在小溪里游泳和在大海里游泳的区别。"因此，苏显泽选择了苏氏家族保留苏泊尔的股权，继续负责苏泊尔公司经营管理的合作方式。

双方在法国的谈判中，已经就厨具的世界版图做了一个划分：法国 SEB 借苏泊尔进入中国，可以成为引领消费升级的领导品牌；而苏泊尔除了可以借 SEB 之力在小家电领域与美的等品牌一决高下外，还可以借船出海，将自己在炊具及电饭煲、电磁炉的领先优势通过 SEB 的渠道进行全球布局，可谓一举两得。

3. 并购遇到的障碍

SEB 并购苏泊尔过程中遇到下列几方面的障碍：

（1）同业竞争对手反垄断指控

2006 年 8 月 30 日，仅仅在苏泊尔与 SEB 签订了"战略投资框架协议"半个月之后，爱仕达集团联合包括沈阳双喜集团、广东省顺及五金制品公司在内的 6 家企业发出了一份"关于反对法国 SEB 集团绝对控股苏泊尔的紧急联合声明"，表示 SEB 将通过收购苏泊尔获得绝对市场垄断地位，破坏目前行业相对良性的竞争环境，造成民族品牌消失和恶性竞争导致的大量国内企业的倒闭。

"2005 年压力锅市场调查报告"显示，苏泊尔压力锅的市场占有率是 41.08%。根据 2006 年 9 月 8 日由商务部、国资委、证监会等六部委联合发布的《关于外国投资者并购境内企业的规定》，并购一方当事人在中国的市场占有率已经达到 20%，投资者应当就所涉及情形向中国商务部和国家工商行政管理总局报告，这也是中国 6 家炊具企业反对并购案的主要依据。作为竞争对手的爱仕达副总裁陈荣表示："爱仕达对此坚决持反对意见，因为这一并购行为只会使得外资企业 SEB 最终以强大的资金、技术实力垄断国内炊具市场，会对本土炊具制造品牌带来很大的打击。"这一强烈反对引起了商务部的关注。2006 年 11 月 3 日商务部正式发函，向涉及并购案的行业协会、竞争对手、上游供应商、下游销售商和消费者等征求意见，开始对"苏泊尔并购案"展开全面的反垄断调查。

（2）并购后苏泊尔面临退市

根据《深圳证券交易所股票上市规则》第 14.1.1 条第（四）项、第 14.3.1 条第（十）项关于上市公司股权分布的规定，以及《关于〈深圳证券交易上市规则〉有关上市公司股权分布问题的补充通知》的规定，若社会公众持有的股份低于公司股份总数的 25%，或股本总额超过人民币 4 亿元的公司社会公众持有股比低于 10%，则上市公司股权分布不再具备上市条件。本次要约收购完成后，苏泊尔总股本保持不变，为 21602 万股，其中社会公众股占总股本的 11.20%，低于 25%，因此苏泊尔股权分布不符合上市条件。

（3）跨国并购的文化整合

文化整合不力是跨国并购失败的主要原因之一。跨国并购双方来自不同国家，它们常常面临着民族文化与企业文化的双重差异。由于民族文化差异，跨国并购双方的组织成员有着不同的价值观、信仰和传统，由此决定了它们有着不同的行为规范。美国研究机构 2000 年 1 月发表的一份报告说，企业文化冲突和首席执行官的个性差异常常使两个企业的合并不能达到预期效果，甚至使合并归于失败。如 20 世纪 80 年代末 90 年代初，日本索尼、松下和三菱在美国收购遭受重大损失，就是跨国文化整合失败的代表性案例之一。而我国 TCL 并购法国阿尔卡特失败也是因为文化整合不力。法国 SEB 并购苏泊尔的案例中，这两者均处于劳动密集型行业，如果照搬外资在发达国家的管理思路，是肯定做不好中国市场的，那么它们如何避免重蹈覆辙呢？

（4）其他法律要求

根据《外国投资者对上市公司战略投资管理办法》第五条，投资者进行战略投资应当符合以下要求：

1）以协议转让、上市公司定向发行新股方式以及国家法律法规规定的其他方式取得上市公司 A 股股份。

2）投资可以分期进行，首次投资完成后取得的股份比例不低于该公司已发行股份的 10%，但特殊行业有特别规定或经相关部门批准的除外。

3）取得的上市公司 A 股股份 3 年内不得转让。

4. 并购障碍解决办法

（1）应对同业竞争对手反垄断指控

苏泊尔认为，它们生产的是炊具，不只是压力锅，市场占有率不足 10%。苏泊尔董事长苏显泽说："2005 年全国炊具行业的销售额约为 80 亿～100 亿元人民币，而苏泊尔在国内的销售额约为 7 亿元，市场占有率不足 10%。"对于民族品牌保护，苏泊尔宣称，公司已同 SEB 在协议框架中约定，在中国的产品要使用苏泊尔品牌。2007 年 4 月 12 日，SEB 与苏泊尔战略合作框架协议获商务部原则性批复。

（2）应对并购后苏泊尔面临的退市危机

根据《中华人民共和国证券法》第五十条第（三）款的规定，股份有限公司申请股票上市，应当满足：公司公开发行的股份达到公司股份总数的百分之二十五以上；公司股本总额超过人民币四亿元的，公开发行股份的比例为百分之十以上。面临退市危机的苏泊尔解决这一问题的基本思路有两个：一是增加股本额到 4 亿元以上；二是增加公开发行的股份数量。根据苏泊尔公司当时的财务状况，以第一种思路解决问题比较便捷。

2008 年 3 月 24 日苏泊尔发布"关于资本公积金转增股本的实施公告"，以公司现有总股本为基数，每 10 股用资本公积金转增股本 10 股，共转增 21 602 万股；本次转增完成后，公司总股本将由 21 602 万股增至 43 204 万股，由于股本已经超过 4 亿，因此满足了上市条件，消除了退市风险。

（3）应对跨国并购的文化整合

SEB 并购苏泊尔采取了跨国并购文化整合中的自主模式，主要依托以当地人为主体的管理团队来处理公司事务，这样能比较好地化解诸如文化差异方面的环境风险。

SEB 董事长兼首席执行官戴乐涛在并购案结束的新闻发布会上表示，SEB 入主之后将继续由原董事长苏显泽来领导苏泊尔管理团队。而苏显泽也表示，其个人成长以及经验积累都是在炊具行业，因此未来还将继续在这个行业内努力，争取使苏泊尔有更大的发展。

（4）应对相关法律规定

根据《外国投资者对上市公司战略投资管理办法》，针对第五条第（一）款，SEB 收购苏泊尔的三步走方案中，先后采用了协议收购和定向增发的方式；针对第（二）款，第一步协议收购后，SEB 取得苏泊尔 14.38% 的股权，超过管理办法要求的 10%；针对第（三）款，*SEB* 承诺在 2010 年 8 月 8 日以前，将不转让或以任何其他方式出让、出售其在苏泊尔的股份，并且在本次战略投资完成后的 10 年期间内，将至少保留苏泊尔现有或未来股本的 25%。

5. 并购效益

（1）创始家族获得不菲的投资回报

在三步走方案的第一步中，*SEB* 协议受让 25,320,116 股，占苏泊尔现有总股本的 14.38%。股份构成为苏泊尔集团持有的 17,103,307 股、苏增福持有的 7,466,761 股以及苏显泽持有的 750,048 股。

通过协议转让，苏泊尔创始人部分股份退出，获得合理的创业回报，按照 18 元 1 股的简单计算，作为原始大股东的苏增福和苏显泽父子将直接套现近 1.48 亿元，并通过苏泊尔集团套现近 3.08 亿元。交易完成后，苏氏父子套现近 4.56 亿元。而在 2000 年，当苏泊尔从集团公司中独立出来筹备上市时，原始资金只有 6 000 万元，苏泊尔公司 2007 年中报的每股净资产为 4.54 元，苏泊尔出售股份的收益接近其账面价值的 4 倍。

（2）苏泊尔公司获得了更多的发展资金

2007 年 8 月 3 日，苏泊尔向 *SEB* 定向增发获得证监会通过。苏泊尔向 *SEB* 全资子公司以每股 18 元的价格定向增发 4 000 万股股份获得了 7.2 亿元发展资金。苏泊尔定向增发募集的资金有效地缓解了苏泊尔增长的资金瓶颈，可用于越南、绍兴、武汉等生产基地的建设，进一步提高产能，为扩大今后与 *SEB* 的经营协同奠定基础。

（3）协同效应初现，收入增长显著

SEB 董事会主席兼 *CEO* 在 2006 年 8 月 31 日股东大会后电传发言中称，*SEB* 乐见苏泊尔股东对双方的战略合作做出正确选择。他承诺了三点：其一是 *SEB* 向苏泊尔转移技术、营销经验和创新产品，促进苏泊尔品牌在国内的发展；其二是通过国际营销网络促进苏泊尔产品在东南亚市场的销售；其三是为苏泊尔生产基地的建设提供更好的融资平台。

从 2008 年中报已经看到了并购的经营协同效应，*SEB* 向苏泊尔提供的技术和品牌使苏泊尔 2008 年上半年的小家电销售迅猛增长，并带动了整个公司营业收入的快速提升。根据 2008 年中报资料，2008 年 1 ~ 6 月份，公司实现营业收入 17.7 亿元，同比增长 31.8%；实现营业利润 1.54 亿元，同比增长 27.6%。小家电销售带动公司营业收入快速增长，借助于 *SEB* 的技术和品牌优势，上半年小家电产品实现销售收入 8.31 亿元，同比增加 71.7%，收入增速超过行业平均水平约 9 个百分点，带动公司营业收入快速增长，公司通过推出附加值较高的新电器产品，克服原材料上涨带来的成本压力，小家电产品毛利率为 29.42%，同比提高 4.9 个百分点。据中国家电协会数据，欧洲进入家庭的小家电有 30 种以上，而目前普遍进入中国家庭的小家电不过三四种，未来还有很大的增长空间。由此可见，苏泊尔未来的成长空间是值得期待的。

自 SEB 成为苏泊尔的第一大股东及实际控制人以来，苏泊尔的主营业务收入及净利润快速增长，2008 ~ 2011 年度苏泊尔主营业务收入分别较上年增长 23.48%、13.62%、36.60%、26.74%，净利润分别较上一年增长 39.06%、18.66%、24.64%、17.76%。

三、理论依据和分析

（一）并购动力理论

1. 并购协同效应理论

该理论认为企业通过并购，可以获得 1+1>2 的规模效应和协同效应。并购协同效应理论包括管理协同效应理论、经营协同效应理论和财务协同效应理论。

（1）管理协同效应理论

管理协同效应主要指的是并购给企业管理活动带来的效率提高及由此所产生的效益。其主要表现在以下几个方面：

1）节省管理费用。

通过并购将许多企业置于同一企业领导之下，企业一般管理费用在更多数量的产品中分摊，单位产品管理费用可以大大减少。

2）提高企业的运营效率。

根据差别效率理论，如果 A 公司的管理层比 B 公司更有效率，在 A 公司收购了 B 公司之后，B 公司的效率便被提高到 A 公司的水平，效率通过并购得到了提高，整个经济效率水平将由于此类并购活动而提高。

3）充分利用过剩的管理资源。

如果一家公司有高效率的管理队伍，其一般管理能力和行业专属管理能力超过了公司日常的管理要求，该公司便可以通过收购一家在相关行业中管理效率较低的公司来使其过剩的管理资源得以充分利用，以实现管理协同效应。这种并购之所以能获得协同效应，理由主要有两个：第一，管理人员作为企业的雇员一般都在企业专属知识方面进行了投资，他们在企业内部的价值大于他们的市场价值，管理人员的流动会造成由雇员体现的企业专属信息的损失，并且一个公司的管理层一般是一个有机的整体，具有不可分性，因此剥离过剩的管理人员是不可行的，但并购提供了一条有效的途径，把这些过剩的管理资源转移到其他企业中而不至于使其总体功能受到损害；第二,一个管理低效的企业如果通过直接雇用管理人员来增加管理投入,以改善自身的管理业绩是不充分的或者说是不现实的,因为受规模经济和时间的限制,无法保证一个管理低效的企业能够在其内部迅速提升管理能力,形成一支有效的管理队伍。

（2）经营协同效应理论

经营协同效应主要指的是并购提升了企业生产经营活动的效率及由此所产生的效益。其主要表现在以下几个方面：

1）规模经济效应

规模经济是指随着生产规模的扩大,单位产品所负担的固定费用下降从而导致收益率提高。显然,规模经济效应的获取主要是针对横向并购而言的,两个产销相同（或相似）产品的企业合并后,有可能在经营过程的任何一个环节（供、产、销）和任何一个方面（人、财、物）获取规模经济效应。

2）纵向一体化效应

纵向一体化效应主要是针对纵向并购而言的,目标公司或者是主并公司原材料或零部件供应商,或者是主并公司产品买主或顾客。纵向一体化效应主要表现在：第一,可以减少商品流转的中间环节,节约交易成本；第二,可以加强生产过程各环节的配合,有利于协作化生产；第三,可以节约营销费用,由于纵向协作化经营,不但可以使营销手段更为有效,还可以使单位产品的销售费用大幅度降低。

3）市场力或垄断权

获取市场力或垄断权主要是针对横向并购而言的,两个产销同一产品的公司合并,有可能导致该行业的自由竞争程度降低,合并后的大公司可以借机提高产品价格,获取垄断利润。因此,以获取市场力或垄断权为目的的并购往往对社会公众无益,也可能降低整个社会经济的运行效率。所以,对横向并购的管制历来就是各国反垄断法的重点。

4）资源互补

合并可以达到资源互补从而优化资源配置的目的。比如有 A 和 B 两家公司,A 公司在研究与开发方面有很强的实力,但是在市场营销方面十分薄弱；而 B 公司在市场营销方面实力很强,但在研究与开发方面能力不足。如果我们将 A 和 B 两个公司进行合并,就会把整个组织机构的优势同公司各部门结合起来,去除那些不需要的部分,使两个公司的能力都得到有效利用。

（3）财务协同效应理论

财务协同效应指的是兼并给企业在财务方面带来的种种效益,这些效益的取得不是缘于经营效率的提高，而是由于税法、会计处理惯例以及证券交易内在规律而产生的。其主要表现在以下几个方面：

1）节税利益

许多国家的税法规定，若某公司在某一年度出现了营业净亏损，那么，它不仅可以免付当年所得税，而且其亏损还可以转回到过去几年，从而从政府取得退税款（如果以前年度已缴纳所得税），或者转到今后几年，使以后年度少缴纳所得税（如果以后年度有盈利的话），这一规定促成了为数众多的企业并购，一个盈利丰厚、发展前景良好的企业与一个拥有大量累积亏损而又无法加以利用的企业相合并，可以带来巨额的税收利益。节税利益也可能来源于其他方面。例如，如果主并企业采用"购买法"对合并进行会计处理，那么按照规定，被并企业的净资产应按购买日的"公平市价"进行重估。在通货膨胀条件下，这可能会导致一些资产项目的"升值"。根据某些国家的税法，资产"升值"的摊销可以冲抵应税利润，因而"购买法"可带来显著的抵税效果。

2）自由现金流量的充分利用

产品处于成熟阶段的企业，其营业现金流量往往超过内部可行投资机会（即净现值大于零的项目）之所需，从而形成大量的"自由现金流量"，而另外一些处于发展阶段的企业，虽然有利可图的投资机会较多，但却面临严重的现金短缺，若上述两种企业合二为一，自由现金流量就可以得到充分利用。

3）资本需求量的减少

并购可能会降低两个企业总资金占用水平，例如，通过对现金、应收账款和存货的集中管理，可以降低营运资本的占用水平。此外，合并之后，企业还可能出售一些多余或重复的资产，所得现金可用于偿还债务、回购股份等，以降低企业的资本成本。

4）融资成本的降低和举债能力的提高

合并扩大了企业的规模，一般情况下，大企业更容易进入资本市场，它们可以批量发行证券，从而使证券的发行成本相对降低（财务规模经济）。此外，合并可以降低企业经营收益和现金流量的可变性，从而降低企业的财务风险，这样，企业的举债成本会随之降低，举债能力会随之提高。

5）每股收益的"自展"效应

每股收益的"自展"效应，是指在不完善的市场中，即使没有协同效应，主并公司仅仅通过收购市盈率低的公司，就可以使本公司的每股收益魔术般地增长，由于每股市价等于每股收益与市盈率的乘积，而市盈率又取决于"预期增长率"和"风险"两个因素，因此，每股收益的提高必然使每股市价提高，合并后企业的市场总价值大于合并前两家企业市场价值之和。

2.企业低成本扩张、低风险扩张理论

企业扩张（包括向原有生产经营方向的扩张和向新的生产经营方向的扩张）有两条基本途径：一是通过自身投资来实现扩张；二是通过并购同类企业来实现扩张。两种方法相比较而言，并购往往是效率较高、成本较低、风险也较低的扩张办法。这是因为：第一，并购可以有效地降低进入新行业的障碍；第二，并购可以大幅度降低企业发展的风险和成本；第三，企业通过并购的方法扩张时，不仅可以充分利用原企业的资产、销售渠道等优势，而且可以获得原企业的经验（包括生产工人和技术、管理人员的经验），这使企业拥有了成本上的竞争优势。

3.市场势力理论

市场势力是指企业对市场的控制能力。该理论认为，公司并构的主要动因是凭借并购减少竞争对手，增强企业对经营环境的控制能力，提高市场占有率，增加长期的获利机会。现有研究表明，企业通过并购提高市场份额容易使行业内"过度集中"，导致共谋和垄断。垄断集中程度越高，其维持超额利润的时间越长，强度越大，由超额利润转化为垄断利润的数额就越多。

4.信息与信号理论

信息与信号理论力图解释为什么无论收购成功与否，目标企业的股票价值在要约收购中总要被永久性地提高。这一理论可分为信息理论和信号理论。

（1）信息理论

该理论认为新的信息是作为要约收购的结果而产生的，且重新估价是永久性的。信息理论可以分为两种形式：一种是认为收购活动会散布关于目标企业股票被低估的信息并且促使市场对这些股票进行重新估价，目标企业和其他各方不用采取特别的行动来促进价值的重估，即所谓的"坐在金矿上"的解释；另一种形式是认为要约会将信息传递给目标企业的管理者，从而激励其依靠自身的力量贯彻更有效的战略，即所谓的"背后鞭策"的解释，即除收购要约之外不需要任何外部动力来促进价值的重新高估。

（2）信号理论

该理论认为特别的行动会传达其他形式的重要信息。信号的发布可以以多种方式包含在并购活动中，公司收到收购要约这一事实可能会传递给市场这样的信息：该公司拥有迄今为止尚未被认识到的额外价值，或者企业未来的现金流量将会增长。当一个主并企业用普通股来购买其他企业时，可能被目标企业或其他各方视作是主并企业的普通股价值被高估的信号，而当企业重新购回它们的股票时，市场又会将其视为这样一种信号：管理层有其自身企业股票价值被低估的信息，且该企业将会获得新的有利的成长机会。

5.经营多样化理论

经营多样化理论认为分散经营本身之所以有价值是基于许多原因，其中包括管理者和其他雇员分散风险的需要，组织资本的保护和声誉资本的保护等。

（1）管理者和其他雇员分散风险的需要

虽然公司管理层没有必要为了满足股东分散投资风险的需求而在各个行业间进行分散经营，但若公司所经营的单项产业失败的话，管理者和其他雇员就面临着很大的风险——他们专属于公司的人力资本是无法转移的，因此，公司可以通过分散经营来鼓励雇员进行专属于公司的人力资本投资，而这种投资可以使其更有价值且拥有更高的劳动生产率。

（2）组织资本的保护

在现代企业理论中，公司中有关雇员的信息随着时间的推移而逐渐积累，这些信息在某种程度上是公司专属的，因此除非有大的举动，否则将其向外部的公司或市场转移是行不通的，这些信息可以用来将雇员与工作岗位进行有效匹配，或者在特定的工作中对雇员进行有效搭配。这意味着在公司形成了管理者组合和其他雇员组合，当公司破产清偿时，这些组合被破坏，该组织机构的价值也随之失去。如果公司进行分散经营的话，这些队伍便可以从没有利润的商业活动中转移到正在发展和盈利的业务活动中去。分散经营可以保证公司业务活动的平稳过渡，保证团队和组织的连续性。

（3）声誉资本的保护

公司一般拥有声誉资本，顾客、供应商和雇员将利用这一资本与公司建立联系。声誉资本是通过公司所特有的对广告、研究与开发、固定资产、人员培训以及机构发展等方面的长期投资而获得的。分散经营有助于保护公司的声誉资本，但其在公司破产清偿时便不复存在。

6.价值低估理论

价值低估理论认为当目标企业股票的市场价格因为某种原因而没能反映其真实价值或潜在价值，或者没有反映出其在其他管理者手中的价值时，并购活动就会发生。价值低估理论有若干方面，每一方面的性质和内涵都有所不同。

（1）短视理论

该理论认为问题的所在是市场参与者，特别是机构投资者强调短期的经营成果，其结果将导致有长期投资方案的公司价值被低估，当公司价值被低估时，对其他有大量可自由支配资源的公司或个人投资者（进攻者）而言，它们就成为有吸引力的目标。

（2）"托宾 Q" 理论

经济学家托宾于 1969 年提出了一个著名的系数，即"托宾 Q"系数（也称 Q 比率）。该系数为企业股票市值与股票所代表的资产重置成本的比值。在西方国家，Q 比率多在 0.5～0.6 之间波动。因此，许多希望扩张生产能力的企业会发现，通过收购其他企业来获得额外生产能力的成本比自己从头做起的代价要低得多。例如，如果平均 Q 比率在 0.6 左右，而超过市场价值的平均收溢价是 50%，最后的购买价格将是 0.6 乘以 1.5，相当于公司重置成本的 90%。因此，平均资产收购价格仍然比当时的重置成本低 10 个百分点。

（3）信息不对称理论

大量的研究表明，即使在欧美国家那样发达的资本市场上，股票市价能反映所有公开的信息，也未必能反映所有未公开的"内幕信息"。一些实力雄厚的大机构或大公司通常具有相当程度的信息优势，它们比一般投资者更容易获取关于某个公司竞争地位或未来发展前景的"内幕信息"，而此时整个市场对此却一无所知，知情者若发现该公司的股票市价低于其真实价值，就可能乘机收购其股票。另外一种假说与上述理论有相似之处，这一假说认为，某些公司的管理层具有高超的分析能力，并在发现新信息或新机会方面具有"警犬一样的嗅觉"，他们能对大量潜在的并购对象进行连续不断的跟踪和扫描，以企业家特有的敏感，迅速辨认出那些拥有宝贵资源或颇具成长潜力但却不幸被市场低估的目标公司。

（二）并购支付方式分析

公司并购资金如何取得，有无足够的财务资源或资金融通能力以支持并购，应采用何种方式向目标公司支付并购价款，并购整合后目标公司或并购方应保持一个怎样的目标资本结构等问题，均是并购决策面临的重要课题。不同支付方式对公司的财务支付能力也有重大的影响，在签订并购协议时必须加以考虑。主并公司对目标公司并购价格的支付方式可以是现金支付方式，也可以是杠杆收购方式、股票对价方式或卖方融资方式等。

1. 现金支付方式

用现金支付并购价款，是一种最简捷、最迅速的方式，且最为那些现金拮据的目标公司所欢迎。但是，就大宗并购交易而言，采用现金支付方式，无疑会给主并公司带来巨大的甚至无法承受的现金压力。同时，依据国外税法，如果目标公司接受的是现金价款，必须缴纳所得税。因此，对于巨额并购交易，现金支付的比率一般都比较低。公司取得现金的来源通常是增资扩股、向金融机构借款、发行债券等，也可以通过出售部分原有资产换取现金。

2. 杠杆收购方式

杠杆收购（LBO）是指并购方通过借款的方式购买目标公司的股权，取得控制权后，再以目标公司未来创造的现金流量偿付借款。通常有两种情况：一种是并购方以目标公司的资产为抵押取得贷款购买目标公司股权；另一种是由风险资本家或投资银行先行借给公司一笔"过渡性贷款"（或称"过桥贷款"）购买目标公司的股权。取得控制权后，公司再安排目标公司发行债务或用目标公司未来的现金流量偿付贷款，因而是一种高风险、高成本的融资并购方式。此外，要使杠杆收购取得成功，目标公司必须具备如下部分或全部条件：有较高且稳定的盈利历史；有可预见的未来现金流量；有一支富有经验、善于决断的管理队伍；在市场上有明确的地位；具有良好抵押价值的固定资产和流动资产；不是资本高度密集型的公司；目标公司近期不需要重大的资本投资或基础设施投资；目标公司增长速度不能过快，以免陷入过度经营状态；目标公司的利润与现金流量有明显的增长潜力等。

3. 股票对价方式

采用股票对价方式，即并购方通过增发新股换取目标公司的股权，可以避免并购方现金的大量流出，以便在并购后能够保持良好的现金支付能力，减少财务风险。但是，这种方式可能会稀释并购方原有的股权控制结构与每股收益水平，倘若并购方原有资本结构比较脆弱，则极易导致并购方控制权稀释以致丧失，最终为他人所并购。一旦无法掌握控制权，也就是无法取得并购整合后的综合效应，那么，对于非上市公司而言，股票对价方式通常是无法利用的。

并购方在对现金支付方式或股票对价方式进行抉择时需要考虑的因素有：并购方是否有足够的现金融通能力；若必须通过借款进行支付，资本结构是否有相应的承受能力；外部借款或增资扩股的资本成本如何；增资扩股是否会导致并购方原有控制权稀释以致丧失等。

4. 卖方融资方式

卖方融资是指并购方暂不向目标公司支付全额价款，而是作为对目标公司所有者的负债，承诺在未来 定时间内分期、分批支付并购价款的方式。这种付款方式通常在目标公司获利不佳、急于脱手的情况下采用。

（三）并购风险分析

企业并购风险主要包括营运风险、信息风险、融资风险、反并购风险、法律风险和定价风险等六种类型。

1. 营运风险

营运风险是指主并公司在完成并购后，可能无法使整个公司或公司集团产生管理协同效应、经营协同效应、财务协同效应以及市场份额效应，难以实现规模经济或管理知识共享。通过并购形成的新公司或公司集团因规模过于庞大而产生规模不经济的现象，甚至整个公司或公司集团的经营业绩都为被并公司所拖累。

2. 信息风险

在公司并购中，信息是非常重要的，"知己知彼，百战不殆"。真实与及时的信息可以大大提高公司并购的成功率，但实际并购中因贸然行动而失败的案例很多，这是信息不对称的结果。

3. 融资风险

公司并购需要大量的资金，所以并购决策会对公司资金规模和资本结构产生重大影响。与并购相关的融资风险具体包括：资金是否可以保证需要；融资方式是否与并购动机相适应；现金支付是否会影响公司正常的生产经营；杠杆收购的偿债风险等。

4. 反并购风险

在通常情况下，被并公司对并购行为往往持不欢迎或不合作态度，尤其在面临敌意并购时，可能不惜一切代价实施反并购策略，其反并购行动可能会对主并公司构成相当大的风险。

5. 法律风险

各国关于并购的法律法规一般都通过增加并购成本来提高并购难度。例如，我国目前的收购法规就有如下规定：收购方持有一家上市公司5%的股权后必须公告并暂停买卖，以后每递增5%还要重复该过程；持有30%股票后还必须发出全面收购要约。这套程序造成的并购成本之高，并购风险之大，并购程序之复杂，足以使主并公司气馁。

6. 定价风险

定价风险产生于尽管被并公司运作很好但高收购价格使买主无法获得满意的投资回报。出价过高是买方所犯的最糟糕和最常见的错误，目标公司的未来价值增值不足以弥补开始时的出价，这主要是由于收购方在预计收益、利润或现金流时存在着乐观情绪。买方过快、过多地认为自己了解目标公司并有信心使其增长盈利。一次昂贵的收购，其结果不是沉重的债务负担和增加了的股权，就是一个很低的剩余现金留存。即使收购具有某些增加收入的因素，这些变化的结果还是会降低买方的每股收益，买价过高的余波可能会持续许多年，买方的每股收益可能无法再复原。

四、苏泊尔后来的情况

（一）2007 年年末公司实施资本公积转增股本利润分配方案（每 10 股转增 10 股）后，苏泊尔的股票总数从原来的 21,602 万股增加到 43,204 万股，在将 1 200 万份股票期权统一行权后，公司的总股本增至 44,404 万股；2010 年年末公司实施资本公积转增股本利润分配方案（每 10 股转增 3 股）后，苏泊尔的股票总数达到 57,725.2 万股；2011 年公司控股股东 SEB 签署"战略投资方案"，通过受让苏泊尔集团及苏增福先生持有的部分苏泊尔股份方式对公司进行战略投资，苏泊尔集团将其持有的苏泊尔股份 70,225,353 股转让给 SEB，占苏泊尔现有总股本的 12.17%；苏增福先生将其持有的 45,225,047 股苏泊尔股份转让给 SEB，占苏泊尔现有总股本的 7.83%。协议转让完成后，SEB 持有苏泊尔股份 411,665,665 股，占苏泊尔已发行总股本的 71.31%；苏泊尔集团持有苏泊尔股份 67,912,392 股，占苏泊尔已发行总股本的 11.76%；苏增福先生不再直接持有苏泊尔股份。2011 年末公司实施资本公积转增股本利润分配方案（每 10 股转增 1 股派 3 元）后，总股本增至 634,977,200 股。

（二）SEB 完成对苏泊尔要约收购之后，苏泊尔积极推进与 SEB 的融合项目。一方面，不断加大 SEB 订单转移力度，确保苏泊尔外贸业务的稳定发展，快速提升苏泊尔在研发、设计、制造等环节的竞争力；另一方面，不断尝试将 SEB 的成熟产品和工艺技术引入中国市场，持续提升苏泊尔成熟品类的市场竞争力，同时快速开拓新品类。

在 SEB 的帮助下，2008 年 4 月苏泊尔完成了越南年产 790 万口炊具生产基地的建设，该基地是辐射整个东盟自由贸易区的主要阵地；2011 年完成了武汉压力锅年产 800 万口不锈钢、铝制品及不粘锅生产线技改项目，以及绍兴袍江年产 925 万（台）套电器产品生产基地的一期工程；2012 年完成了绍兴基地二期建设。2012 年底苏泊尔拥有五大生产基地，分布在玉环、武汉、杭州、绍兴及越南。其中，武汉基地是目前全球单体产能最大的炊具研发、制造基地，基本完成了整体产能布局。

2008 年至 2011 年，苏泊尔虽然受到国际金融危机、生产资料价格波动等宏观因素的影响，但是仍然保持了快速增长的势头，实现营业收入的平稳增长，四年的平均增长率为 25%，复合增长率 24.84%；净利润的平均增长率为 29.17%，复合增长率为 28.97%；产品毛利率及净利率稳定在 27% 和 6% 以上。2012 年苏泊尔受严峻的国内外宏观经济环境以及不锈钢炊具"质量门"的不利影响，营业收入出现下滑，同比下降 3.31%，净利润下降 1.37%，但产品毛利率和净利率保持在稳定水平。根据市场调研公司 *GFK* 的监测，在"不锈钢事件"之后，炊具业务主要品类市场份额持续回升，2012 年年末已成功恢复至"不锈钢事件"前的水平。

表 5-3 苏泊尔并购后的主要财务指标

项目	2012 年	2011 年	2010 年	2009 年	2008 年
营业收入（万元）	688,946.04	712,565.30	562,206.45	411,569.44	362,247.27
营业成本（万元）	488,381.69	517,758.74	405,029.63	283,897.73	262,055.42
净利润（万元）	46,913.90	47,564.02	40,392.62	31,041.68	23,650.70
扣除经常性损益的净利润（万元）	45,048.37	43,498.78	37,983.15	28,607.11	21,033.85
经营活动产生的现金流量净额（万元）	85,733.05	21,923.39	12,425.03	29,458.42	14,216.16
总资产（万元）	496,025.50	439,227.63	393,030.79	326,584.83	265,100.87
所有者权益（万元）	303,274.40	276,863.56	246,037.12	214,961.64	193,060.67
基本每股收益（元/股）	0.739	0.749	0.636	0.700	0.540
稀释每股收益（元/股）	0.739	0.749	0.636	0.700	0.540
毛利率（%）	29.11	27.34	27.96	31.02	27.66
净利率（%）	6.81	6.68	7.18	7.54	6.53
总资产收益率（%）	10.03	11.43	11.23	10.49	9.43
净资产收益率（%）	16.17	18.19	17.52	15.22	13.27

五、案例总结

（一）正确理解并购双方动机是前提，实现双赢是出发点。

（二）并购方案的设计是并购成功的关键，选择恰当的支付方式有利于促进并购方案的顺利实施。

（三）正视并解决并购中遇到的障碍，是促成并购顺利完成的有力保障。

附　录

附录一　复利终值系数表

复利终值系数表（一）

期数	1%	2%	3%	4%	5%	6%	7%	8%	9%	10%	11%	12%	13%	14%	15%	16%	17%
1	1.01	1.02	1.03	1.04	1.05	1.06	1.07	1.08	1.09	1.1	1.11	1.12	1.13	1.14	1.15	1.16	1.17
2	1.0201	1.0404	1.0609	1.0816	1.1025	1.1236	1.1449	1.1664	1.1881	1.21	1.2321	1.2544	1.2769	1.2996	1.3225	1.3456	1.3689
3	1.0303	1.0612	1.0927	1.1249	1.1576	1.191	1.225	1.2597	1.295	1.331	1.3676	1.4049	1.4429	1.4815	1.5209	1.5609	1.6016
4	1.0406	1.0824	1.1255	1.1699	1.2155	1.2625	1.3108	1.3605	1.4116	1.4641	1.5181	1.5735	1.6305	1.689	1.749	1.8106	1.8739
5	1.051	1.1041	1.1593	1.2167	1.2763	1.3382	1.4026	1.4693	1.5386	1.6105	1.6851	1.7623	1.8424	1.9254	2.0114	2.1003	2.1924
6	1.0615	1.1262	1.1941	1.2653	1.3401	1.4185	1.5007	1.5869	1.6771	1.7716	1.8704	1.9738	2.082	2.195	2.3131	2.4364	2.5652
7	1.0721	1.1487	1.2299	1.3159	1.4071	1.5036	1.6058	1.7138	1.828	1.9487	2.0762	2.2107	2.3526	2.5023	2.66	2.8262	3.0012
8	1.0829	1.1717	1.2668	1.3686	1.4775	1.5938	1.7182	1.8509	1.9926	2.1436	2.3045	2.476	2.6584	2.8526	3.059	3.2784	3.5115
9	1.0937	1.1951	1.3048	1.4233	1.5513	1.6895	1.8385	1.999	2.1719	2.3579	2.558	2.7731	3.004	3.2519	3.5179	3.803	4.1084
10	1.1046	1.219	1.3439	1.4802	1.6289	1.7908	1.9672	2.1589	2.3674	2.5937	2.8394	3.1058	3.3946	3.7072	4.0456	4.4114	4.8068
11	1.1157	1.2434	1.3842	1.5395	1.7103	1.8983	2.1049	2.3316	2.5804	2.8531	3.1518	3.4786	3.8359	4.2262	4.6524	5.1173	5.624
12	1.1268	1.2682	1.4258	1.601	1.7959	2.0122	2.2522	2.5182	2.8127	3.1384	3.4985	3.896	4.3345	4.8179	5.3503	5.936	6.5801
13	1.1381	1.2936	1.4685	1.6651	1.8856	2.1329	2.4098	2.7196	3.0658	3.4523	3.8833	4.3635	4.898	5.4924	6.1528	6.8858	7.6987

期数	1%	2%	3%	4%	5%	6%	7%	8%	9%	10%	11%	12%	13%	14%	15%	16%	17%
14	1.1495	1.3195	1.5126	1.7317	1.9799	2.2609	2.5785	2.9372	3.3417	3.7975	4.3104	4.8871	5.5348	6.2613	7.0757	7.9875	9.0075
15	1.161	1.3459	1.558	1.8009	2.0789	2.3966	2.759	3.1722	3.6425	4.1772	4.7846	5.4736	6.2543	7.1379	8.1371	9.2655	10.5387
16	1.1726	1.3728	1.6047	1.873	2.1829	2.5404	2.9522	3.4259	3.9703	4.595	5.3109	6.1304	7.0673	8.1372	9.3576	10.748	12.3303
17	1.1843	1.4002	1.6528	1.9479	2.292	2.6928	3.1588	3.7	4.3276	5.0545	5.8951	6.866	7.9861	9.2765	10.7613	12.4677	14.4265
18	1.1961	1.4282	1.7024	2.0258	2.4066	2.8543	3.3799	3.996	4.7171	5.5599	6.5436	7.69	9.0243	10.5752	12.3755	14.4625	16.879
19	1.2081	1.4568	1.7535	2.1068	2.527	3.0256	3.6165	4.3157	5.1417	6.1159	7.2633	8.6128	10.1974	12.0557	14.2318	16.7765	19.7484
20	1.2202	1.4859	1.8061	2.1911	2.6533	3.2071	3.8697	4.661	5.6044	6.7275	8.0623	9.6463	11.5231	13.7435	16.3665	19.4608	23.1056
21	1.2324	1.5157	1.8603	2.2788	2.786	3.3996	4.1406	5.0338	6.1088	7.4002	8.9492	10.8038	13.0211	15.6676	18.8215	22.5745	27.0336
22	1.2447	1.546	1.9161	2.3699	2.9253	3.6035	4.4304	5.4365	6.6586	8.1403	9.9336	12.1003	14.7138	17.861	21.6447	26.1864	31.6293
23	1.2572	1.5769	1.9736	2.4647	3.0715	3.8197	4.7405	5.8715	7.2579	8.9543	11.0263	13.5523	16.6266	20.3616	24.8915	30.3762	37.0062
24	1.2697	1.6084	2.0323	2.5633	3.2251	4.0489	5.0724	6.3412	7.9111	9.8497	12.2392	15.1786	18.7881	23.2122	28.6252	35.2364	43.2973
25	1.2824	1.6406	2.0938	2.6658	3.3864	4.2919	5.4274	6.8485	8.6231	10.8347	13.5855	17.0001	21.2305	26.4619	32.919	40.8742	50.6578
26	1.2953	1.6734	2.1566	2.7725	3.5557	4.5494	5.8074	7.3964	9.3992	11.9182	15.0799	19.0401	23.9905	30.1666	37.8568	47.4141	59.2697
27	1.3082	1.7069	2.22.3	2.8834	3.7335	4.8223	6.2139	7.9881	10.2451	13.11	16.7387	21.3249	27.1093	34.3899	43.5353	55.0004	69.3455
28	1.3213	1.741	2.2879	2.9987	3.9201	5.1117	6.6488	8.6271	11.1671	14.421	18.5799	23.8839	30.6335	39.2045	50.0656	63.8004	81.1342
29	1.3345	1.7758	2.3566	3.1187	4.1161	5.4184	7.1143	9.3173	12.1722	15.8631	20.6237	26.7499	34.6158	44.6931	57.5755	74.0085	94.9271
30	1.3478	1.8114	2.4273	3.2434	4.3219	5.7435	7.6123	10.0627	13.2677	17.4494	22.8923	29.9599	39.1159	50.9502	66.2118	85.8499	111.0647

复利终值系数表（二）

期数	18%	19%	20%	21%	22%	23%	24%	25%	26%	27%	28%	29%	30%
1	1.18	1.19	1.2	1.21	1.22	1.23	1.24	1.25	1.26	1.27	1.28	1.29	1.3
2	1.3924	1.4161	1.44	1.4641	1.4884	1.5129	1.5376	1.5625	1.5876	1.6129	1.6384	1.6641	1.69
3	1.643	1.6852	1.728	1.7716	1.8158	1.8609	1.9066	1.9531	2.0004	2.0484	2.0972	2.1467	2.197
4	1.9388	2.0053	2.0736	2.1436	2.2153	2.2889	2.3642	2.4414	2.5205	2.6014	2.6844	2.7692	2.8561
5	2.2878	2.3864	2.4883	2.5937	2.7027	2.8153	2.9316	3.0518	3.1758	3.3038	3.436	3.5723	3.7129
6	2.6996	2.8398	2.986	3.1384	3.2973	3.4628	3.6352	3.8147	4.0015	4.1959	4.398	4.6083	4.8268
7	3.1855	3.3793	3.5832	3.7975	4.0227	4.2593	4.5077	4.7684	5.0419	5.3288	5.6295	5.9447	6.2749
8	3.7589	4.0214	4.2998	4.595	4.9077	5.2389	5.5895	5.9605	6.3528	6.7675	7.2058	7.6686	8.1573
9	4.4355	4.7854	5.1598	5.5599	5.9874	6.4439	6.931	7.4506	8.0045	8.5948	9.2234	9.8925	10.6045
10	5.2338	5.6947	6.1917	6.7275	7.3046	7.9259	8.5944	9.3132	10.0857	10.9153	11.8059	12.7614	13.7858
11	6.1759	6.7767	7.4301	8.1403	8.9117	9.7489	10.6571	11.6415	12.708	13.8625	15.1116	16.4622	17.9216
12	7.2876	8.0642	8.9161	9.8497	10.8722	11.9912	13.2148	14.5519	16.012	17.6053	19.3428	21.2362	23.2981
13	8.5994	9.5964	10.6993	11.9182	13.2641	14.7491	16.3863	18.1899	20.1752	22.3588	24.7588	27.3947	30.2875
14	10.1472	11.4198	12.8392	14.421	16.1822	18.1414	20.3191	22.7374	25.4207	28.3957	31.6913	35.3391	39.3738
15	11.9737	13.5895	15.407	17.4494	19.7423	22.314	25.1956	28.4217	32.0301	36.0625	40.5648	45.5875	51.1859

期数	18%	19%	20%	21%	22%	23%	24%	25%	26%	27%	28%	29%	30%
16	14.129	16.1715	18.4884	21.1138	24.0856	27.4462	31.2426	35.5271	40.3579	45.7994	51.923	58.8079	66.5417
17	16.6722	19.2441	22.1861	25.5477	29.3844	33.7588	38.7408	44.4089	50.851	58.1652	66.4614	75.8621	86.5042
18	19.6733	22.9005	26.6233	30.9127	35.849	41.5233	48.0386	55.5112	64.0722	73.8698	85.0706	97.8622	112.4554
19	23.2144	27.2516	31.948	37.4043	43.7358	51.0737	59.5679	69.3889	80.731	93.8147	108.8904	126.2422	146.192
20	27.393	32.4294	38.3376	45.2593	53.3576	62.8206	73.8641	86.7362	101.7211	119.1446	139.3797	162.8524	190.0496
21	32.3238	38.591	46.0051	54.7637	65.0963	77.2694	91.5915	108.4202	128.1685	151.3137	178.406	210.0796	247.0645
22	38.1421	45.9233	55.2061	66.2641	79.4175	95.0413	113.5735	135.5253	161.4924	192.1683	228.3596	271.0027	321.1839
23	45.0076	54.6487	56.2474	80.1795	96.8894	116.9008	140.8312	169.4066	203.4804	244.0538	292.3003	349.5935	417.5391
24	53.109	65.032	79.4968	97.0172	118.205	143.788	174.6306	211.7582	256.3853	309.9483	374.1444	450.9756	542.8008
25	62.6686	77.3881	95.3962	117.3909	144.2101	176.8593	216.542	264.6978	323.0454	393.6344	478.9049	581.7585	705.641
26	73.949	92.0918	114.4755	142.0429	175.9364	217.5369	268.5121	330.8722	407.0373	499.9157	612.9982	750.4685	917.3333
27	87.2598	109.5893	137.3706	171.8719	214.6424	267.5704	332.955	413.5903	512.867	634.8929	784.6377	968.1044	1192.5333
28	102.9666	130.4112	164.8447	207.9651	261.8637	329.1115	412.8642	516.9879	646.2124	806.314	1004.3363	1248.8546	1550.2933
29	121.5005	155.1893	197.8136	251.6377	319.4737	404.8072	511.9516	646.2349	814.2276	1024.0187	1285.5504	1611.0225	2015.3813
30	143.3706	184.6753	237.3763	304.4816	389.7579	497.9129	634.8199	807.7936	1025.9267	1300.5038	1645.5046	2078.219	2619.9956

附录二　企业财务通则

第一章　总则

第一条　为了加强企业财务管理，规范企业财务行为，保护企业及其相关方的合法权益，推进现代企业制度建设，根据有关法律、行政法规的规定，制定本通则。

第二条　在中华人民共和国境内依法设立的具备法人资格的国有及国有控股企业适用本通则。金融企业除外。

其他企业参照执行。

第三条　国有及国有控股企业（以下简称企业）应当确定内部财务管理体制，建立健全财务管理制度，控制财务风险。

第四条　财政部负责制定企业财务规章制度。

第五条　各级人民政府及其部门、机构，企业法人、其他组织或者自然人等企业投资者（以下通称投资者），企业经理、厂长或者实际负责经营管理的其他领导成员（以下通称经营者），依照法律、法规、本通则和企业章程的规定，履行企业内部财务管理职责。

第六条　企业应当依法纳税。企业财务处理与税收法律、行政法规规定不一致的，纳税时应当依法进行调整。

第七条　各级人民政府及其部门、机构出资的企业，其财务关系隶属同级财政机关。

第二章　企业财务管理体制

第八条　企业实行资本权属清晰、财务关系明确、符合法人治理结构要求的财务管理体制。

第九条　企业应当建立财务决策制度，明确决策规则、程序、权限和责任等。法律、行政法规规定应当通过职工（代表）大会审议或者听取职工、相关组织意见的财务事项，依照其规定执行。

企业应当建立财务决策回避制度。对投资者、经营者个人与企业利益有冲突的财务决策事项，相关投资者、经营者应当回避。

第十条　企业应当建立财务风险管理制度，明确经营者、投资者及其他相关人员的管理权限和责任，按照风险与收益均衡、不相容职务分离等原则，控制财务风险。

第十一条　企业应当建立财务预算管理制度，以现金流为核心，按照实现企业价值最大化等财务目标的要求，对资金筹集、资产营运、成本控制、收益分配、重组清算等财务活动，实施全面预算管理。

第十二条　投资者的财务管理职责主要包括：

（一）审议批准企业内部财务管理制度、企业财务战略、财务规划和财务预算；

（二）对经营者实施财务监督和财务考核。

第十三条　经营者的财务管理职责主要包括：

（一）拟订企业内部财务管理制度、财务战略、财务规划，编制财务预算；

（二）组织实施企业筹资、投资、担保、捐赠、重组和利润分配等财务方案，诚信履行企业偿债义务。

第三章　资金筹集

第十四条　企业可以接受投资者以货币资金、实物、无形资产、股权、特定债权等形式的出资。其中，特定债权是指企业依法发行的可转换债券、符合有关规定转作股权的债权等。

第十五条　企业依法以吸收直接投资、发行股份等方式筹集权益资金的，应当拟订筹资方案，确定筹资规模，履行内部决策程序和必要的报批手续，控制筹资成本。

第十六条　企业应当执行国家有关资本管理制度，在获准工商登记后 30 日内，依据验资报告等向投资者出具出资证明书，确定投资者的合法权益。

第十七条　对投资者实际缴付的出资超出注册资本的差额（包括股票溢价），企业应当作为资本公积管理。

第十八条　企业从税后利润中提取的盈余公积包括法定公积金和任意公积金，可以用于弥补企业亏损或者转增资本。法定公积金转增资本后留存企业的部分，以不少于转增前注册资本的 25% 为限。

第十九条　企业增加实收资本或者以资本公积、盈余公积转增实收资本，由投资者履行财务决策程序后，办理相关财务事项和工商变更登记。

第二十条　企业取得的各类财政资金，区分以下情况处理：

（一）属于国家直接投资、资本注入的，按照国家有关规定增加国家资本或者国有资本公积；

（二）属于投资补助的，增加资本公积或者实收资本。国家拨款时对权属有规定的，按规定执行；没有规定的，由全体投资者共同享有。

第二十一条　企业依法以借款、发行债券、融资租赁等方式筹集债务资金的，应当明确筹资目的，根据资金成本、债务风险和合理的资金需求，进行必要的资本结构决策，并签订书面合同。

第四章 资产营运

第二十二条 企业应当根据风险与收益均衡等原则和经营需要，确定合理的资产结构，并实施资产结构动态管理。

第二十三条 企业应当建立内部资金调度控制制度，明确资金调度的条件、权限和程序，统一筹集、使用和管理资金。企业支付、调度资金，应当按照内部财务管理制度的规定，依据有效合同、合法凭证，办理相关手续。

第二十四条 企业应当建立合同的财务审核制度，明确业务流程和审批权限，实行财务监控。

第二十五条 企业应当建立健全存货管理制度，规范存货采购审批、执行程序，根据合同的约定以及内部审批制度支付货款。

第二十六条 企业应当建立固定资产购建、使用、处置制度。

第二十七条 企业对外投资应当遵守法律、行政法规和国家有关政策的规定，符合企业发展战略的要求，进行可行性研究，按照内部审批制度履行批准程序，落实决策和执行的责任。

第二十八条 企业通过自创、购买、接受投资等方式取得的无形资产，应当依法明确权属，落实有关经营、管理的财务责任。

第二十九条 企业对外担保应当符合法律、行政法规及有关规定，根据被担保单位的资信及偿债能力，按照内部审批制度采取相应的风险控制措施，并设立备查账簿登记，实行跟踪监督。

第三十条 企业从事期货、期权、证券、外汇交易等业务或者委托其他机构理财，不得影响主营业务的正常开展，并应当签订书面合同，建立交易报告制度，定期对账，控制风险。

第三十一条 企业从事代理业务，应当严格履行合同，实行代理业务与自营业务分账管理，不得挪用客户资金、互相转嫁经营风险。

第三十二条 企业应当建立各项资产损失或者减值准备管理制度。各项资产损失或者减值准备的计提标准，一经选用，不得随意变更。

第三十三条 企业发生的资产损失，应当及时予以核实、查清责任，追偿损失，按照规定程序处理。

第三十四条 企业以出售、抵押、置换、报废等方式处理资产时，应当按照国家有关规定和企业内部财务管理制度规定的权限和程序进行。其中，处理主要固定资产涉及企业经营业务调整或者资产重组的，应当根据投资者审议通过的业务调整或者资产重组方案实施。

第三十五条 企业发生关联交易的，应当遵守国家有关规定，按照独立企业之间的交易计价结算。投资者或者经营者不得利用关联交易非法转移企业经济利益或者操纵关联企业的利润。

第五章 成本控制

第三十六条 企业应当建立成本控制系统，强化成本预算约束，推行质量成本控制办法，实行成本定额管理、全员管理和全过程控制。

第三十七条 企业实行费用归口、分级管理和预算控制，应当建立必要的费用开支范围、标准和报销审批制度。

第三十八条 企业技术研发和科技成果转化项目所需经费，可以通过建立研发准备金筹措，据实列入相关资产成本或者当期费用。

符合国家规定条件的企业集团，可以集中使用研发费用，用于企业主导产品和核心技术的自主研发。

第三十九条 企业依法实施安全生产、清洁生产、污染治理、地质灾害防治、生态恢复和环境保护等所需经费，按照国家有关标准列入相关资产成本或者当期费用。

第四十条 企业发生销售折扣、折让以及支付必要的佣金、回扣、手续费、劳务费、提成、返利、进场费、业务奖励等支出的，应当签订相关合同，履行内部审批手续。

第四十一条 企业可以根据法律、法规和国家有关规定，对经营者和核心技术人员实行与其他职工不同的薪酬办法，属于本级人民政府及其部门、机构出资的企业，应当将薪酬办法报主管财政机关备案。

第四十二条 企业应当按照劳动合同及国家有关规定支付职工报酬，并为从事高危作业的职工缴纳团体人身意外伤害保险费，所需费用直接作为成本（费用）列支。

第四十三条 企业应当依法为职工支付基本医疗、基本养老、失业、工伤等社会保险费，所需费用直接作为成本（费用）列支。

第四十四条 企业为职工缴纳住房公积金以及职工住房货币化分配的财务处理，按照国家有关规定执行。

第四十五条 企业应当依法缴纳行政事业性收费、政府性基金以及使用或者占用国有资源的费用等。

第四十六条 企业不得承担属于个人的下列支出：

（一）娱乐、健身、旅游、招待、购物、馈赠等支出；

（二）购买商业保险、证券、股权、收藏品等支出。

第六章　收益分配

第四十七条　投资者、经营者及其他职工履行本企业职务或者以企业名义开展业务所得的收入，包括销售收入以及对方给予的销售折扣、折让、佣金、回扣、手续费、劳务费、提成、返利、进场费、业务奖励等收入，全部属于企业。

第四十八条　企业出售股权投资，应当按照规定的程序和方式进行。股权投资出售底价，参照资产评估结果确定，并按照合同约定收取所得价款。在履行交割时，对尚未收款部分的股权投资，应当按照合同的约定结算，取得受让方提供的有效担保。

第四十九条　企业发生的年度经营亏损，依照税法的规定弥补。税法规定年限内的税前利润不足弥补的，用以后年度的税后利润弥补，或者经投资者审议后用盈余公积弥补。

第五十条　企业年度净利润，除法律、行政法规另有规定外，按照以下顺序分配：

（一）弥补以前年度亏损；

（二）提取任意公积金。任意公积金提取比例由投资者决议。

第五十一条　企业弥补以前年度亏损和提取盈余公积后，当年没有可供分配的利润时，不得向投资者分配利润，但法律、行政法规另有规定的除外。

第五十二条　企业经营者和其他职工以管理、技术等要素参与企业收益分配的，应当按照国家有关规定在企业章程或者有关合同中对分配办法做出规定，并区别以下情况处理：

（一）取得企业股权的，与其他投资者一同进行企业利润分配；

（二）没有取得企业股权的，在相关业务实现的利润限额和分配标准内，从当期费用中列支。

第七章　重组清算

第五十三条　企业通过改制、产权转让、合并、分立、托管等方式实施重组，对涉及资本权益的事项，应当由投资者或者授权机构进行可行性研究，履行内部财务决策程序，并组织开展以下工作：

（一）清查财产，核实债务，委托会计师事务所审计；

（二）制订职工安置方案，听取重组企业的职工、职工代表大会的意见或者提交职工代表大会审议。

第五十四条　企业采取分立方式进行重组，应当明晰分立后的企业产权关系。

第五十五条　企业可以采取新设或者吸收方式进行合并重组。企业合并前的各项资产、债务以及经营业务，由合并后的企业承继，并应当明确合并后企业的产权关系以及各投资者的出资比例。

第五十六条　企业实行托管经营，应当由投资者决定，并签订托管协议，明确托管经营的资产负债状况、托管经营目标、托管资产处置权限以及收益分配办法等，并落实财务监管措施。

第五十七条　企业进行重组时，对已占用的国有划拨土地应当按照有关规定进行评估，履行相关手续，并区别以下情况处理：

（一）继续采取划拨方式的，可以不纳入企业资产管理，但企业应当明确划拨土地使用权权益，并按规定用途使用，设立备查账簿登记。国家另有规定的除外；

（二）采取作价入股方式的，将应缴纳的土地出让金转作国家资本，形成的国有股权由企业重组前的国有资本持有单位或者主管财政机关确认的单位持有。

第五十八条　企业重组过程中，对拖欠职工的工资和医疗、伤残补助、抚恤费用以及欠缴的基本社会保险费、住房公积金，应当以企业现有资产优先清偿。

第五十九条　企业被责令关闭、依法破产、经营期限届满而终止经营的，或者经投资者决议解散的，应当按照法律、法规和企业章程的规定实施清算。清算财产变卖底价，参照资产评估结果确定。国家另有规定的，从其规定。

第六十条　企业解除职工劳动关系，按照国家有关规定支付的经济补偿金或者安置费，除正常经营期间发生的列入当期费用以外，应当区别以下情况处理：

（一）企业重组中发生的，依次从未分配利润、盈余公积、资本公积、实收资本中支付；

（二）企业清算时发生的，以企业扣除清算费用后的清算财产优先清偿。

第八章　信息管理

第六十一条　企业可以结合经营特点，优化业务流程，建立财务和业务一体化的信息处理系统，逐步实现财务、业务相关信息一次性处理和实时共享。

第六十二条　企业应当逐步创造条件，实行统筹企业资源计划，全面整合和规范财务、业务流程，对企业物流、资金流、信息流进行一体化管理和集成运作。

第六十三条　企业应当建立财务预警机制，自行确定财务危机警戒标准，重点监测经营性净现金流量与到期债务、企业资产与负债的适配性，及时沟通企业有关财务危机预警的信息，提出解决财务危机的措施和方案。

第六十四条　企业应当按照有关法律、行政法规和国家统一的会计制度的规定，按时编制财务会计报告，经营者或者投资者不得拖延、阻挠。

第六十五条　企业应当按照规定向主管财政机关报送月份、季度、年度财务会计报告等材料，不得在报送的财务会计报告等材料上做虚假记载或者隐瞒重要事实。主管财政机关应当根据企业的需要提供必要的培训和技术支持。

第六十六条　企业应当在年度内定期向职工公开以下信息：

（一）职工劳动报酬、养老、医疗、工伤、住房、培训、休假等信息；

（二）经营者报酬实施方案。

第六十七条　主管财政机关应当建立健全企业财务评价体系，主要评估企业内部财务控制的有效性，评价企业的偿债能力、盈利能力、资产营运能力、发展能力和社会贡献。评估和评价的结果可以通过适当方式向社会发布。

第六十八条　主管财政机关及其工作人员应当恰当使用所掌握的企业财务信息，并依法履行保密义务，不得利用企业的财务信息谋取私利或者损害企业利益。

第九章　财务监督

第六十九条　企业应当依法接受主管财政机关的财务监督和国家审计机关的财务审计。

第七十条　经营者在经营过程中违反本通则有关规定的，投资者可以依法追究经营者的责任。

第七十一条　企业应当建立、健全内部财务监督制度。

第七十二条　企业和企业负有直接责任的主管人员和其他人员有以下行为之一的，县级以上主管财政机关可以责令限期改正、予以警告，有违法所得的，没收违法所得，并可以处以不超过违法所得3倍、但最高不超过3万元的罚款；没有违法所得的，可以处以1万元以下的罚款。

（一）违反本通则第三十九条、四十条、四十二条第一款、四十三条、四十六条规定列支成本费用的；

（二）违反本通则第四十七条第一款规定截留、隐瞒、侵占企业收入的。

第七十三条　企业和企业负有直接责任的主管人员和其他人员有以下行为之一的，县级以上主管财政机关可以责令限期改正、予以警告。

（一）未按本通则规定建立健全各项内部财务管理制度的；

（二）内部财务管理制度明显与法律、行政法规和通用的企业财务规章制度相抵触，且不按主管财政机关要求修正的。

第七十四条　企业和企业负有直接责任的主管人员和其他人员不按本通则

第六十四条、第六十五条规定编制、报送财务会计报告等材料的，县级以上主管财政机关可以依照《公司法》《企业财务会计报告条例》的规定予以处罚。

第七十五条　企业在财务活动中违反财政、税收等法律、行政法规的，依照《财政违法行为处罚处分条例》（国务院令第 427 号）及有关税收法律、行政法规的规定予以处理、处罚。

第七十六条　主管财政机关以及政府其他部门、机构有关工作人员，在企业财务管理中滥用职权、玩忽职守、徇私舞弊或者泄露国家机密、企业商业秘密的，依法进行处理。

第十章　附则

第七十七条　实行企业化管理的事业单位比照适用本通则。

第七十八条　本通则自 2007 年 1 月 1 日起施行。

参考文献

[1] 祝建军 . 财务管理 [M]. 大连：东北财经大学出版社，2015.

[2] 朱彦秀，刘媛媛 . 财务管理 [M]. 北京：经济科学出版社，2015.

[3] 马忠 . 公司财务管理 [M]. 北京：机械工业出版社，2015.

[4] 王振华 . 财务管理 [M]. 北京：经济科学出版社，2015.

[5] 唐现杰，孙长江 . 财务管理 [M]. 北京：科学出版社，2013.

[6] 荆新，王化成，刘俊彦 . 财务管理学 [M]. 北京：中国人民大学出版社，2014.

[7] 淑莲 . 财务管理 [M]. 大连：东北财经大学出版社，2013.

[8] 王化成 . 财务管理 [M]. 北京：中国人民大学出版社，2013.

[9] 王欣月 . 现代企业集团财务控制研究 [M]. 北京：经济科学出版社，2004.

[10] 张鸣 . 投资管理 [M]. 大连：东北财经大学出版社，2001.

[11] [美] 卡尔伯格 . Excel 高级财务管理与案例分析 [M]. 北京：中国青年出版社，2003.

[12] 杨月婷 . 现代企业制度下如何加强财务管理 [J]. 财会研究，2003（3）.

[13] 薛媛媛 . 论企业集团财务管理模式及其选择 [J]. 技术经济，2003（2）.

[14] 叶晓倩，韩锟 . 集团公司财务管理模式的选择与构建 [J]. 财会月刊，2003（3）.

[15] 高超 . 现代企业集团财务管理模式、风险及控制 [J]. 企业经济，2004（4）.

[16] 崔飚 . 企业理财目标探析 [J]. 上海会计，2003（11）.

[17] 潘旭，潘春萍 . 浅谈我国企业集团财务管理模式的选择 [J]. 现代商业，2009（5）.

[18] 王巧云 . 集团公司财务管理新模式——"四统一分"法 [J]. 财税与会计，2002（9）.

[19] 卞守红 . 加强企业财务管理之我见 [J]. 现代企业教育，2007（17）.

[20] 许红 . 试论企业集团财务管理的集权与分权 [J]. 西部财会，2003（10）.

[21] 白俊玲 . 浅议企业的财务控制 [J]. 科技与经济，2010（2）.

[22] 陈凯翔 . 进一步完善财务控制的重要性 [J]. 商情，2008（7）.

[23] 李永乐，王勇军 . 财务管理理论研究起点论综述 [J]. 研究与探索，2009（3）.

[24] 关先华 . 浅析财务控制在企业财务管理中的实际运用 [J]. 企业管理与科技，2010（8）.

[25] 何小平 . 债券资本成本计算方法探讨 [J]. 财经理论与实践，2001（12）.

[26] 袁业虎，李文英 . 自由现金流量折现价值评估技术 [J]. 审计与理财，2004（2）.

[27] 罗良忠，史占中，朱荣林 . 收缩性资本运营与国内企业发展 [J]. 生产力研究，2004（4）.

[28] 杨长辉，高阳 . 资本运营的运作模型研究 [J]. 合肥工业大学学报，2003（2）.

[29] 赵东伟 . 关于资本运营的理论与实践的思考 [J]. 学术交流，2000（1）.

[30] 周永生 . 资本运营理论体系结构和运作模型的研究 [J]. 湖南商学院学报，2001（6）.

后 记

本书选题的缘由主要为：财务管理和资本运营对于一个企业的发展有着十分重要的意义。财务管理是企业管理中重要的组成部分，直接影响着企业的生存发展；而资本运营是一个企业实现资本保值增值的关键途径，对盘活企业的存量资本、优化企业资本结构等有着重要的意义。但是越来越多的专家、学者撰文指出，我国的企业管理与资本运营过程中存在着诸多弊端，如账务管理制度缺失、营运资金管理能力差、财务控制薄弱等。本书通过对企业财务管理与资本运营的相关理论阐述及案例分析，希望可以为企业在进行财务管理和资本运营时提供一定的理论指导，同时不断推进我国现代企业制度建立的进程，最终提升我国企业的竞争力和经济效益。

在此，谨向诸位原作者表示深深地谢意，没有他们的研究和分析也就不会有本著作的完成。而由于笔者的能力有限，对企业的财务管理与资本运营的相关问题依旧处于探索和研究之中，因此书中难免存在诸多的不妥甚至错误之处，恳请广大读者给予批评和指正。同时，本书在撰写的过程中有幸得到了院校领导和众多专家的指导、支持、帮助和鼓励，在此向他们一并表示最诚挚的敬意和谢意！